教育部人文社会科学研究青年基金项目资助
（地位不平等与文化异质性：城市居民与新市民的社会交往研究，批准号：12YJC840038）

城市居民与新移民的社会交往和社会态度研究

王嘉顺 著

吉林大学出版社
长春

图书在版编目（CIP）数据

城市居民与新移民的社会交往和社会态度研究 / 王嘉顺著 .—长春：吉林大学出版社，2019.1
ISBN 978-7-5692-4211-9

Ⅰ . ①城… Ⅱ . ①王… Ⅲ . ①城市社会学–研究②社会交往–研究 Ⅳ . ① C912.81 ② C912.3

中国版本图书馆 CIP 数据核字（2019）第 018997 号

书　　名：城市居民与新移民的社会交往和社会态度研究
作　　者：王嘉顺　著
策划编辑：卢　婵
责任编辑：卢　婵
责任校对：张鸿鹤
封面设计：汤　丽
出版发行：吉林大学出版社
社　　址：长春市人民大街 4059 号
邮政编码：130021
发行电话：0431-89580028/29/21
网　　址：http：//www.jlup.com.cn
电子邮箱：jdcbs@jlu.edu.cn
印　　刷：北京虎彩文化传播有限公司
开　　本：787mm × 1092mm　　1/16
印　　张：16
字　　数：250 千字
版　　次：2019 年 1 月　第 1 版
印　　次：2019 年 1 月　第 1 次
书　　号：ISBN 978-7-5692-4211-9
定　　价：64.00 元

前　言

工业革命以来，劳动力从农村到城市的空间转移、从农业到非农业的产业转移构成了人口的双重转移，这种现代化进程既体现在发达国家的早期发展阶段，也体现在发展中国家的经济起步阶段。20 世纪 80 年代以来，资本的力量透过全球化席卷世界，发展中国家也裹挟其中，使得这些国家的人口双重转移受到更复杂的影响，而在世界经济和政治格局的不断调整中，这种人口双重转移不再限制于一国一境之内，而是服从于资本全球流动的需要。由此导致人类社会的分工不断细化，而同时也加剧了 P. 布劳（P. M. Blau）所谓的异质性和不平等的扩大，从而使人类社会的整合遇到前所未有的挑战，而这亦是全球化的内在张力，在它诞生之日起就存在。如何看待这种挑战，以及如何解决这种张力从而使社会整合恢复到一个可接受的水平，应当引起社会学者的关注。

中国的市场转型从一开始就嵌入全球化之中，并且引发了中国的人口双重转移。至于中国的社会整合，它不仅受到全球化的影响，而且在中国特色的政治体制、社会结构和文化历史传承的复杂体系中面临诸多的挑战。这些挑战表现在：第一，政治体制身份形塑了国民的身份认同。20 世纪

80 年代以后，阶级身份的标签尽管不再是日常生活中划分社会群体的主要依据，但它依然存在于民众的历史记忆之中，以一种不经意和无意识的方式继续发挥作用。第二，社会流动空间虽有一定的扩展，但是阶层壁垒依旧分明，社会结构仍然较为僵化。工作收入、职业地位以及体制身份一起代替了阶级身份成为新的划分社会群体的主要方面。第三，部分民众的封建等级观念依然根深蒂固。现代社会的平等意识和契约精神尚未在民众中普遍建立，还未真正成为人与人之间交往的规则。这些挑战给当今社会整合增添了难度，如果能够通过研究来理解这些挑战，不但将为我们带来新的有关社会分化和社会整合的认识，而且将有助于我国的现代化进程更加持续稳定地发展。

从开始进入社会学、人口学研究领域以来，我先后研究了流动专业技术人员的群体特征及其对区域经济发展的影响、留守妇女的婚姻幸福感以及流动人口对流入地的社会经济影响等问题。研究之余，我开始关注并思考流动如何给不同的社会群体带来了不同的社会后果。我认为，人有权利选择自己偏好的地域去获得更多的生活机会或者更好的人生体验，但是这在现实中对于多数人而言并不是一个容易实现的想法。人口双重转移造就了事实上的“迁徙自由”，可是大部分人的境遇并没有因此得到整体改善。工作不稳定、居所不稳定、子女受教育机会的限制是他们在城市长期居留下去所面临的主要障碍，造成这些困境的因素既有制度层面的，也有个体性的，当我们对这些障碍仔细加以检视，就会发现它们基本属于社会歧视的后果，整体上能够以政策改进的形式找到破除的方法。

我同时还意识到，对他们来说存在比社会歧视更加隐蔽的困境和障碍，就是来自部分民众的社会偏见，这是一个更加棘手和复杂的问题。产生于社会群体间的偏见会影响彼此间的社会认知和评价，从而影响合理社会观念的形成，进而阻碍不同群体之间的社会交往，而这样的后果可能会进一步加深彼此间的偏见，这接近于一种循环。如同社会歧视一样，社会偏见也会影响社会整合，而且方式和机制更加隐蔽，较难消除。但是我们对此不能视而不见，而且要充分估计它的负面后果，分析它给社会整合，乃至社会发展带来的可能影响。

在2014年中华人民共和国第十二届全国人民代表大会第二次会议上，李克强同志在《政府工作报告》中提出以人为核心的新型城镇化将着力解决“三个一亿人”的问题，其中首先要促进一亿农业转移人口落户城镇。这是一个重大决策，这将解决已经在城镇工作和生活的农业转移人口的居留合法性问题，这意味着社会歧视的后果开始通过政策改革的形式予以解决。这个决策促使我继续思考如何看待和解决存在于城市居民和以农业转移人口为主的新移民之间的社会偏见。在扩大城镇的人口吸纳能力，实现基本公共服务常住人口全覆盖以后，两大群体的社会交往将更加频繁和深入，这些交往将具有怎样的特征，而这样的交往会如何影响彼此间的社会认知和评价；反过来，彼此间的社会认知和评价又会如何影响他们的社会交往，我认为这些问题都是需要认真研究并且值得研究的。

我在2010年第6期《社会》杂志上发表过一篇题为区域差异背景下的城市居民对外来人口迁入的态度研究的论文，我记得文章最后说道：“由于户籍制度的长期实行，城镇居民逐渐成为独特的利益群体，这个群体虽然没有通过直接的集体行动公开抗衡外来人口迁入城市，但是借助于现有的制度和已有制度的遗产，成就了自我利益的维护和同外来人口利益的分隔，而且这种利益分隔可能已经转化成一种心理区隔从而成为后续改革的障碍。”这并不是危言耸听，而随后发生的几起事件似乎“印证”了我的担忧。2011年6月，广东省潮州市古巷镇的“6·6事件”——由外来务工人员讨薪引发的本地居民同外来人口之间的紧张对峙，原本是工人同厂方的劳资矛盾，但是由于处置不力，变成了外省籍务工人员同本地居民之间的群体性事件。2012 年底，上海的“占海特事件”——一位名叫占海特的非上海籍女孩为了争取异地高考权利同上海本地人士“约辩”，结果这场所谓的辩论引发了部分本地人对“占海特们”的反弹，有部分本地人士称其为“外地蝗虫”，要求其“滚出上海”。如果说这两起事件都是由外来人口先引起的话，那么 2012 年 10 月发生在北京市教委信访办前的北京籍家长同外地家长的对峙开始使形势反转，北京籍家长向市教委明确提出反对放开异地高考，他们要求非京籍考生回到他们家乡参加高考。这是一个信号，在外来人口不断增多的形势下，本地人开始试图做点什么，他们首先从维护自己子女的利益开始。

上述事件其实是众多的本地居民和外来人口之间争夺资源和利益过程中的比较典型的例子，只是恰好网络将它们放大，而且北京、上海和广东是中国经济最为发达的地区，外来人口更加集中，而随着越来越多的农业转移人口实现城镇化，这些现象有可能在更多地区出现。资源和利益当然可以通过做大蛋糕的形式实现常住人口全覆盖，但是这可能无法改变本地居民和外来人口之间的评价和态度，至少短时间内如此。中国的现代化绕不开城镇化，绕不开大量农业转移人口的市民化，如何使这部分人群更好地适应城市现代生活并且与城市本地居民和谐相处是我们必须要面对的问题。

这本书正是为了这样的目的写就的。我从 2009 年开始关注城市居民与外来人口的社会交往和社会态度这个主题，对相关的现象有一些观察，进而也做了一些调查并收集相关数据，利用这些数据我完成了几篇论文。从 2013 年开始，我在中国社会学会学术年会、中国社会心理学会学术年会以及中国社会学会社会分层与流动专业委员会年度学术论坛上宣读我的研究成果，希望引起学术界对该问题更多的关注，有更多的对此问题感兴趣的学术界同人加入研究阵营。根据我不完全的统计，目前相关研究领域中，从农业转移人口、农民工、外来人口的角度出发，关注他们在城市适应、城市融入过程中遇到的歧视和偏见以及同城市居民的社会交往的研究起步较早，成果相对较多；另一方面，从本地城市居民出发，关注他们同外来人口等类似群体的社会交往以及前者对后者的社会态度的研究较为少见，而本书将完善这两个方面，分别从两个群体自身的角度出发，关注他们彼此间的社会交往和社会态度。

对问题现状的了解和认识，适合用调查研究的方式来进行，所以有合适的调查数据显得非常重要。我于 2012 年申请并获得了教育部人文社科研究青年基金项目的资助，利用该资助进行了一定规模的问卷调查，但是收集到的数据不能完全满足我的分析需要，好在还有其他一些调查项目补充了我对数据的需求，使我能够较好地完成课题任务。这些调查及相关数据分别是：中国综合社会调查数据（CGSS）、国家社科基金项目《文化资本：我国城市中间阶层的生产和再生产研究》资助的调查项目、民政部及李嘉诚基金会大爱之行重点示范项目《“情暖新厦门人”：城市融入与社会参与社工服务示范项目》资助的调查项目以及国家卫健委提供的流动人口动态监测数据。如果没有这些数据，我将很难完成我的研究。在此，我感谢上述课题及调查项目组同意我使用他们的数据。

王嘉顺

2018 年 11 月

目　录

第一章　导论

第一节　研究问题

一、研究背景

户籍制度给中国人带来了重要影响，无论是计划经济时期还是社会主义市场经济时期，我们无不感受到它的存在。时至今日，户籍制度的主要影响及其社会后果已经成为社会学界重要的共享知识，即使对普通百姓而言，他们也知道有一个“好”户口意味着什么。户籍制度在其建立之初的主要目的之一是计划将社会成员固定在一个位置上，这个位置是地理空间意义上的，同时也具有社会学的含义。在计划经济时期，不同类型的户口成为全体国民的社会身份标签，国家依据户籍制度对人口实行严格管理，因此，从农业户口更改为非农业户口是件非常困难的事情。这就导致从1958年以后，拥有农业户口的人很难走出户籍所在地，这种局面带来了一系列的后果，其中之一就是将城市居民和农村居民从地理空间上分隔开来。另一方面，城市居民到其他城市的可能性也微乎其微，因此，不同城市的居民也鲜有机会进行空间上的接近，更不用说进行社会交往了。当然，上述这种空间隔离的状态主要是就大部分社会成员的际遇而言，极少量通过升学、参军等方式突破户籍制度的严格控制得以实现空间流动的例子实属凤毛麟角。至于像“大跃进”和经济困难时期的人口流动[①]，还有知青的“上山下乡”则是另外一番图景，它们更多地表现为人口由城市向农村的逆城市化流动[②]，这类特殊时期的特殊现象与本书研究主题的背景不相符合。由此我们可以推测，在改革开放以前，物理空间上的分隔导致城市居民和农村居民之间缺乏面对面的社会交往，而此类交往机会的缺乏导致双方对彼此的认知建立在有限的交往经历基础上，从而有很大的可能使得这种认知停留在片面的刻板印象层面，至于刻板印象具体如何表现，需要通过实证研究加以分析和总结。

从20世纪80年代开始，建立社会主义市场经济越来越成为改革开放的重要内容之一，而这需要打破城乡二元分割结构，使生产要素按照市场规则合理流动和配置，因而农村急需向外转移不断增多的富余劳动力，而城镇地区也需要充足的劳动力，因此，这些农业转移人口得以进入到城市中来。与此同时，大规模和大范围的人口迁移流动也不全来自农业转移人口，来自中小城市以及县乡镇的非农业户籍人口也竞相涌入人口规模更大、经济更发达的大型城市。如此一来，不同职业、教育背景以及社会地位的城市新移民[③]重构了城市的职业结构和社会结构，性质和形态各异的各类不平等与异质性由此产生，进而影响整个城市的社会交往结构[④]，城市新移民和城市居民之间的社会交往遂受其支配。如果说之前由于严格的户籍管理规定使得农村居民和城市居民之间、不同城市的居民之间缺乏面对面的接触，那么改革开放后大量新移民的涌入，不论是出于工作需要还是生活原因，他们开始和城市居民接触并进行各种各样的交往，这正是本书所关注的。除了直接的面对面交往以外，彼此间的态度也是我们要关注的。群体间的交往并不全都是没有情感涉入的，虽然群体态度和群体交往的关

① 李若建：《“大跃进”与困难时期的流动人口》，《中国人口科学》2000年第4期。

② 李若建：《困难时期的精简职工与下放城镇居民》，《社会学研究》2001年第6期。

③ 城市新移民是本书涉及的一个重要研究对象，对它的界定将在研究方法部分详细说明。

④ [美]彼特·布劳：《不平等和异质性》，王春光、谢圣赞译，中国社会科学出版社，1991年，第5–11页。

系比较复杂，很难完全说清是某一种群体态度促进了群体交往，还是由于群体交往的增多促进了某一种群体态度的产生，但是将群体态度作为一个重要的研究对象是必不可少的。因此，本书还将研究城市居民和城市新移民彼此间的社会态度，理论上它包括积极态度和消极态度两个方面。

二、研究问题

概括而言，本书的核心研究问题是城市居民和新移民之间的社会交往和社会态度的现状及其影响因素。如前文所言，这是一个双向的问题，即从城市居民角度出发所产生的与城市新移民的交往，以及前者对后者的社会态度；另一方面，从城市新移民角度出发，研究该群体同城市居民的社会交往以及相应的社会态度。这样的区分是必要的，虽然这两个群体间的交往是由交往双方共同完成的，但是就交往的发起以及对交往的目的和认识而言，不同的交往主体是有差别的。至于交往双方对彼此的评价态度更是受到复杂影响从而显得参差多态、不拘一格，需要从不同角度加以关照。

为了回答上述研究问题，我们需要从以下几个方面展开：

第一，回顾并论述改革开放以来中国社会的制度背景及其变迁。城市居民和新移民之间的社会交往以及彼此间的社会态度受到制度的重要影响，本书需要回顾中国转型社会的制度特征，特别是城乡二元社会形成的制度背景，并在此基础上分析它对城市居民和农村居民之间社会交往的影响。由于转型社会出现的新变化，大量新移民涌入城市，这部分人群的基本特征也需要回顾总结。

第二，回顾总结国内外关于社会交往和社会态度的主要研究成果。这部分需要从社会学、人类学、社会心理学等学科回顾关于社会交往和社会态度的理论和实证研究，这包括西方的研究、西方学者对中国的研究以及中国学者的研究。同一般的研究顺序一样，本书将首先进行文献回顾，目的在于了解研究现状，找准研究定位。

第三，构建适用于当前我国城市居民和新移民的社会交往和社会态度的解释框架。这部分需要通过实证研究来发现城市居民和新移民在几个主要类型的社会交往上的现状，还要一并总结两个群体对彼此的社会态度。在做出一般描述的基础上，进一步分析两个群体社会交往和社会态度的影响因素，为搭建解释框架提供支撑材料。

第四，提出城市居民和新移民的社会交往和社会态度的影响机制。整体来看，本书将从地位不平等和文化异质性两个角度对两个群体的交往和彼此间的态度加以分析，在发现关键的解释变量基础上，提出理论解释，这部分将围绕社会交往和社会态度的影响过程和机制未展开。

第五，基于研究发现，提出可能的政策性建议。城市居民和新移民的良性社会交往对于社会整合和社会发展具有重要意义。因此，本研究有着重要的现实意义和政策启示，需要评估现有相关政策，如户籍制度、流动人口管理法规条例等。在此基础上分析现有政策可能的不足及改进的建议。

三、研究意义

随着城市化的扩展，城市居民和新移民之间的接触逐渐增多，两个群体之间的社会交往以及社会态度引起越来越多的关注，对相关内容进行研究有着重要的学术意义和实际意义。

学术意义主要有：第一，从地位不平等和文化异质性的角度研究两个群体的社会交往，可以完善、深化、细化相关理论认识。学界已有的相关研究更多从城市新移民的角度考察该群体如何融入、适应城市社区，但从城市居民角度展开观察的较少。研究两个社会群体交往有必要双向进行，这样更有可能获得完整知识。此外，从地位不平等和文化异质性入手，可以增加和拓展原先研究的理论切入点，有可能形成新的理论知识。第二，构建基于实证研究的、具有本土解释力的社会交往理论，特别是关于城市居民和新移民的社会交往的理论。我国出现大规模的城市新移民还是最近20年的事情，关于城市居民和新移民的社会交往的研究方兴未艾，而对城市居民和新移民的交往过程中的相关现象给出的理论解释较少，研究分析视角单一，且多以西方理论为参照，尚不能在与西方理论对话的基础上形成本土性理论。

实际意义主要有：第一，有助于相关社会政策的制定。城市居民和新移民的社会交往在学理上涉及新移民的城市融入、两个社会群体的隔离与融合，而这些又涉及社会建设和社会管理等方面，需要相关的政策加以引导，而这些政策可能涉及全国性相关法律、法规的制定和修改，可能涉及地方治理模式的形成或完善。第二，有助于城市居民和新移民更好地社会交往。城市居民和新移民的社会融合虽不是必然的，但一定程度上是必要的。如果社会交往的后果不是积极的，就有可能不利于社会整合。通过本研究，寻找有利于城市居民和新移民良性社会交往的路径和方式，可以使这两个社会群体更好地融合，从而提高社会整合水平，增强社会稳定性，建立更加和谐包容的现代社会。

第二节 文献回顾

一、与本书有关的研究主题

本书的主题是城市居民与新移民的社会交往，具体要对城市居民和新移民的社会交往、城市居民对新移民的社会态度、新移民和城市居民的社会交往以及新移民对城市居民的社会态度展开研究。在开展本书的研究和实证分析之前，有必要对相关研究成果进行回顾和总结。按照本书研究主题和上述罗列的具体研究问题以及本研究的制度及其变迁背景，我们认为需要对下列更具体的研究领域进行评述，这些领域是社会交往、社会距离、城市融入和社会态度等，包含相关研究的学科至少包括社会学、人口学、社会心理学和地理学等。上述领域的选取是基于以下考虑，从本书的研究主题来看，社会交往和社会态度是最主要的问题领域，首先要对它们展开回顾。但与此同时，相关研究特别是国内研究又有比较独特的领域，即城市融入或城市融合，而在论述有关城市融入或融合的内容时，社会距离和社会包容经常作为其中的一个方面特别是反向的方面被提及。接下来我们将按照上述主题或领域的顺序进行文献回顾，在回顾时基本按照先国外、后国内的次序。此外，社会学的研究成果首先被关注，而针对特定研究主题或领域，社会心理学、人口学和其他相关学科的研究也是重点关注对象。

二、有关社会交往的文献回顾

（一）国外有关社会交往的文献回顾

国外社会学界对社会交往进行系统研究的重要代表人物要属美国著名社会学家彼特·布劳（P. Blau），他在自己的著作《不平等和异质性：社会结构的初级理论》中系统论述了他对社会交往的观点，虽然他的这本著作并没有进行实证性研究，但是其中所展现的观点非常具有启发意义。布劳在书中首先提出人类社会生活的基本属性是社会性，因此，社会成员需要和其他人进行交往，而这些交往所体现出的规则正是社会成员的角色关系和社会位置的分化[①]。布劳不掩饰他作为一名结构主义者的信条，因此，他认为正是交往构成了这种结构，也就是社会成员在不同社会位置上的分布。

布劳在构建其理论或者说是某种理论设想时主要使用了演绎的逻辑（方法），这也使得他这项关于社会交往的研究独树一帜。布劳通过一整套的定理体系及相关的假设构建了一个复杂的用来解释社会的框架，而其背后是布劳想借以表达社会结构条件是如何影响人们的社会交往的。在布劳眼中，社会交往是指两个人之间实际的直接互动[②]，而这种互动有利于社会整合，但与此同时，他所提出的不平等和异质性这两种主要的社会分

① ［美］彼特·布劳:《不平等和异质性》，王春光、谢圣赞译，中国社会科学出版社，1991年，第5页。

② 同上，第31页。

化形式又在影响着社会整合。在演示社会分化是如何影响社会整合之前，布劳首先提出了一个假设，即人们不仅与他们自己群体的成员交往，而且还与其他群体的成员交往[①]，而划分群体成员资格的即是不平等和异质性两种纵向和横向水平分化方式。

在若干假设的前提下，布劳提出了他的第一个定理：小群体的群际交往率必然超过大群体[②]。当然，此类定理的得出不仅有赖于他的假设，也有赖于他所谓的公理，比如他提出的第一个公理：人们喜欢同与他们有共同社会属性的那些人交往[③]，该公理说明作为一名结构主义者的布劳并没有完全排斥心理因素的作用，但是他认为心理作用不能高于结构的作用。布劳这一整套关于社会交往的设想建立在比较复杂的假设和公理基础上，通过逻辑演绎的方式又得到相应的命题，从而对社会交往的基本形态有所展现。可以说他的这套理论是相当形式化的理论，虽然他在书中并没有展开任何的实证分析，但是他所用来阐明命题的例子都是很有典型意义的，他的宏观社会交往结构理论可以给我们很大的启发。

（二）国内有关社会交往的文献回顾

可能除了布劳之外，很难有人以他那样的理论关怀来对社会交往进行理论建构和阐释。接下来，我们对国内有关社会交往的文献进行回顾，这些研究有的从经典理论出发进行阐释，有的聚焦于同本书相似的主题进行实证研究。有学者从马克思主义经典著作出发，阐述马克思的社会交往观。胡为雄认为，马克思开创了社会交往理论，在回顾马克思相关经典著作的基础上，他提出马克思视野下的交往是指人们的交互活动，它可以分为内部交往、外部交往和世界交往三种基本形式。社会交往的价值或者功能在于它可以与生产一起决定一个民族的整体结构以及它与其他民族的关系。

---

① ［美］彼特·布劳：《不平等和异质性》，王春光、谢圣赞译，中国社会科学出版社，1991 年，第 31 页。

② 同上，第 33 页。

③ 同上，第 346 页。

而其中的世界性交往的意义更加重要，它可以导致所谓“世界历史”的形成，并最终导致共产主义革命和全人类的解放①。社会交往同制度有重要的联系，这同马克思、布劳从结构视角看待社会交往是如出一辙的。李松玉认为，制度权威和社会交往的本质决定了二者之间的内在互应性。一方面，社会交往内在要求有与之相适应的制度权威的存在；另一方面，制度权威要以一定的社会交往状况为基础，并为社会交往提供了重要的规范性保障②。制度可能为社会交往提供了规范，也有可能直接形塑了交往的现状。刘精明和李路路对 CGSS2003 数据进行了实证分析，集中探讨了中国城镇社会中客观阶层位置在有关社会领域中的后果和影响，其中在社会交往维度上，特别是在客观分层结构的两端，阶层化构成了主要的趋势③，这一发现和布劳的观点不谋而合。

除了制度的作用之外，从宏观层次来看，文化和社会心理对交往也有重要的影响。在一篇更早的理论阐述性文章中，李伟民从社会心理学角度对普遍存在于中国社会之中的“人情”——这一世俗化的文化概念，着重分析了人情概念作为一种行为规范在中国人的社会交往中所具有的意义、作用、产生的影响及实际运作的过程。他还据此认为人情是中国人与他人进行交往的主要依据和准则，它决定了中国人在与社会他人进行交往时所表现出的互惠互利的社会性交换行为以及在人际交往活动中的关系取向④。上述观点站在中国文化立场上，对于中国人的交往有颇为精妙和深入的分析，虽然直觉上有亲切的认同感，但是缺乏实证数据的支持，仍然属于理论的阐释和分析。

制度、文化和社会心理作为一致的外部因素影响中国人的社会交往，

---

① 胡为雄：《马克思的社会交往理论》，《教学与研究》2004 年第 8 期。

② 李松玉：《制度权威与社会交往》，《理论学刊》2005 年第 2 期。

③ 刘精明、李路路：《阶层化：居住空间、生活方式、社会交往与阶层认同——我国城镇社会阶层化问题的实证研究》，《社会学研究》2005 年第 3 期。

④ 李伟民：《论人情：关于中国人社会交往的分析和探讨》，《中山大学学报（社会科学版）》1996 年第 2 期。

但是与此相关的影响方式和后果未必完全一致，由于中国现实的复杂性，具备不同特征的社会成员同其他群体的社会交往，甚至他们在群体内部的社会交往有可能会出现不同的结果，接下来我们将对此类主题展开回顾。李倩和李小云关注失地农民在其市民化过程中遇到的社会交往困境，她们认为社会交往是新移民社会适应的重要方面，失地农民在进入城市后，呈现出未能适应城市社会交往规则的现象特征。通过对失地农民社会交往的分析后发现，分类观念下的内倾性交往是失地农民不能适应城市社会交往规则的深层原因，也是失地农民市民化困境的症结所在。她们继而认为只有打破目前失地农民观念中的分类体系，改变其内倾性交往的状态，促进其与城市居民之间的交往、融合，才能促成他们向城市居民的转化，而这则是一个由制度、社会结构转向文化的变化和适应的过程①。新移民这种不能突破群体界限的交往有可能影响他们的城市融入，有学者更将此类现象称之为社会交往的内卷化，这与前文提到的内倾性的含义相近。叶鹏飞认为，农民工的城市社会融合是当前我国城市发展中的突出问题。从社会交往的角度看，农民工城市生活仍然呈现出明显的内卷化特征，表现为交往行为的礼貌性、朋友身份的宽泛性和社区参与的有限性。而这些表现其实在阻碍农民工的市民化，化解这一问题的方法在于保持社区的开放性姿态，创造农民工城市社会交往的条件和机会，进行社区管理体制的相应调整②。

上述研究通过理论阐述指出了新移民同其他群体如市民群体的交往障碍有可能影响他们市民化的过程，而一些实证研究则进一步指出了其中的症结所在。在一项开展于 2005 年的研究中，学者卢国显从态度和交往的角度入手来分析农民工与市民社会距离的变化趋势，他发现农民工与市民在社会距离变化感受、相互理解程度、交往感受等方面存在明显的差异性。一方面，农民工认为他们与市民的社会距离在缩小；而另一方面，市民却

---

① 李倩、李小云：《“分类”观念下的内倾性社会交往：失地农民市民化的困境》，《思想战线》2012 年第 5 期。

② 叶鹏飞：《探索农民工城市社会融合之路：基于社会交往“内卷化”的分析》，《城市发展研究》2012 年第 1 期。

认为他们与农民工的社会距离在扩大。他认为此种差异性态度可能是交往期望差异造成的。至于社会距离扩大的原因，他认为除了与双方社会经济地位差异、文化差异、空间隔离、交往频率等因素有关系外，还与城市人口规模变化、政策调整和流动人口犯罪有关系[①]。

城市居民和新移民之间的社会交往现状及其影响因素是一个经验性问题，除了理论阐述之外，实证性分析更能对实际情况有完整和准确的展现。雷开春和张文宏从社会信任的角度切入该群体的社会交往，他们基于对上海样本的分析，发现城市新移民的社会信任结构遵循交往圈假设，即最高为典型特殊信任，其次为非典型特殊信任，再次为非典型普遍信任。城市新移民以朋友代替亲戚、同学或同乡为最信任的对象。而从信任感的建立机制来看，亲戚是城市新移民社会信任建立的重要影响因素，社会交往对社会信任建立的负功能大于正功能[②]。而在雷开春的另一篇研究中，她关注了城市新移民与本地人群体关系的交往策略，借以研究和提出改善族群关系的方法。同样是以在上海收集的个案为分析对象，通过分析上海城市新移民与本地人的交往情况，并验证了她所提出的平等交往、理性交往与实际交往等关于交往策略的研究假设。实证分析结果表明，制度性身份平等比职业地位平等更重要，实用性交往行为比情感性交往行为更有效，据此，她还在文后提出了改善族群关系的策略和方法[③]。

三、有关社会距离和城市融入的文献回顾

（一）有关社会距离的文献回顾

在研究新移民的城市融入以及新移民和城市居民的社会交往（也包

---

① 卢国显:《差异性态度与交往期望: 农民工与市民社会距离的变化趋势——以北京市为例》,《浙江学刊》2007 年第 6 期。

② 雷开春、张文宏：《城市新移民的社会信任及其与社会交往的关系剖析》，《江苏行政学院学报》2012 年第 6 期。

③ 雷开春:《上海城市新移民与本地人群体关系的交往策略研究》,《社会》2012 年第 2 期。

括城市居民和新移民的社会交往）时，社会距离是经常被提及的一种现象，接下来我们先对国内外有关社会距离的研究进行回顾。按照卢国显综合他人的看法，社会距离是指人与人之间或群体与群体之间的理解与亲密的程度和等级，它可以为主观距离和行为距离等[①]。有关社会距离的研究最早可以追溯到形式社会学之父——德国著名社会学家齐美尔那里，他不仅研究了人与人之间的关系，而且还将之置于城市环境下加以考察，他认为生活在大都市中的人需要和很多城市人持续不断地接触，为了保持个人心理的平衡，他们与外界保持必要的距离[②]。而将社会距离加以明确并运用到社会学实证研究中的则是美国"芝加哥学派"的代表性人物之一——帕克，他认为社会距离是"一种可以测量表现个人和一般社会关系的理解和亲密的程度和等级"[③]，这种距离可以体现在空间上，也可以体现在心理方面，也就是说空间距离和心理距离存在一定的关联。帕克还很有创建性地提出社会距离具体存在于实际的社会交往或者主观感受，这同现在社会心理学提出的实际交往和想象性交往如出一辙[④]。帕克还指出社会距离存在于所谓内群体和外群体之间，这对后来社会认同理论的提出和发展也有重要的启发意义。而在社会距离产生的原因方面，除了制度不均衡因素以外， 还有社会地位差异、文化差异、空间隔离、生物差异等因素[⑤]。

除了上述国外早期经典的研究之外，社会距离对于我们认识和分析中国的新移民和城市居民的社会关系很有帮助。在一篇较早的文章中，郭星华和储卉娟通过调查数据以实证研究的方式描述和解释了农民工与城市居

① 卢国显：《中西方社会距离的研究综述》，《学海》2005 年第 5 期。

② 成伯清：《格奥尔格·西美尔：现代性的诊断》，杭州大学出版社，1999 年。转引自卢国显：《中西方社会距离的研究综述》，《学海》2005 年第 5 期。

③ Robert E. Park. Race and Culture. The Free Press，1950，pp87。转引自卢国显：《中西方社会距离的研究综述》，《学海》2005 年第 5 期。

④ 卢国显：《中西方社会距离的研究综述》，《学海》2005 年第 5 期。

⑤ 同上。

民社会距离的状况。他们的研究发现，新生代农民工与城市居民的社会距离正在逐渐增大，而且新生代农民工缺乏融入城市生活的积极性，其自身感觉与城市生活和城市居民之间的关系日趋隔离。而社会距离的增大使得农民工群体自动形成自己的社会交际网络，从而进一步与城市生活产生隔离。他们还就此分析了社会距离增大的原因，其中新一代农民工的身份认同变化、城市居民的刻板印象以及传统网络的存在都是促使农民工与城市居民社会距离增大的重要原因[①]。不过该研究主要聚焦于农民工而且是新生代农民工，该群体只能算是新移民中的一个组成部分，因此，该研究的结论对本书的研究有一定的参考意义。

在刚刚进入 21 世纪时，新移民的主要来源就是农民工，所以这段时间有关新移民和城市居民的社会距离的研究基本上也聚焦在农民工和城市居民之间。不过也有研究关注更广泛意义上的外地人和本地人的社会距离。张海辉的硕士论文研究了江苏省苏州市本地人和外地人之间的社会距离。该研究兼顾了外地人和本地人的视角，设计了两份分别针对外地人和本地人的博格达斯社会距离量表，以期从双向角度对社会距离进行全面分析。研究主要发现，本地人和外地人的社会距离是不对称的，外地人感受到的社会距离比本地人对外地人的社会距离更大[②]。

随着越来越多的以农民工为主体的新移民进入城市，并开始和城市居民有越来越多的接触，对农民工或者新移民与城市居民社会距离的研究开始增多。许传新使用他于 2006 年在四川省成都市开展的青年农民工状况调查资料对新生代农民工与城市居民社会距离进行了实证研究，研究发现新生代农民工还没有完全融入城市居民的生活圈，存在着一定的社会隔离。进一步的回归分析结果表明，性别、是否独生子女、城市生活体验、社区

① 郭星华、储卉娟：《从乡村到都市：融入与隔离——关于民工与城市居民社会距离的实证研究》，《江海学刊》2004 年第 3 期。

② 张海辉：《不对称的社会距离：对苏州市本地人与外地人的关系网络和社会距离的初步研究》，清华大学硕士学位论文，2004 年。

参与程度、相对剥夺感对其与城市居民的社会距离感有显著性影响[①]。类似的，史斌使用2008年在浙江省宁波市开展的城市新生代农民工调查数据也对新生代农民工与城市居民的社会距离进行了实证分析，他的研究发现，以新生代农民工为主体视角的社会距离建立在融入意愿和排斥预期两个层面基础上。与上一代农民工相比，新生代农民工与城市居民的社会距离在增大；社会经济地位、社会关系网络、居住空间和社会文化会显著影响新生代农民工的社会距离。文章最后提出若要促进新生代农民工的城市融入，并缩短新生代农民工与城市居民的社会距离，需要新生代农民工、城市居民、政府和社会等多方行动者的共同努力[②]。

上述两个研究主要聚焦于新生代或新一代农民工，关注他们和城市居民间的社会距离及其影响因素。从更大范围来看，以所有农民工为对象的此类研究较少。王桂新和武俊奎则以上海市的农民工为例，对城市农民工与本地居民社会距离的影响因素展开分析，他们的研究发现，社会资本有助于缩小本地居民和农民工之间的社会距离，个人拥有的社会资本越广泛、丰富，越有利于消除群体之间的偏见并改变农民工对自身的身份认同，从而有助于缩小本地居民和农民工的社会距离。此外，同群效应则可以强化城市农民工和本地居民群体价值判断的趋同性，从而对二者之间的社会距离有双向作用；但如果同群效应强化群体共同的偏见，则有扩大二者社会距离的倾向[③]。

（二）有关城市融入的文献回顾

国外对城市融入的研究主要针对的是外部移民在移入国的适应状况，它是一种综合性的适应状态。整体上，国外有关移民社会融入的研究在概

① 许传新、许若兰：《新生代农民工与城市居民社会距离实证研究》，《人口与经济》2007年第5期。

② 史斌：《新生代农民工与城市居民的社会距离分析》，《南方人口》2010年第1期。

③ 王桂新、武俊奎：《城市农民工与本地居民社会距离影响因素分析——以上海为例》，《社会学研究》2011年第2期。

念内涵上存在不同的认识，如同化、文化适应、社会吸纳，等等。移民的社会融入一般包含经济融入、社会—文化性融入、政治性融入等维度。在解释和分析移民的社会融入方面主要存在人力资本、社会资本与政策制度等三种理论范式[①]。但是国内的情况可能略有不同，因此，我们需要在理论和实证研究方面有贴合实际的做法。学者杨菊华在此方面进行了系统的理论性的反思，她以成年乡—城流动人口为对象，首先界定了流动人口在流入地社会融入的概念，并在此基础上构建了社会融入的理论分析框架，而且还提出了五种融入类型。她认为，用融入而不是融合的概念更适于形容我国的乡—城流动人口在城市的适应过程及结果。她还认为，社会融入不是单维度概念，而应该是动态的、渐进式的、多维度的、互动的。在当下的情况下，她认为隔离是新移民难以避免的遭遇。因此，流动人口的融入轨迹和模式因人群而异，但通常经济整合发生在先，其次才是文化接纳，再次是行为适应，最后是身份认同[②]。上述研究从理论上对目前我国新移民的城市融入研究的框架或范式进行了很好的反思，并且提出了颇具启发意义的思路。

除了理论性的反思之外，新移民的城市融入状况需要实证性研究加以了解和掌握。景志铮和郭虹以四川省成都市的社区为地点，通过个案研究方法比较细腻地展示了城市新移民的社区融入与社会排斥的状况、过程及其背后的逻辑。他们的研究从新移民和城市居民两个不同的角度收集资料，并且根据新移民的职业、在城市的居住时间和长期居住意愿的规则和方法来进行样本选取，他们分别分析了经济排斥、社会关系排斥和文化排斥三个方面的情形，研究发现社会排斥是新移民社区融入的主要壁垒，缓解消除社会排斥以及实现社区参与、社会交往的“破冰”是城市新移民真正融入社区的前提[③]。

---

① 梁波、王海英：《国外移民社会融入研究综述》，《甘肃行政学院学报》2010 年第 2 期。

② 杨菊华：《从隔离、选择融入到融合：流动人口社会融入问题的理论思考》，《人口研究》2009 年第 1 期。

③ 景志铮、郭虹：《城市新移民的社区融入与社会排斥：成都市社区个案研究》，《西北人口》2007 年第 2 期。

在对新移民和城市居民的社会距离研究进行回顾时，我们发现有较多的研究对所谓新生代和老一代新移民进行比较，在社会融入主题方面，此类比较性研究也方兴未艾，比较有代表性的是李培林和田丰对中国农民工社会融入的代际比较研究，他们使用中国社会状况综合调查数据，首先描述了老一代农民工和新生代农民工在经济、社会、心理和身份四个层面的社会融入状况，进而分析了人力资本、社会资本和政策制度等因素对社会融入的影响。他们的研究发现，新生代农民工社会融入状况与老一代农民工相比没有根本差异。影响社会融入的人力资本因素更显著地体现在农民工的工作技能上，政策制度对农民工社会融入具有重要影响。此外，他们还发现农民工社会融入的经济、社会、心理和身份4个层次不存在递进关系，经济层次的融入并不必然带来其他层次的融入[①]。

虽然上述研究关注到了心理层面的融入状况，而大部分研究还只是停留在经济、社会等层面，如果缺少主观层面的分析，那么对新移民的城市融入的研究就不完整。王春超和张呈磊的研究恰好关注了城市融入感这一心理层面的融入状况。随着新型城镇化的不断推进，人口流动逐渐以个体式流动向家庭式流动转变，因此，从家庭角度来考察城市新移民的融入感就非常重要。正是在这样的背景下，他们关注子女随迁与农民工的城市融入感之间的关系，他们首先构建了效用分析框架，然后利用国家卫健委“流动人口动态监测调查”数据研究子女随迁对农民工城市融入感的影响效应，分析结果发现，子女随迁确实显著增进了农民工的城市融入感，而且家庭迁移模式下的农民工的城市融入意愿、长期定居意愿以及其本地人身份认同感均显著高于个体迁移者[②]。这说明城市融入感的强化不仅来自新移民所在城市的外部影响，有来自其家庭的内在影响。

① 李培林、田丰：《中国农民工社会融入的代际比较》，《社会》2012年第5期。

② 王春超、张呈磊：《子女随迁与农民工的城市融入感》，《社会学研究》2017年第2期。

四、有关社会态度的文献回顾

（一）社会学有关社会态度的文献回顾

社会态度是社会心理学中的一个重要概念，从本质上看，态度是指人们对一定对象相对稳定、内部制约化的心理反应倾向[①]，而社会态度则是指态度的社会本质，也就是说态度的对象在本质上是社会的，以及态度的主体在本质上也是社会的[②]。因此，社会态度不仅是社会心理学的重要概念，也是社会学中的重要研究对象。在研究城市居民和新移民之间的社会交往时，社会态度也是主要研究内容之一，有些研究会将社会态度视作心理层面的社会距离，其实社会态度和社会距离在实质上还是有差异的，因此，我们接下来的文献回顾只针对社会态度展开。

社会态度可以是就某一个现象或社会群体做出的综合性的心理反应，也可以是就某一单独方面做出的具体判断。通常学术界主要从新移民的角度出发，关注他们在城市融入过程中的遭遇在心理层面的表现，而较少关注城市居民一方是如何看待新移民的。而本书作者曾经较早对区域差异背景下的城市居民对新移民迁入的态度进行过研究，在该研究中，笔者为新移民城市融入研究提供了一个来自城市居民的观察视角，而且还构建了区域差异背景下的城市居民是否愿意新移民迁入的多层线性模型。通过对 2005 年全国综合社会调查数据（CGSS 2005）的实证分析，结果发现，市民个体的社会经济特征和城市的制度环境对其态度有显著影响。该结果意味着在户籍制度的作用下，城市居民同新移民之间的利益分隔和心理区隔存在相互转化的可能，而且还有可能对后续的户籍改革造成阻碍，因此，笔者在文中还呼吁为了获取大多数人对户籍改革的共识，城市居民的态度不应该被忽视[③]。

---

① 沙莲香：《社会心理学》，中国人民大学出版社，2015 年，第 215 页。

② 同上，第 216–217 页。

③ 王嘉顺：《区域差异背景下的城市居民对外来人口迁入的态度研究：基于 2005 年全国综合社会调查数据》，《社会》2010 年第 6 期。

除了上述笔者较早开展的研究之外，后续也有一些相同或相似主题的研究出现，同样获得了一些重要的发现。叶俊焘等人从群体间交往的视角出发，对城市居民对进城农民工态度的影响因素进行了研究。他们参考使用了美国社会心理学家奥尔波特的“交往假说”来检验城市居民与农民工之间的朋友关系是否会影响前者（对后者）的态度。通过对浙江省杭州市的城市居民的调查数据的实证分析，他们发现目前城市居民对于进城农民工的总体印象偏于负面，年纪较大和受教育程度较高的城市居民对农民工持有更强的负面态度。此外，城市居民与农民工之间一般性的交往并不能改变城市居民对后者的态度，并且仅仅有农民工朋友不影响城市居民的态度[①]。

此类主题在国外社会学和社会心理学研究中是一个长盛不衰的话题，已经发展出不少较为成熟的理论对此现象加以解释和分析。国内学者李煜近来在吸收国外相关理论和研究的基础上，对该问题进行了更加全面和深入的分析。他借鉴了西方移民态度理论，以上海随机调查样本分析了城市居民的移民态度状况、群体差异和成因，研究发现，基于文化认同的排斥稳健而强烈，但以客观社会经济结构壁垒测量的现实利益威胁假说未得到验证。上述结果表明，对过去和未来的利益和状况的主观判断成为影响本地居民移民态度的关键。对于新移民一代（有或无本地户籍）来说，移民排斥主要源于其对未来生活状况的预期，而本地人的排斥受到其过去改革进程中利益受损评估的影响。作者据此提出本地人移民态度形成的“受挫怨恨”假说，在时间维度上进一步拓展了“悲观预期”假设[②]。

（二）社会心理学有关社会态度的文献回顾

上述研究基本上是使用社会学的理论和方法，但是社会心理学要更早

① 叶俊焘、蒋剑勇、钱文荣:《城市居民对进城农民工态度的影响因素研究》,《浙江社会科学》,2011 年第 10 期。

② 李煜：《利益威胁、文化排斥与受挫怨恨：新“土客”关系下的移民排斥》，《学海》2017 年第 2 期。

开展对社会态度的研究，接下来我们将从社会心理学的主要理论流派出发，简要回顾它们对社会态度的观点。此外，正像前面所说，社会态度的具体研究内容非常宽泛，因此，接下来的回顾主要针对城市居民对新移民的态度，而且偏向于负面的态度，如社会偏见等。社会心理学领域内的偏见研究最早可以追溯到 20 世纪 20 年代早期，那时主要是西方学者对社会大众对少数族裔的态度或偏见进行调查研究，此时的研究方法主要采用问卷调查，待到 20 世纪 50 年代，社会心理学已经着手从个体和社会层次探讨社会偏见的起源和发展①，发展到后来，社会认知理论成为社会偏见主要的代表性理论。Robert 和 Donn 认为，社会偏见是指一种指向某一特殊团体成员（种族、民族、宗教团体等）的消极评估态度。它包括三部分内容：认知（观念、思想等）、感受（感情、情感等）和意动（行为倾向）②。该理论一般认为社会偏见同意识状态中的平等主义观念的增长和偏见观念的消减联系在一起，而这有可能导致社会个体处在一种内在自我冲突的威胁状态③。

社会心理学到底不同于心理学就在于它更侧重于从社会层面来看待和分析心理现象，对于社会偏见也不例外。随着对社会偏见的继续研究，学者们认为对自身所属的社会群体的认知和划分，以及由此所引发出的群体认同有可能是促使社会偏见产生的重要原因。学者们据此提出群际威胁概念及其相关理论来解释社会偏见的产生。所谓群际威胁是指在社会群体情境中，一个群体所具有的资源、信念和价值观等各种特征对另一个群体的存在、发展和目标产生的威胁。这种感知到的威胁会导致人们对外群体产生消极的态度和行为。根据群际威胁的理论来源和内容可以将群际威胁分为现实威胁、文化威胁和认同威胁三类。目前，群际威

① 王沛：《现代社会认知理论框架下的偏见研究及其走向》，《心理科学》1998 年第 5 期。

② Robert A B，Donn B. Social Psychology——Understanding Human Interaction. Allyn and Inc，1974：15-196. 转引自王沛：《现代社会认知理论框架下的偏见研究及其走向》，《心理科学》1998 年第 5 期。

③ 王沛：《现代社会认知理论框架下的偏见研究及其走向》，《心理科学》1998 年第 5 期。

胁对群体偏见影响的理论模型已从最初的单一模型发展到各类威胁共同作用的整合模型[①]。

由此可以看出，首先是群体划分促使社会成员分成不同的社会群体，而且这种划分主要侧重于心理上的感知，但是这种内外群体的区分如何导致社会偏见的产生呢？这就涉及社会认同与内 / 外群体态度的关系了，特别是群际威胁和群体情绪在其中的联系作用。薛婷等人的研究就对上述问题进行了解答，他们为了研究社会认同、群际威胁和群体情绪如何同时影响内、外群体态度，特意设计了一个实验性情景加以验证，结果发现，国家认同在认同威胁对两种群体态度的总影响和通过群体愤怒的间接影响中都起到负向的调节作用，而且群际威胁和群体情绪在社会认同与内、外群体态度之间具有显著中介作用，可以说不同群际威胁与不同群体情绪相对应进而影响群体态度[②]。

第三节 研究方法

一、数据

本书在研究方法上以定量研究为主，首先对城市居民和新移民的社会交往与社会态度的现状给予描述统计分析，然后通过量化模型分析影响城市居民和新移民之间社会交往和社会态度的因素及其影响机制。定量研究需要社会科学调查数据的支持，本书将使用中国综合社会调查数据（2005年）、国家卫计委流动人口动态监测数据（2014年）、国家社科基金项目《文化资本：我国城市中间阶层的生产和再生产研究》在厦门、郑州和上海开

① 张婍、冯江平、王二平：《群际威胁的分类及其对群体偏见的影响》，《心理科学进展》2009年第2期。

② 薛婷、陈浩、乐国安、姚琦：《社会认同与内、外群体态度的关系：群际威胁和群体情绪的中介作用》，《心理科学》2013年第1期。

展的调查项目[①]以及民政部及李嘉诚基金会大爱之行重点示范项目《“情暖新厦门人”：城市融入与社会参与社工服务示范项目》在厦门开展的调查项目[②]。以下介绍上述调查数据同本研究有关部分的情况，后续章节将视研究需要做进一步说明。

（一）中国综合社会调查数据

中国综合社会调查是我国最早开展的全国性、综合性学术调查，由中国人民大学中国调查与数据中心具体负责执行。该调查从2003年开始，主要收集社会、社区、家庭和个人等多个单位层次的数据，目前已成为研究中国社会最主要的数据来源，关于该数据的详细信息可以浏览其官方网页。[③]

本研究主要使用2005年该调查项目的数据。从这一年开始，中国综合社会调查项目开始在全国城乡地区进行抽样并进行调查，第一次真正实现全国性的有代表性的调查。2005年的调查问卷针对城市居民受访者设计了一套社会距离量表，从社会态度层面测量城市居民对外来人口的社会距离。这些问题包括：1. 您是否愿意和外来人口一起工作呢？ 2. 您是否愿意有外来人口租住在您所居住的社区呢？ 3. 您是否愿意外来人口居住在您家隔壁呢？ 4. 您是否愿意邀请外来人口到您家做客呢？ 5. 您是否愿意您的子女/亲属与外来人口谈恋爱呢？可以看出，上述问题采用了博格达斯社会距离量表（Bogardus Social Distance Scale）的形式，最初该社会距离量表主要用来测量不同族群之间以及本国公民对外部移民的社会态度，当然它也可以用来测量城市居民对新移民的社会态度，对上述问题的表述进行调整，还可以用来测量新移民对城市居民的社会态度。

除了测量城市居民对新移民的社会态度之外，2005年的中国综合

---

① 项目批准号：11BSH028，项目负责人为上海大学社会学院仇立平教授。

② 项目编号：P140250464135，项目承担机构为福建省厦门市湖里区希望社工服务中心。

③ 中国综合社会调查（Chinese General Social Survey）的网址为：http：//www.cnsda.org/。

社会调查还询问了城市居民和新移民进行不同类型社会交往的情况。询问问题如下：1. 是否有外来人口与您一起工作过呢？ 2. 是否有外来人口租住在您所居住的社区呢？ 3. 是否有外来人口居住在您家隔壁呢？ 4. 您是否邀请过外来人口到您家做客呢？ 5. 您是否有子女 / 亲属与外来人口谈恋爱呢？受访者可以根据自己的实际情况回答有或没有，也可以不回答。事实行为的测量可以用来分析城市居民和新移民的社会交往，还可以同态度测量一起综合分析城市居民和新移民之间的社会距离等内容。

（二）流动人口动态监测数据

中国流动人口动态监测数据是目前我国最具权威性的针对流动人口的调查数据，它通过年度性的调查及时记录我国流动人口的综合状况及发展趋势。该调查由国家卫健委主导，从 2009 年开始试点，于 2010 年正式展开，它采取分层、三阶段与流动人口规模成比例的抽样方法，抽样框包括全国 31 个省（自治区、直辖市）和新疆生产建设兵团的 1 500 余个县级单位，每年调查的样本规模接近 20 万人。需要说明的是，流动人口动态监测调查对流动人口的界定相对宽松一些，只要是在流入地居住一个月以上，同时不具有本区（市、县）户口且调查时点的年龄在 15 ～ 59 周岁的流动人口都属于被调查的范围。流动人口动态监测调查内容相对丰富，它包括基本人口学特征、人口流动情况、就业情况、收入与消费情况、公共服务和社会保障情况、婚育子女情况、社会融合情况等几个方面。本书主题涉及社会交往和社会态度，所以将主要使用该数据中关于社会融合方面的变量和信息。

（三）“我国城市中间阶层的生产和再生产研究”课题调查数据

该数据是利用国家社科基金项目“文化资本：我国城市中间阶层的生产和再生产研究”的资助，在上海、福建厦门以及河南郑州三地开展专门针对城市中间阶层的调查，样本规模共计 2 573 个。这项调查持续了三年时间，首先是2013年在福建厦门的调查[①]，该次调查通过配额抽样和雪球抽样的方法获得600个成功样本。2014年在河南郑州进行了新一轮调查，此次调查也是使用配额抽样及雪球抽样的方法，最终调查了1 146个个案。2015年在上海的调查是第三轮调查，此次调查的实施方式同前两次有所区别，这次使用了网络调查方法。课题组委托问卷网[②]面向上海常住人口进行定向调查，问卷网根据课题组调研需要从其样本库中筛选符合条件的对象进行邀约填答，最终收集到827个样本。该调查主要询问中间阶层人士的基本信息、职业经历、婚姻配偶及家庭情况、文化资本状况、阶层意识与阶层关系认知以及社会态度。其中在社会态度部分，问卷设置了城市居民对流动人口的社会态度、社会交往意愿、交往行为以及主观评价等问题，这些问题主要涉及处于社会中间位置的部分城市居民的态度和行为。

（四）“城市融入与社会参与社工服务示范项目”课题调查数据

该数据是利用民政部及李嘉诚基金会大爱之行重点示范项目《“情暖新厦门人”：城市融入与社会参与社工服务示范项目》以及教育部人文社科研究青年基金项目《地位不平等与文化异质性：城市居民与新市民的社会交往研究》的资助，主要于2014年在福建省厦门市历时半年完成的调查[③]。该调查主要询问来厦的外来务工人员及其子女，调查实施主要通过受访者推动抽样完成。具体分为两种方式：一方面是到外来子弟学校先调查流动儿童，然后通过他们接触其家长；另一方面是将辖区内的企业按员工规模分类，然后从不同规模企业中选取相应数额的员工作为样本，这部分样本的选取是通过配额抽样和判断抽样完成的，最终获得成年人样本1 242个、流动儿童样本1 077个。该调查数据同流动人口动态监测数据一样，都是从流动人口的角度询问和测量他们同本地城市居民的社会距离、

① 该调查由笔者主持完成，华侨大学社会学系部分本科生参与了此次调查。

② 问卷网是国内一家有代表性的网络调查平台，其网址为：https：//www.wenjuan.com/。

③ 该调查是在笔者的策划和指导下完成的，具体由厦门市希望社工服务中心和华侨大学社会学系共同实施。

目前社会融合的状态以及同城市居民的社会交往意愿和行为。根据研究主题和内容，本研究将主要使用并分析成年人样本。

二、概念和变量

（一）概念

在此部分，笔者将对本书涉及的主要概念进行澄清和界定，后续章节将根据具体研究内容和需要对使用到的概念进行说明。基于研究主题和内容，本书涉及的主要概念包括城市居民、城市新移民、社会交往、社会态度、地位不平等和文化异质性这六个，接下来将对其一一说明。

1. 城市居民

城市居民是本书的主要研究对象之一，在本书当中，它更确切的意思是指本地城市居民。这个概念包含两层含义：首先，户口是非农业户口；其次，户口是本地的非农业户口。因此，持有农业户口的人肯定不是城市居民，不论农业户口是本地还是外地的；另一方面，持有外地非农业户口的人也不是城市居民，这里突出了户籍所在地的差别，这是本书对此概念的特别说明，虽然本书在行文中不会处处强调这一点，但是读者需要注意。在本书的某些章节段落，城市居民更具体指那些出生地和现居地一致的且持有本地非农业户口的人，这是严格意义上的城市“土著”，它排除了那些后来通过各种方式获得现居地非农业户口的人，这些人可能原先持有本地农业户口、外地非农业户口或者外地农业户口，如果是在此意义上使用城市居民这一概念，笔者将在本书中明确说明。除此之外，城市居民就是指持有本地非农业户口并且在本地常住的人。

2. 城市新移民

可以看出，本书主要从户口属性和户口登记地两个角度对城市居民加以定义，因此，城市新移民同样也要从这两个角度给予界定。简单来说，只要户口不是本市（现住地）非农业户口但是现在居住本市的人都是新移民。这个群体具体包括目前居住在本市的持有本地农业户口、外地非农业户口以及外地农业户口的人，不过这三类人群的规模及其所占比重有较大的差别，学术界和官方对他们的关注度也不同。以居住和工作在城市但持有农业户口，特别是外地农业户口的人为例，官方目前称其为农业转移人口。除此之外，在官方文件、学术论著以及日常语言中该群体还被称为流动人口、外来人口、农民工、外来务工人员等，这些称呼从不同角度突出了该群体的某一方面的特征。

但在本书中，笔者将其称为城市新移民。关于这个概念，这里做几点说明。首先，新移民这个概念最早出现在国际移民研究领域，从时间上看，它可以指移民时间相对较近的移民群体，但主要还是指改革开放后从中国移民并定居于海外的群体。其次，本书将所谓的流动人口、外来人口、农民工、外来务工人员等统称为城市新移民，主要是假定该群体所有成员，至少是大部分成员会计划在城市定居，这属于内部移民，而所谓的“新”主要是指改革开放后的时间，特别是进入21世纪后。最后，以学术标准为判断，而非行政管理实践。本书作者了解目前户籍管理的状况，就是户籍制度对人口流动的管控虽然有所宽松，但是在政策细则的操作实施方面仍然严苛。作者也了解这一现状涉及迁移和流动的区别，比如有户口登记地变动的情形属于官方认可的迁移，而没有户口登记地变动情形的属于流动，这在目前我国特殊的户口政策背景下是非常清楚的。但本书以学术标准为判断，而非行政管理实践，也就是不区分他们是迁移还是流动，只侧重事实上的常住地的变动，这样操作也比较接近国际研究惯例。正是在这个意义上，城市新移民这个概念得以使用。

3. 社会交往

作为一个生活在现代社会世界里的人是不可能完全脱离社会交往的，只有通过社会交往才能满足我们的社会性需求。我们如此频繁地处于社会交往过程之中，它对我们来说已经看似习以为常，但是社会交往到底是指什么呢？通过文献检索有关社会交往的文章，可以发现诸多的社会科学研究很少对社会交往给出明确的说明，而是直接涉及社会交往的类型、形式和内容等有关社会交往这个概念的不同范畴。对于实证研究而言，这么做不妨碍传达作者的研究意图和发现，而且读者能够明了其中的含义。本书基本上也是在实证研究的层面来使用社会交往这个概念，直观地看，它是社会成员为了满足自身某种目的或需求，而与其他社会成员的互动。如果要给它下一个更加“抽象”的定义，马克思的交往理论是富有意义且不可忽视的重要参考，不过马克思也没有给出关于社会交往的一个明确的定义。在他的各类著作中，他有时用社会交往来说明单个人之间的交互活动，但更多的时候，他用这个概念来表达人们之间的交换以及生产关系。可以看出，马克思认为社会交往存在于不同的层面和领域，因此，他也将社会交往区分为内部交往、外部交往以及世界交往三种类型[①]。

4. 社会态度

给出一个有关社会态度的定义，其面临的情形同给社会交往下定义时面临的差不多。一方面是因为这个概念的部分短语——态度是日常生活中人们所熟知的词语，但是日常使用同学术的定义往往并不完全吻合；另一方面，社会态度作为社会学，特别是社会心理学中的重要概念，有如其他社会科学中的概念一样，学者们对它的界定聚焦于不同的面向。从社会心理学的角度来看，态度是指人们对一定对象相对稳定、内部制约化的心理反应倾向[②]。而所谓社会态度，则是指态度的社会本质，也就是说态度的对象在本质上是社会的，以及态度的主体在本质上也是社会的[③]。

5. 地位不平等

地位不平等是本书使用的一个重要概念，它借用自布劳（P. M.

① 胡为雄：《马克思的社会交往理论》，《教学与研究》2004 年第 8 期。
② 沙莲香：《社会心理学》，中国人民大学出版社，2015 年，第 215 页。
③ 沙莲香：《社会心理学》，中国人民大学出版社，2015 年，第 216–217 页。

Blau），关于他对社会交往结构的研究，笔者已经在前面的文献回顾部分有所论述。这里仅就地位不平等这一概念做出说明。如前所述，布劳使用参数这个概念来描述社会结构，而参数又是指社会成员的某一属性。进一步地说，参数分为类别参数和等级参数，其中由等级参数所表示的地位分布就是不平等①。按照布劳的说法，所谓不平等就是指社会成员在地位维度上的分布②，因此，本书使用地位不平等这个概念，在表述上看似语义重复，其实不然。所谓社会地位毕竟是社会学者构造出的抽象概念，而在现实经验中，它更具体指社会成员在权利、教育或者收入上的差异程度③。所以在本书中，地位不平等指根据某个单一参数而形成的地位分布，因此，地位的每一个分析维度也是我们可以用来分析不平等的一个维度。

6. 文化异质性

异质性是布劳用来描述和概括社会成员由类别参数所表示的不同群体之间的分布。社会成员先天或者后天分属于不同的社会群体，前者如性别、种族、民族等，后者如社会地位、职业等。与地位的等级差异相反，群体之间的类别差异本质上是不分等级的④，它只有是与否的区别，我们可以说一个社会成员属于或者不属于某个社会群体。简而言之，异质性就是指社会成员在不同群体之间的分布⑤。同样的，对异质性的考察和分析也可以借助于单一参数，比如一个群体在性别上的分布、在受教育程度上的分布等。就本书而言，文化异质性则是指社会成员在文化这一维度或参数上的分布，同时文化是一个抽象复杂的概念，对文化异质性的操作化定义取决于对文化的操作化定义。

---

① ［美］彼特·布劳:《不平等和异质性》，王春光、谢圣赞译，中国社会科学出版社，1991年，第12–16页。

② 同上书，第69页。

③ 同上。

④ ［美］彼特·布劳:《不平等和异质性》，王春光、谢圣赞译，中国社会科学出版社，1991年，第115页。

⑤ 同上。

（二）变量

变量是一种特殊类型的概念，也可以说是对概念的某种属性、范畴或特征的说明，直观地看就是它的数量或特征可以改变。这里将列出本书的主要变量及其操作化定义，由于本书使用的数据来源较多，且不同数据的变量的测量方式不尽一致，变量的具体操作过程将在使用特定数据的特定变量时再具体说明。

1. 城市居民和新移民

概念说明部分已就城市居民和新移民给出了定义，其变量操作也是根据此定义实行，凡是户口同时满足非农业户口和本地户口两个条件，即视为城市居民；若不满足此条件且现住地为常住地的则视为新移民。而在本书某些章节，城市居民的内涵更加严格，它将只包含所谓“土生土长”的本地市民，不包括后来通过户籍迁移而在本市落户的情况。

2. 社会交往

在本书中，社会交往主要指日常生活中的社会互动，这些互动都是面对面的直接接触，这是最核心的测量内容，它包括受访者自身的情况，也包括受访者的子女 / 亲属的情况。此处以中国综合社会调查 2005 年的问卷题目为例介绍有关变量的测量，该调查询问城市居民受访者在实际生活中是否有外来人口与其一起工作，是否邀请过外来人口到其家做客，是否有子女 / 亲属与外来人口谈恋爱，受访者可以选择有、没有以及不回答。前两个问题是询问城市居民自己在工作场所和社交领域与新移民的交往事实，后一个问题则是询问其亲人与新移民更深入的接触，这种接触不是一般意义上的社会互动，它是以建立更加亲密关系并且有可能形成亲属关系为前提的互动。除此之外，调查也询问了一些关于间接性社会交往的问题，比如是否有外来人口租住在您所居住的社区，是否有外来人口居住在您家隔壁等。这些问题虽不是关于直接面对面的互动，但是这些情况都有可能促成潜在的社会交往机会。本书涉及的其他社会交往的变量，如新移民与城市居民的社会交往的测量将在有关章节中予以说明。

3. 社会态度

从概念的定义部分可知，社会态度主要指一种心理反应倾向，而这种心理状态是同具体内容和领域联系在一起的。粗略地说，可以有经济性的社会态度、政治性的社会态度、公共领域的社会态度；具体地说，可以是针对某一个特定的人或事物、事件的态度。就本书而言，它是城市居民和新移民对彼此的社会态度，这种态度可以是一种交往意愿，也可以是一般性的社会评价等。此处仍以中国综合社会调查2005年的问卷题目为例，这一年份的问卷集中询问了城市居民和新移民的交往意愿，这也是一种社会态度的表现。调查询问：城市居民是否愿意和外来人口一起工作？是否愿意有外来人口租住在您所居住的社区？是否愿意外来人口居住在您家隔壁？是否愿意邀请外来人口到您家做客？是否愿意您的子女/亲属与外来人口谈恋爱？受访者可以选择回答愿意、不愿意或者不回答。上述题目单一来看涉及不同程度的交往意愿，可以视其为对某类社会交往的态度，也可以将这些题目综合编制成一个量表，从而以整体角度来测量城市居民对与新移民进行社会交往的态度。本书还研究分析了城市居民和新移民对彼此的情感性和认知性社会态度，关于这类变量的具体操作也将在相应章节加以说明。

4. 地位不平等

以布劳的定义来看，不平等主要是一种用等级参数表示的地位分布，像权利、教育和收入这样可以操作化为连续变量的某一社会位置（Social Position），正是社会结构所赖以形成的不同维度。布劳还指出每一种地位都包含三个方面，或者我们也可以将其称为三种类型的地位，即绝对地位、比例地位和相对地位[①]，而绝对地位和相对地位所对应的不平等可以用相

① ［美］彼特·布劳：《不平等和异质性》，王春光、谢圣赞译，中国社会科学出版社，1991年，第86页。

应的统计指标加以测量，比例地位也可以这么做。事实上，有一些不错的方法和指标可以用来测量和评估不平等[①]，但是这些指标绝大部分关注整体，并且侧重于不同国家、时期或社会之间的比较。而本书将城市居民和新移民都看作是城市社会的组成部分，他们共同构成了城市的社会交往结构，所以应该将他们所占据的社会位置看作是来自同一个整体。由此将地位不平等操作化为社会内部的不平等，有两个主要的变量作为地位不平等的指标：一个是基于收入转换得到的标准分数（Stardard Score，也叫Z分数），它可以表示一个人的收入在全社会收入中的相对位置；另一个是社会经济地位指数（Socio-Economic Index，SEI），这是一个基于职业类型得到的地位指数得分，它可以在多维等级参数的基础上综合反映社会成员的社会位置的高低，也可以被看作是一个对绝对地位的测量，本研究主要使用后者。

5. 文化异质性

我们已知布劳使用等级参数来表示地位分布，即不平等，使用类别参数来表示异质性，虽然他没有否认成员的某些群体资格同其社会地位的高低有关联，但是他强调这两种分化形式具有分析性区别[②]。本书也持同样的观点，即在分析有可能影响城市居民和新移民的社会交往及社会态度的因素上，将那些分别作为等级参数和类别参数的变量区分开来，尽管有些类别参数在社会分层研究中也作为一种地位高低的标志。布劳除了给出不平等的操作定义之外，也给出了有关异质性的操作定义，即随机选择的两个人不属于同一群体的预期机会[③]，可以看出，布劳是在社会群体的层次使用异质性这个概念。但是与不平等的测量层次一样，本书主要是在个

---

① ［美］郝令昕、丹尼尔·Q. 奈曼：《评估不平等》，巫锡炜译，格致出版社，2012年，第27-50页。

② ［美］彼特·布劳：《不平等和异质性》，王春光、谢圣赞译，中国社会科学出版社，1991年，第115页。

③ Peter M.Blau. Inequality and Heterogeneity：A Primitive Theory of Social Structure. The Free Press，1977，p.78.

人层次来使用异质性这个概念，也就是个人在某个类别参数中具体属于哪一个类别。本书主要从文化异质性这个类别参数入手进行分析，对文化异质性的操作主要体现在对教育和户籍性质两个变量的操作上，除此之外，像职业性质和个人政治身份等类别参数也将作为异质性的一个方面纳入分析，具体的操作标准将在后续章节使用这些变量时再加以说明。

三、研究方法

（一）研究方法

对城市居民和新移民的社会交往和社会态度进行研究有多种方法可以使用，本书侧重于定量研究方法，主要通过量化分析来完成。具体来看，通过调查研究收集一手数据资料，根据研究内容和主题设计合适的问卷并根据实际选择调查对象进行填答，一手数据可能在样本规模和样本代表性方面有所欠缺，但是就资料的效度而论最贴近研究需要。本书在研究方法上的另外一个特点就是大量使用二手数据，这些二手数据都是具有全国代表性的抽样调查数据，无论从抽样设计还是问题设置方面都具有很高的科学性，它们可以作为一手数据的重要补充。

在分析方法方面，对一手数据和二手数据进行描述统计分析是基本研究任务，通过这些工作可以对城市居民和新移民的社会交往以及对彼此的社会态度的现状有一个整体的了解，为了初步了解相关因素之间的关系，方差分析和相关分析也将被采用。在此基础上，围绕每个章节的不同主题和研究内容还将涉及因果分析，这将通过回归分析来完成，不过具体的回归分析方法和技术将视研究任务而定，具体还涉及分析对象的测量层次和因果解释的层次。同样的，关于使用的具体统计分析方法也将在其出现时再明确说明。

（二）研究思路

我们对城市居民和新移民的社会交往研究的出发点是社会结构和社会

制度的约束和影响。一方面，社会交往虽然看似是交往双方的各种形式的互动，而且看似有一定的自主性和选择性，但是从结构主义的角度来考虑，这些交往都是社会结构影响的产物[①]。另一方面，以户籍制度为集中代表的中国社会制度也对城市居民和新移民的社会交往产生影响，比如改革开放前户籍制度的严格实行，使得两个群体从根本上丧失了面对面进行社会交往的可能性。关于这两方面对城市居民和新移民的社会交往和社会态度的影响，将在第二章中对其进行理论分析。整体上我们的研究思路是：首先，从国内外研究中梳理出社会交往的一般理论解释，从中找出对本研究的启示。其次，重视社会地位和文化等作为社会结构重要组成部分的作用。在中国特殊的区域差异背景下，如具体执行的政策、文化语言、地理条件上的差异，发现总结城市居民和新移民在主要类型的社会交往上的现状，然后再分析社会地位和文化对两群体的社会交往及社会态度的影响。最后，从理论及实践意义上提出展望，既丰富我们对相关问题的认识，也有助于我们解决现实中的问题。

（三）研究框架

如上文所述，本书重点从社会结构和社会制度的角度研究城市居民和新移民的社会交往，我们将结构性和制度性因素聚焦在地位不平等和文化异质性两个维度，而城市居民和新移民的社会交往具体包括两个角度和两个内容，所谓两个角度即从城市居民到新移民，以及从新移民到城市居民；而两个内容是指社会交往的意愿和行为，以及双方对彼此的社会态度。因此，将上述内容展开后，即形成研究框架图 1-1，它主要包括城市居民和新移民的社会交往、城市居民对新移民的社会态度、新移民和城市居民的社会交往以及新移民对城市居民的社会态度 4 个方面，这也是本书第 3 ～ 6 章要分别研究和讨论的内容。

---

① ［美］彼特·布劳：《不平等和异质性》，王春光、谢圣赞译，中国社会科学出版社，1991 年，第 5 页。

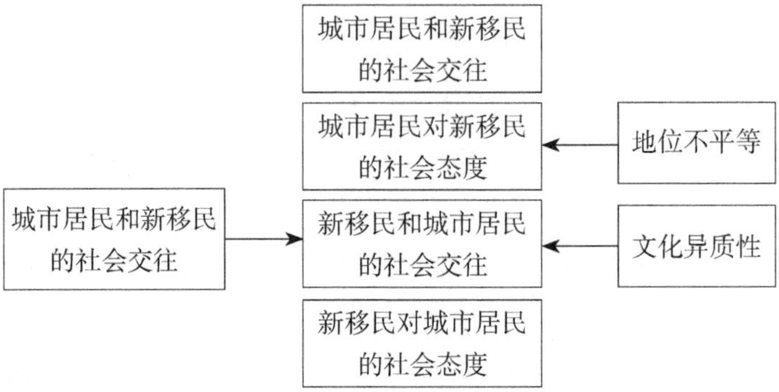

图 1-1　研究框架

第四节　内容与章节安排

围绕城市居民和新移民的社会交往和社会态度这个研究主题，本书将用七章的篇幅来分析和论述，分别涉及城市居民和新移民的社会交往、城市居民对新移民的社会态度、新移民与城市居民的社会交往、新移民对城市居民的社会态度，具体内容与章节安排如下：

第一章，导论。首先对本书的研究背景、主要研究问题和研究意义进行说明；然后对国内外的相关理论和研究进行文献回顾，目的是对现有的研究有一个整体的把握，从中总结对本研究的启发以及本研究的定位；最后概要介绍本研究使用的方法，主要对使用的数据、概念和变量进行初步介绍和说明，同时对本研究的思路进行说明。第二章，社会制度、社会结构与社会交往。这一章首先回顾改革开放前后中国的社会制度及其变迁；其次回顾总结改革开放前后中国的社会结构及其变迁；最后从理论上阐述社会制度和社会结构的变迁对城市居民和新移民之间的社会交往以及彼此间的社会态度产生的影响。第三章，城市居民和新移民的社会交往。这一章将开始实证研究，首先研究城市居民和新移民进行社会交往的意愿，这个不同于前者对后者的社会态度，只是就各类交往意愿的现状和影响因素进行分析；其次研究城市居民和新移民的社会交往行为的现状及其影响因素；最后将关注一个特殊的群体——城市中产阶层居民和新移民的社会交往的诸多特征和影响因素。第四章，城市居民对新移民的社会态度。该章将从两个方面分析城市居民的社会态度，一个是情感性态度；另一个是认知性态度，我们将各用一节的篇幅来讨论这两类态度；然后将转向研究中产阶层对新移民的社会态度，我们将着重从社会包容性的角度分析该群体对新移民的社会态度；最后，我们将概括总结城市居民和新移民的社会联系。第五章，新移民和城市居民的社会交往。这章将从新移民的角度出发，研究他们同城市居民进行社会交往的状况及其影响因素。首先对交往意愿的现状进行描述，然后分析其影响因素；其次，分析新移民同城市居民的社会交往行为的现状及其影响因素。第六章，新移民对城市居民的社会态度。这一章首先考察分析新移民对城市居民的反身性态度，具体研究该类型的社会态度会受到哪些因素的影响，其中的影响机制是什么；其次，研究分析新移民的城市融入感，从主观角度了解和分析新移民城市融入的现状和影响因素。第七章，结论与讨论。本章将对全书的研究进行总结，并同已有的相关研究进行讨论分析。另外，我们也将探讨本研究主要发现的政策意义。

第二章 社会制度、社会结构与社会交往

第一节 中国的社会制度及其变迁

一、社会制度概述

社会制度是一个在学术研究和政策制定中被大量使用的概念，在学术界内部，哲学社会科学的不同学科都将社会制度视为重要的基础性概念之一，而对于政策制定者而言，社会制度又是一个重要的前提和政策施行背景。综合来看，社会制度至少涉及三个层次的含义：第一，总体性意义上的社会制度，如封建主义制度、资本主义制度、社会主义制度等；第二，特定社会中的主要方面的制度，这个层次的制度也被称为体制，一般包括经济制度、政治制度、文化制度等；第三，具体的行事规则和标准，如产品质量检查制度、招生录取制度、户籍管理制度等。这三个层次的社会制度具有层层包含、逐级制约的特征。

不同层次的社会制度在社会运行中起到不同的作用，对社会整体、各社会部门领域以及社会民众产生相应的影响。首先，总体性意义上的社会制度发挥根本性作用，决定了特定社会的主要方面的制度。例如，社会主

义制度是比资本主义制度更优越的社会制度，是效率与公平有机统一的社会制度[①]。而在社会主义国家内部实行的经济制度、政治制度和文化制度等有别于资本主义国家。其次，不同社会形态下特定社会中的主要方面的制度受总体性意义上的社会制度制约，因而具有根本性差异，但是也存在一定的相似性。例如，在经济领域，我国实行社会主义市场经济，资本主义国家实行资本主义市场经济。最后，一个国家或社会由于其总体性社会制度及其主要方面的制度的内在逻辑及历史现实性，需要设置一些具体的、特殊的行事规则，这样的规则不仅与采用其他总体性社会制度的国家不同，即使在内部也存在变化的可能和现实需要。例如，我国在1958年开始实行《中华人民共和国户口登记条例》，这在当时具有一定的合理性和必要性，但在需要生产要素自由流动的条件下显得不合时宜，需要进行相应改革。对于普通民众而言，具体的行事规则和标准层面的社会制度是影响最直接并且最容易感知到的社会制度，而这样的社会制度最终又受到社会主要方面的制度和总体性社会制度的制约和影响。

二、中国社会制度概述

中国的社会制度具有前述的三个层次上的区别。自1949年10月建立，中华人民共和国首先处于新民主主义社会形态，这是一个过渡性的社会形态，到1956年社会主义改造基本完成，转而进入社会主义社会形态。社会主义社会同其他人类历史上出现和存在的社会形态相比，具有鲜明的特征。首先，社会主义制度具有总体性意义，它是根本性的社会制度，这同采用资本主义制度的国家截然不同。其次，中国的社会主义制度同其他社会主义国家采用的社会制度不尽相同。最后，中国的社会主义制度在不改变基本制度的前提下，根据历史实践的发展在局部做出具体的改革和调整。这些特征对我们认识中国的社会制度，特别是对我们分析社会制度对中国

① 胡联合、胡鞍钢：《效率与公平有机统一：我国社会制度的优越性及其改革完善》，《江西社会科学》2008年第6期。

社会的结构和社会交往产生的影响具有重要的意义。

从 1953 年开始，我国先后完成了农业、手工业和资本主义工商业的社会主义改造，由此使我国的经济结构和阶级关系发生根本变化，整个国家进入了社会主义社会。在确立社会主义制度这个根本前提下，我国在经济和政治等主要领域也相继建立了中观层次的社会制度。在经济领域，我国实行以社会主义公有制为代表的社会主义经济制度，而社会主义公有制又集中体现为生产资料公有制和按劳分配，它们既是社会经济制度的基础，又构成了社会制度的根本标志。在政治领域，我国社会主义政治制度的主要内容是国体是人民民主专政，即无产阶级专政；政体是人民代表大会制度，这也是我国的根本政治制度。除此之外，由中国共产党领导的多党合作和政治协商制度、民族区域自治制度以及基层民主政治建设也是我国社会主义政治制度的主要内容。在第三层次意义上，我国在不同领域实行更加具体的管理运行制度。比如我国在改革开放前主要实行计划经济，在粮食供销方面施行粮食统购统销制度，从而导致工农业产品交换时的价格差异，粮食统购统销制度还连同其他具体制度一起促成了我国城乡二元结构的形成。再以户籍制度为例，其主要目的是为了维持社会秩序，保护公民的权利和利益，服务于社会主义建设。但是该制度除了实现人口管理的直接目的之外，还产生了一系列的潜在后果。正是如此，三个层次上的社会制度层层包含，一环紧扣一环。

三、中国社会制度变迁

总体性的社会制度通常较为稳定，它的改变往往伴随着剧烈的社会变迁，一般采用革命的方式和手段。自我国完成社会主义改造，进入社会主义社会，我们就开始实行目前人类社会最好的社会制度，并通过这根本性的社会制度使社会保持较为稳定和良好的运行。随着历史实践的发展变化，为了使总体性社会制度发挥更大的制度优势，需要对中观层次的社会制度以及更加具体的社会管理运行制度做出必要的改革，从而体现为中国社会制度的变迁。

从改革开放以来的实践以及对城市居民和新移民的社会交往的影响来看，有三个分属中观层次的社会制度以及具体的社会管理运行制度的变迁需要我们格外关注。首先是经济体制改革，它构成了我国社会制度变迁的主要内容。改革开放以来，我国的经济体制改革经历了由计划经济向社会主义市场经济过渡、社会主义市场经济体制建立和社会主义市场经济体制逐步完善三个阶段[①]。党的十八届三中全会对全面深化改革做出了战略部署。经济体制改革是全面深化改革的重点，核心问题是处理好政府和市场的关系，使市场在资源配置中起决定性作用和更好发挥政府作用。而且经济体制改革还将发挥牵引作用，协同推进其他领域改革，形成强大的改革合力[②]。具体来看，我国的经济体制改革是在不改变生产资料公有制的前提下，进行了农村经济体制改革、所有制结构改革、国有企业改革、价格体制改革、金融体制改革以及财税体制改革等。

其次是政治体制改革，它构成了我国社会制度变迁的重要内容。相对于经济体制改革领域采取的诸多措施以及取得的诸多成绩，政治体制改革看起来新理念多，实质性举措较少[③]。但是党的十七大报告明确提出了"政治体制改革作为我国全面改革的重要组成部分，必须随着经济社会发展而不断深化，与人民政治参与积极性不断提高相适应"，并首次将"基层群众自治制度"纳入我国"社会主义政治制度"的体制内[④]。这样做的目的就是要把政治体制改革同经济体制改革有机协调起来，稳步有序地扩大人民的政治参与。党的十九大报告更着重指出："要长期坚持、不断发展我国社会主义民主政治，积极稳妥推进政治体制改革，推进社会主义民主政治制度化、规范化、程序化，保证人民依法通过各种途径和形式管理国家

① 石建国:《改革开放后党对经济体制改革的理论探索与国企改革的路径选择》,《党的文献》2013 年第 4 期。

② 李克强：《关于深化经济体制改革的若干问题》，《求是》2014 年第 9 期。

③ 黄卫平、陈文:《中国政治体制改革现状及其成因浅析》,《社会科学研究》2008 年第 2 期。

④ 黄卫平、陈文:《中国政治体制改革现状及其成因浅析》,《社会科学研究》2008 年第 2 期。

事务，管理经济文化事业，管理社会事务，巩固和发展生动活泼、安定团结的政治局面。”

最后是第三层次社会制度的变迁，这部分包含的具体规则和机制的改革案例数目众多，不胜枚举。围绕城市居民和新移民的社会交往主题来看，户籍制度改革是这其中最为重要的制度变迁内容之一。我国的户籍制度虽在1959—1978年、1979—1999年、2000—2013年间进行了三次重大改革，但制度改革只是完成了人口的城乡禁锢到自由迁移，并未全面调整依附户籍制度存在的公共福利分配归属，流动到城市的非本地户籍人口仍然难以享受所在城镇的基本公共服务[①]。现有的户籍制度仍然是农业转移人口市民化的制度性障碍，而且由此产生的二元户籍管理制度违背社会公平，阻碍我国经济健康可持续发展，不利于市场经济建设，不利于社会稳定，户籍制度仍须进一步改革[②]。目前的户籍制度改革以“利益剥离”和“利益扩展”并行的分立式改革为重要表现形式[③]，其中部分大中城市施行居住证制度作为户籍制度改革的主要内容，居住证制度同时又辅之以积分制来实施。积分制在加强城市动态人口管理、缓解城市资源供给压力等方面发挥了重要的作用，但其本质同现行的户籍制度一样，只不过换以居住证为载体，其附加公共服务和社会福利的功能仍未消除[④]。

经济体制改革、政治体制改革和以户籍制度改革为代表的第三层次制度改革构成了我国整体的社会制度变迁图景。这些制度变迁不是独立进行的，虽然有先有后，但是不同制度变迁之间或是牵引和被牵引的关系，或

---

① 张国胜、陈明明：《我国新一轮户籍制度改革的价值取向、政策评估与顶层设计》，《经济学家》2016年第7期。

② 倪麟、范毓婷:《新型城镇化理念下户籍制度与农民工市民化改革研究》,《工业经济论坛》2016年第5期。

③ 郭秀云：《户籍制度分立式改革路径：利益剥离与利益扩展》，《改革》2016年第9期。

④ 查攀:《积分管理制的户籍制度改革研讨: 以上海市、青岛市为例》,《四川警察学院学报》, 2016年第5期。

者是影响和被影响的关系。我国不同层次的社会制度及其变迁之间的复杂关系对城市居民和新移民的社会交往，对城市居民和新移民彼此间的社会态度产生了重要的影响，是我们分析本书主要研究内容时不可忽视的重要制度背景以及重要的影响因素。

第二节　中国的社会结构及其变迁

一、社会结构概述

社会结构是社会学领域中最重要的概念之一，但是在社会学内部关于社会结构的含义众说纷纭。以社会学的两部最重要的专业词典来看，对社会结构的定义也是莫衷一是。在《牛津社会学简明词典》看来，社会结构可以是“一个被宽泛的用来指代某些社会行为循环发生模式的词语；或者更具体地说，是指社会系统或者社会的不同元素之间的组织有序的相互关联[①]”。而在《柯林斯社会学词典》看来，社会结构是“社会元素的一些相对持久的模式或者相互影响……一个特定社会里社会安排的或多或少的持久模式[②]”。这两部社会学词典对社会结构的界定不尽相同，这说明要给社会结构下一个恰如其分又不冗余的定义并不是一件容易的事，而且这还是不考虑它是否能被大多数人所接受的情况下。但与此同时，它们又使用了一些共同的词语，比如模式、元素，也使用了一些含义相近的词语，比如循环和持久、社会系统和社会安排、相互关联和相互影响，这又说明大家对它的认识有基本相通之处。纵览社会学史上对社会结构的使用和研究，可以发现主要有两种对社会结构的看法和认识，一个是制度结构层面，

① 《牛津社会学简明词典》，1994 年，第 517 页，转引自杰西·洛佩兹、约翰·斯科特《社会结构》，吉林人民出版社，2007 年，第 2 页。

② 《柯林斯社会学词典》，1991 年，第 597 页，转引自杰西·洛佩兹、约翰·斯科特《社会结构》，吉林人民出版社，2007 年，第 2 页。

另一个是关系结构层面[①]。具体来看，前者是指由那些定义人们行为期望的文化或规范模式所组成，通过这些期望，行动者能把握彼此的行为并且组织起相互之间的持久关系[②]。后者是指由社会关系自身所组成，也就是被理解为行动者和他们的行动之间的因果联系和相互独立性以及他们所占据位置的模式[③]。除了上述两种对社会结构的认识之外，社会结构也被看作是社会成员占据的不同社会位置所构成的层次体系，在实证研究中，它被操作化为依据占有不同程度的生产资料情况，或者不同职业、教育、收入情况的社会成员所构成的社会分层体系。如布劳所说，社会结构就是指人们在不同方面的社会位置中的分布[④]，也可以被定义为由不同社会位置所组成的多维空间[⑤]。

针对本书的研究主题，在笔者看来，上述第一种侧重制度结构角度的社会结构更接近于本书前述的社会制度，无论是总体性意义的社会制度，还是中观层次以及具体的行事规范准则意义的社会制度都具有这种含义。本书对社会结构的界定更接近于关系结构，特别是从社会交往的角度来看更是如此。首先，从社会交往角度来看，社会结构就是人们在不同位置上的分布及其社会交往[⑥]。人们的社会交往既提供了区别不同社会位置的标准，同时也表现不同社会位置之间的联系，而正是这些联系使得社会位置成为某一个社会结构的组成要素[⑦]，所以布劳研究中的社会结构其实是社会交往结构。其次，从实证研究角度来看，社会结构应当是或者能够通过操作化体现为可观察到的社会方面[⑧]。布劳提出社会结构是由其参数构成

① 杰西·洛佩兹、约翰·斯科特著：《社会结构》，吉林人民出版社，2007年，第4页。

② 同上。

③ 同上。

④ [美]彼特·布劳：《不平等和异质性》，王春光、谢圣赞译，中国社会科学出版社，1991年，第8页。

⑤ 同上，第9页。

⑥ 同上，第5页。

⑦ 同上，第9页。

⑧ 同上，第6页。

的，而这些参数是人们在相互交往中形成的社会差异里所内含的标准，如年龄、种族、教育和社会经济地位等[①]。他认为存在两类结构参数，一个是类别参数，一般包括性别、种族、宗教、职业、婚姻状况和语言等；另一个是等级参数，通常包括教育、收入、声望、权利和社会经济背景等。正是这两类参数将群体成员资格和地位这两类社会位置进行了区分[②]，另外需要注意这两类参数间存在相互影响的可能。

二、中国社会结构概述

通过借用布劳从社会交往和社会关系角度对社会结构所做的界定，我们简要分析一下中国社会结构的基本状况和特征。根据布劳的观点，无论从社会结构的构成来看，还是从社会交往的主体来看，需要依据类别参数和等级参数的划分来识别和区分不同的社会群体。结合考虑我国的社会制度和通常对社会结构位置的关注，在类别参数上，我们主要分析户籍制度、体制身份和职业类别这三者对群体成员资格做出的区分。

第一，户籍制度将中国公民的户口属性进行了不同区分。依据1958年1月颁布的《中华人民共和国户口登记条例》，中国公民依据属地性质被相应划分成了农业户口和非农业户口，户籍制度逐渐形成，它进而造成了三个主要后果：首先，人口流动受到严格的限制和控制。城乡之间以及不同城市之间的自由流动在改革开放前受到严格限制，除了行政指令和行政许可外，公民几乎没有自由迁徙的权利。其次，生活资料分配和社会基本保障同户籍身份相挂钩。户口登记条例早期主要记录出生、死亡和亲属关系等基本人口信息，但后期逐渐转化为国家分配生活资料和提供社会保障的依据，具体表现为地方政府主要向拥有本地户籍的居民提供相应的生活资料、社会保障及教育就业等公共产品。最后，户籍制度造成了事实上

① ［美］彼特·布劳：《不平等和异质性》，王春光、谢圣赞译，中国社会科学出版社，1991年，第12页。

② 同上，第14页。

的身份区隔，群体标签就此形成。根据户口登记类型划分，城乡居民被区分为农业户口和非农业户口，同时根据常住地和户籍所在地被区分为本地户口和外地户口[①]，并进而造成更复杂的户籍身份属性。

第二，体制身份将中国公民分为体制内和体制外两种身份。所谓的体制身份主要指公民工作单位/部门的所有制性质，体制内主要包括政府机关、事业单位和国有企业组织等，体制外则是指除体制内的其他单位/部门，如私营企业、个体经济、港澳台资企业和外资企业等。

第三，职业类别是考察社会结构最基本和最重要的构成单位之一。依据我国的国家标准和统计分类方法，我国的职业依据大类、中类、小类和细类四个层次构成一个完整的分类体系。最新的依据是2015年修订的《中华人民共和国职业分类大典》，在这部大典中，我国现有的职业被分为8个大类、75个中类、434个小类，共计1 481个职业[②]。其中职业大类的第一大类为国家机关、党群组织、企业、事业单位负责人；第二大类为专业技术人员；第三大类为办事人员和有关人员；第四大类为商业、服务业人员；第五大类为农、林、牧、渔、水利业生产人员；第六大类为生产、运输设备操作人员及有关人员；第七大类为军人；第八大类为不便分类的其他从业人员。

在等级参数上，我们主要分析教育、收入和社会经济地位对社会成员的地位做出的区分。社会学者在社会分层和流动研究中经常将职业视为重要的识别社会位置的参照，但在实证研究中具体又采取不同的做法，一方面，职业可以作为类型化的变量进行统计分析；另一方面，职业又可以被操作化为教育和收入的综合反映，这样就可以将职业操作化为连续型的变量[③]。社会经济地位也是社会学者用来测量和评价社会成员社会地位高低等级的指标，它一般综合考虑收入地位、教育地位和职业地位这三者的指标。由此可以看出，职业同教育、收入和社会经济地位无论在概念还是操

① 这在20世纪80年代重新恢复事实上的人口自由流动后得到较为充分的体现。

② 国家职业分类大典修订工作委员会：《中华人民共和国职业分类大典》（2015年版），中国劳动社会保障出版社、中国人事出版社，2015年，第7页。

③ Peter M.Blau，O.D.Duncan. The American Occupational Structure. Free Press，1967。

作化指标方面都有一定程度的联系。不过接下来我们将对它们进行个别化的分析，需注意的是等级参数的分布状况体现为它的结构。

第一，教育结构。此处的教育结构是指受教育程度的分布状况，以2010年11月1日零时的6岁及以上中国公民为分界，其中未上过学占5.00%，小学占28.75%，初中占41.70%，高中占15.02%，大学专科占5.52%，大学本科占3.67%，研究生占0.33%①。可以计算得到初中及以下受教育程度占6岁以上人口的75.45%，高中及以上占6岁及以上人口的24.54%，整体的受教育程度比较低。

第二，收入结构。一般从两个分析层次来考察收入结构，一个是个人收入结构，另一个是家庭收入结构。从目前的官方统计和学术调查来看，家庭收入被更多地关注。以国内主要的学术调查为例，目前具有代表性意义的全国综合社会调查主要有中国综合社会调查（CGSS）和中国家庭追踪调查（CFPS），还有侧重家庭收入和金融主题的调查，如中国住户收入调查（CHIP）和中国家庭金融调查（CHFS），它们都对中国居民的家庭收入进行了全国范围内的调查②。这些调查对收入的界定和操作化也不尽相同，如中国家庭追踪调查（CFPS）将收入界定为工资性收入、经营性收入、财产性收入、转移性收入和其他收入五个组成部分，而它们又构成了家庭的总收入。五个部分所涵盖的内容各有侧重，以工资性收入为例，它包括工资、奖金、补贴和外出打工收入③。由于调查年份、抽样设计和操作化定义等原因，上述调查在家庭收入方面具有不同程度的可比性，相比较而言，中国综合社会调查（CGSS）和中国家庭追踪调查（CFPS）之间具有

---

① 国务院人口普查办公室、国家统计局人口和就业统计司：《中国2010年人口普查资料》，中国统计出版社，2012年，第133页。

② 同其他3个调查相比，中国住户收入调查（CHIP）的样本范围较小，以2008年的调查为例，它只调查了全国16个省市自治区。

③ 许琪等：《CGSS、CHIP、CHFS和CFPS收入比较》，中国家庭动态跟踪调查技术报告（CFPS-16），2012年，第2页。

最高的可比性[①]，我们以这两个数据简要概述中国家庭收入结构，具体我们通过不同分位数下的家庭收入占所有家庭总收入的比重和基尼系数两个指标来观察。对于第 1 个指标，从表 2–1 中可以看出，CGSS2010 的城市样本中处于 50% 分位数的家庭，其收入约占所有家庭总收入的 16.9%；而处于前 25% 的家庭，其收入约占所有家庭总收入的 63.0%。对于第 2 个指标，在 CGSS2010 数据中，城乡家庭收入的基尼系数为 0.555，农村家庭为 0.495，城市家庭为 0.535[②]。

表 2–1　CFPS 和 CGSS 不同分位数下的家庭收入占所有家庭总收入的比重

	农村			城市		
	CGSS2010	CFPS2010（未调整）	CFPS2010（调整后）	CGSS2010	CFPS2010（未调整）	CFPS2010（调整后）
5% 以下	0.3	0.2	0.2	0.3	0.3	0.3
10% 以下	0.9	0.7	0.8	1.4	1.1	1.4
25% 以下	5.5	4.1	4.6	7.7	5.7	6.2
50% 以下	18.0	16.3	17.5	16.9	19.0	19.1
75% 以上	59.6	61.2	59.7	63.0	57.6	57.6
90% 以上	36.0	38.5	37.1	39.2	35.0	35.0
95% 以上	24.1	27.1	25.9	30.1	22.8	22.9

资料来源：许琪等：《CGSS、CHIP、CHFS 和 CFPS 收入比较》，中国家庭动态跟踪调查技术报告（CFPS–16），2012 年，第 7 页。

第三，社会经济地位结构。对社会经济地位的测量指标一般包含国际社会经济指数和国际职业声望量表，这两个指标都是基于国际标准职业分类代码加以构建，并且都是以职业作为分类和转换的依据，但是每个社会调查的具体代码有所差异。以中国家庭追踪调查为例，它所得到的成年受访者的国际社会经济指数的平均值为 32.72，标准差为 14.57，最小值为 19，最大值为 90[③]。

① 许琪等：《CGSS、CHIP、CHFS 和 CFPS 收入比较》，中国家庭动态跟踪调查技术报告（CFPS–16），2012 年，第 4 页。

② 同上，第 7 页。

③ 黄国英、谢宇：《中国家庭动态跟踪调查职业社会经济地位测量指标构建》，中国家庭动态跟踪调查技术报告（CFPS–10），2012 年，第 10 页。

三、中国社会结构变迁

随着不同层次和方面的社会制度的变迁，我国的社会结构也发生了不同程度的重大变化。我们仍以户籍制度、体制身份和职业类别这三个方面作为分析的切入点。首先，由于社会主义市场经济体制的确立和发展，社会成员的体制身份开始分化。在计划经济时期，我国的人事管理制度将城市居民划分为干部和工人两个主要的类别，其中干部包括各级机关、国有企事业单位的负责人，工人主要是身处国有企业的生产、运输设备操作人员及有关人员，这两类人员都属于体制内身份。待社会主义市场经济体制逐步确立和发展后，个体经济、私营企业、港澳台资企业和外资企业获得发展空间，逐渐成为吸纳就业人口的主要经济所有制性质。根据第三次全国经济普查发现，国有企业和集体企业数占全国总的法人单位数的比重合计为 12.51%，其吸纳的从业人员数占总的从业人员数的比重合计为 18.8%；私营企业数占全国总的法人单位数的比重为 52.35%，其吸纳的从业人员数占总的从业人员数的比重为 36.71%，见表 2–2。

表 2–2　按登记注册类型分组的法人单位及从业人员数

	法人单位数（个）	比重（%）	从业人员数（人）	比重（%）
国有企业	1136687	10.50	58215938	16.73
集体企业	217201	2.01	6850269	1.97
股份合作企业	66526	0.61	1438528	0.41
联营企业	25481	0.24	626679	0.18
有限责任公司	1495000	13.81	79031042	22.72
股份有限公司	113463	1.05	16129030	4.64
私营企业	5667705	52.35	127704617	36.71
外商投资企业	105089	0.97	17523165	5.04
港澳台商投资企业	96599	0.89	16430637	4.72
其他企业	1901860	17.57	23945959	6.88
总　计	10825611	100.00	347895864	100.00

资料来源：国务院第三次全国经济普查领导小组办公室：《中国经济普查年鉴 -2013》，中国统计出版社，2015 年，第 9 页。

其次，户籍制度虽未发生根本性变化，但诸多地区开始进行改革。《中华人民共和国户口登记条例》从 1958 年 1 月 9 日施行至今，在条例文本方面没有进行任何修订，户口同公民的公共服务获得之间的联系有所松动，但依然保持较强的关联。由户籍制度造成的城乡二元分割和区域分隔状况依然在社会保障、医疗保障和义务教育等领域以不同程度存在着。不过在推进新型城镇化过程中，户籍制度开始尝试改革，主要表现在取消农业户口与非农业户口性质区分以及积分落户两个方面。第一个方面，首先是河南省于 2014 年 11 月率先提出取消农业户口与非农业户口性质区分，统一登记为居民户口，并全面实施居住证制度。随后国内多个省份和城市也提出同样的户籍制度改革内容，其中上海市也于 2016 年 4 月提出将取消农业户口与非农业户口性质区分，改为建立统一的城乡户口登记制度，并统一登记为居民户口。这一改革主要是打破本地的户籍城乡二元格局，逐步建立统一的户口登记制度。第二个方面，国家发展和改革委员会等 11 个中央部门于 2015 年 2 月联合下发《关于开展国家新型城镇化综合试点工作的通知》及《国家新型城镇化综合试点方案》，要求在全国 62 个国家新型城镇化综合试点地区推行积分落户制度，以期总结出新形势下的稳妥可靠的落户方案。这一改革主要是为外来人口在本地落户提供了可能性和可行性，依据各地积分落户的条例和规定，只要达到一定的分数就可以取得当地的户口，这为外来人口的市民化提供了行动方案。

最后，职业内容的丰富拓展了职业分类体系，但同时也模糊和弱化了职业的阶层属性。职业不仅是社会成员利用自身知识、经验和技能获取劳动报酬的手段和方式，同时也具有一定的社会属性和阶层属性。随着知识更新和科技发展，新的职业类型和种类层出不穷，这在增加了职业分类难度的同时，也使我们在识别和区分不同职业的阶层属性方面面临更大的挑战。以社会经济地位指数为例，研究者在制定该指标时综合考虑每一个职业的从业者的平均受教育水平和平均收入，但在实证研究中发现有的职业的教育和收入之间存在正向关联，而有的存在反向关联，所以我们不能单纯通过职业类别来判定一个人的阶层属性，而是要综合考虑他 / 她的受教育水平和收入等信息，甚至还需要结合他 / 她所处的地区 / 区域、所属的行业以及所有制性质等结构背景因素。已有的研究可能支持这样一种观点，对我国社会成员的社会际遇的影响而言，地域、行业和所有制等因素的作用可能要大过职业类别或职业等级产生的影响作用，而该观点在本地居民和城市新移民的社会交往和社会态度方面可能也成立。

第三节　社会制度、社会结构与社会交往

一、社会制度与社会交往

社会交往从字面来看至少存在两个含义，一个是指交往目的是社会导向的，是为了构建或维持某种社会关系，而非其他目的，如我们与朋友的交往就是一种社会交往，而商业上的交往则是一种经济交往；另一个是指交往对象是面向社会并且有一定程度的交往自主性，如我们跟家庭成员的交往就不是一种社会交往，它是家庭内部一种贴近初级关系的更加亲密的交往。并且社会交往可以存在一定程度的自主性，交往的一方可以选择跟什么人以什么方式、何种程度进行交往。不过上述含义属于理论上的概括，是一种理想类型，因为现实当中可以存在不同的可能性。尽管如此，一种指向社会层面的交往不仅受到个人意志力的影响，也会受到来自社会制度和社会结构的影响，正如布劳所说，结构条件对社会交往的影响并不取决于心理因素的影响①。布劳虽然是个结构主义者，他的观点过于倾向结构主义，但是结构性因素的作用是不容忽视的。因此，本节将尝试分析中国的社会制度和社会结构给城市居民和新移民的社会交往以及彼此间的社会态度带来的影响。

（一）社会制度对城市居民和新移民的社会交往的影响

前面我们对社会制度的分析集中于总体性制度、特定社会中的主要方

---

① ［美］彼特·布劳：《不平等和异质性》，王春光、谢圣赞译，中国社会科学出版社，1991年，第13页。

面的制度以及具体领域的行事规则三个层面，接下来我们也将从这三个层面分析社会制度对城市居民和新移民的社会交往的影响。从总体性制度层面来看，马克思较早将社会制度同人类的社会交往联系起来，他认为交往是人们的交互活动，它有内部交往、外部交往和世界交往等形式。交往与生产决定一个民族的整体结构及与他民族的相互关系，它能保存既有的生产力，促进生产率的提高。世界性交往则导致“世界历史”的形成，并最终导致共产主义革命和全人类的解放[①]。马克思在此处已经将社会交往的层面扩大到整个人类，而这种交往也就跨越了人类历史阶段、生产关系的分野以及社会制度的差异。马克思将本国民众与外国移民的交往看作是外部交往，他认为向外部的大规模的人口迁徙的必然后果是导致民族与民族之间、国家与国家之间的战争，或者导致殖民者与殖民地土居民族之间发生战争[②]。其次，社会制度对社会交往的影响和意义重大，交往是以人为主体的、以社会物质生产为基础的、并受一定社会关系制约的主体之间的互动性活动，因此，社会交往的客观根源性、全方位性和以人为主体的特征本质上要求制度权威的存在，制度权威为社会交往的存在和发展提供了秩序性保障[③]。

从社会的主要方面的制度层面来看，经济、文化等方面的制度对社会交往有直接的影响，另外，这些领域的制度还会通过影响社会资本来影响社会交往。从经济方面来看，市场化扩大了人际信任的范围，有利于提高整体社会的信任度，这说明熟人间的社会交往还是社团性的社会交往对社会信任都有显著的影响，并且进一步表明社会信任正是在社会互动中生产出来的[④]。从文化层面来看，不同的文化心理导致不同的交往行为。因为公民文化的两重性，它对社会稳定具有正相关和负相关双重影响，因此要

---

① 胡为雄：《马克思的社会交往理论》，《教学与研究》2004 年第 8 期。

② 胡为雄：《马克思的社会交往理论》，《教学与研究》2004 年第 8 期。

③ 李松玉：《制度权威与社会交往》，《理论学刊》2005 年第 2 期。

④ 唐有财、符平:《转型期社会信任的影响机制——市场化、个人资本与社会交往因素探讨》，《浙江社会科学》，2008 年第 11 期。

扬弃公民文化的消极因素，积极培育、引导公民文化健康发展，有利于放大公民文化对于社会稳定的正相关影响[①]，由此也才能使得社会成员间的社会交往，包括城市居民和新移民之间的社会交往健康发展。

从具体领域的行事规则层面来看，户籍制度无疑是影响城市居民和新移民社会交往的最重要因素之一，不过户籍制度并不是单独发挥作用的，与之相关的制度安排也产生影响。20世纪50年代建立的粮食计划供应制度，对新中国城乡二元社会制度的形成起到了关键性的作用。它以动员农民回乡为重要手段，并限制农村人口向城市流动，第一次从制度上确立了城乡之间的身份差别，它把有无城市正式户籍作为标准，对城乡居民实行差别供应，将绝大多数农村人口排除在计划供应之外，同时又促进了严格的户籍管理制度的产生，这导致了城乡二元社会的制度化，由此对于当代中国社会的各个方面都产生了深远影响[②]。它使得中国城乡居民在身份和地理空间上都保持隔绝状态，而这直接影响了成熟居民和新移民的社会交往。在改革开放之前，户籍制度还没有较大的改变，城市居民和农村居民基本上没有自由交往的空间，偶尔的交往也仅限于农村居民到城市买东西或串亲戚，以及城市中的知识分子、干部、学生下乡参加劳动等[③]，不存在真正意义上的社会交往。

（二）社会制度对城市居民和新移民的社会态度的影响

社会制度不仅对城市居民和新移民的社会交往产生影响，也对两个社会群体对彼此间的态度产生影响。这时候仍然是具体领域的行事规则层面的社会制度，如户籍制度等，对城市居民和新移民对彼此间的社会态度产生影响。由于户籍制度明显地将城市居民和农村居民区别开来，并且这种区别不仅仅是身份上的区别，它还将社会成员的生活际遇同其紧紧地联

---

① 黄正元：《交往理论视域中公民文化对社会稳定的正负相关分析》，《山西师范大学学报（社会科学版）》，2010年第4期。

② 汤水清：《论新中国城乡二元社会制度的形成——从粮食计划供应制度的视角》，《江西社会科学》2006年第8期。

③ 李强：《农民工与社会分层》，社会科学文献出版社，2004年，第217-222页。

系在一起，两个群体在社会保障、医疗保障、教育、住房等方面享受到的权益差别巨大，而且两个群体面临的社会流动渠道和社会上升空间不可同日而语。这种利益格局的固化特别是制度化，使得两个群体的社会预期和社会心理也发生一定的变化，城市居民将这种利益所得视为理所当然，从而产生一种相对于农村居民的优越感，这就导致两个群体间的隔膜，这种隔膜不仅反映在两个群体对彼此的社会态度方面，也体现为一种社会距离[①]，这种隔膜和社会距离还延伸到了城市社区，对那些从农村和农业转移过来的人口而言，城市居民（市民）与农业转移人口（农民工）在社会距离变化感受、相互理解程度、交往感受等方面存在明显的差异性。新移民特别是农民工认为他们与市民的社会距离缩小了，但市民认为他们与农民工的社会距离扩大了，这种差异性态度有可能是社会交往预期差异造成的。整体上看，农民工与市民的社会距离呈现扩大趋势。社会距离扩大的原因除了与双方社会经济地位差异、文化差异、空间隔离、交往频率等因素有关系外，还与城市人口规模变化、政策调整和流动人口犯罪有关系[②]。社会态度是一种社会心理现象，它的产生和变化发展的规律相对更加复杂，我们已知社会制度及其改革可能会影响社会群体的社会态度的产生[③]，但是社会制度同社会态度之间的关系可能需要经过进一步的研究，特别是实证研究，才能完整和清楚地被了解和认识。

二、社会结构与社会交往

（一）社会结构对城市居民和新移民的社会交往的影响

社会结构对社会交往的影响是基础性的，所谓基础性就是指社会交

① 许涛：《我国公民与外来人口社会距离的实证研究》，《人口学刊》2012 年第 4 期。

② 卢国显：《差异性态度与交往期望——农民工与市民社会距离的变化趋势》，《浙江学刊》2007 年第 6 期。

③ 王嘉顺：《区域差异背景下的城市居民对外来人口迁入的态度研究——基于 2005 年全国综合社会调查数据》，《社会》2010 年第 6 期。

往无法摒除社会结构的影响，以至于布劳将社会结构看作是社会交往的结构。他写到，交往过程不仅体现出分化了的社会位置的现存结构，而且这些结构很可能原来就是从这些过程中产生出来的[①]。他还认为，宏观社会学对社会中既定的社会位置的研究侧重于这些位置的结构对交往过程所施加的影响[②]。社会结构可以用两类参数来识别和描述，一个是类别参数，另一个是等级参数，这两类参数从而也就构成了社会结构最基本的两种分化形式，即不平等和异质性，而正是这样两种分化形式在不断地影响着社会成员的交往。布劳在他的《不平等和异质性：关于社会结构的初级理论》一书中，通过一些基础性假设，演绎出诸多有关社会交往和社会结构的命题。他的研究带给我们极其有益的启发，我们可以将其借鉴到对城市居民和新移民的社会交往研究上来。比如在改革开放以前，由于户籍制度以及对人口迁移流动的严格管制，城市中的外来人口相对较少，两个群体由于空间上的隔绝导致交往机会较少，但是当越来越多的农业转移人口以及来自其他城镇地区的非农业人口进入到更大规模的城市后，两个群体的交往机会在增加，这时两个群体的身份区隔构成的类别参数开始发挥作用，而他们之间的社会交往也随之受到影响。

（二）社会结构对城市居民和新移民的社会态度的影响

社会结构对城市居民和新移民而言，意味着各自占据不同的社会位置所构成的分布，而每一个被占据的社会位置又同一定的社会角色联系在一起。无论是城市居民还是新移民，他们都习惯于他们的社会角色对他们的要求，特别是在诸多社会角色中最主要的几个方面。占据相同或相近社会位置的人之间更容易发生社会交往，或者说人更愿意跟与自己相近的人进行交往，这一方面受到社会交往结构的影响，另一方面也不能否认，社会

---

① ［美］彼特·布劳：《不平等和异质性》，王春光、谢圣赞译，中国社会科学出版社，1991年，第10页。

② 同上。

成员在心理上更愿意进行内群体交往，因为内群体交往更有可能带来合作和稳定，这对社会结构的整合具有重要意义。但是社会整合还需要不同群体间的交往，比如以我国的新型城镇化目标来看，城市居民和新移民之间需要充分的交往，并且这种交往尽量不能是冲突性的，虽然这在现实中无法避免，但是跨群体的交往要比群内的交往要求更高、难度更大。由于占据的社会位置不同，社会成员更有可能对相近的人持有积极、和谐、友善的社会态度，而对占据不同社会位置，特别是对与自己占据位置的差异较大的群体更有可能持有消极、冲突、敌意的态度，所以，社会态度也受制于社会结构，特别是社会结构在水平方向和垂直方向上的分化会对社会态度造成一系列的影响。

三、小结

布劳自诩为一名结构主义者，所以他对社会交往的认识和研究是从宏观社会学的角度展开的，并且以社会结构作为集中考察的对象。本书不打算效仿这种研究方式和研究风格，因为对城市居民和新移民的社会交往以及社会态度的研究，不仅需要关注社会制度和社会结构因素的影响，还应当关注来自更具中观层次的群体动力学特征以及社会成员个体层次特征的影响，后者就不是布劳关注的焦点。但是正像形式社会学的先驱——齐美尔所展示的那样，交往可以纯粹看作是一种形式，它是一种独立于它们的有形历史实现的以纯粹和抽象方式来描述行动的模式[①]，而这些形式是个体之间的实际关系，表现了行动间的相应影响、相互依赖或者互相盘绕[②]。这正说明了社会结构对这些形式的影响，所以社会制度和社会结构对城市居民和新移民的社会交往以及社会态度的影响是基础性和根本性意义上的，或者称其为决定性意义上的影响也不算过分夸大。

① 杰西·洛佩兹、约翰·斯科特著：《社会结构》，吉林人民出版社，2007 年，第 75 页。

② 同上。

第三章 城市居民和新移民的社会交往

第一节 城市居民和新移民的社会交往意愿

一、城市居民和新移民的社会交往意愿现状

在本节，我们将通过实证研究来展示和分析城市居民和新移民的社会交往意愿的现状、特征及影响因素。我们首先通过描述统计分析掌握城市居民和新移民的社会交往意愿的现状；然后通过卡方检验等方法了解和分析具备不同特征的城市居民和新移民的社会交往意愿是否存在关联；最后通过回归分析方法寻找影响城市居民和新移民的社会交往意愿的重要因素。

（一）数据与变量

本节将使用2005年中国综合社会调查（CGSS 2005）数据，该数据可以说是目前在城市居民和新移民的社会交往意愿和行为方面，样本规模最大、抽样范围最广、最具样本代表性的数据。该调查虽然距今已经过去了一段时间，但后来的相关调查无论是在样本规模和代表性方面，还是在问卷设计和测量内容方面都不能与之相提并论。该次调查针对城镇居民询问

了他们对城市外来人口在诸多方面的态度，这些方面包括：1. 您是否愿意和外来人口一起工作呢？（简称为工作意愿）2. 您是否愿意有外来人口租住在您所居住的社区呢？（简称为社区意愿）3. 您是否愿意外来人口居住在您家隔壁呢？（简称为邻居意愿）4. 您是否愿意邀请外来人口到您家做客呢？（简称为做客意愿）5. 您是否愿意您的子女 / 亲属与外来人口谈恋爱呢？（简称为恋爱意愿）。上述 5 个问题构成了一个博格达斯量表，它可以测量这两个群体之间的社会距离，而以社会交往的视角来看，这 5 个方面也体现了城市居民和新移民在不同层面的交往意愿。比如询问是否愿意和新移民一起工作主要涉及工作场合的交往，是否愿意有新移民租住在其所居住的社区主要涉及社区内在潜在社会交往，是否愿意新移民居住在其隔壁主要涉及进一步的邻里交往，是否愿意邀请新移民到其家做客主要涉及朋友间的亲密交往，而是否愿意其子女 / 亲属与新移民谈恋爱则涉及初级群体的亲属交往。可以说上述 5 个层面的交往由浅及深，由工具性交往向情感性交往转变，基本涵盖了社会交往的主要方面，体现了社会交往的差异化。

（二）城市居民和新移民的社会交往意愿的描述统计

我们首先对城市居民和新移民的社会交往意愿进行描述统计。从表 3–1 可见，随着社会交往类型由浅及深，由工具性交往向情感性交往的转变，城市居民和新移民的交往意愿逐渐减弱，从中体现出由近及远的社会距离。具体来看，城市居民愿意和新移民一起工作的比例最高，达到 73.24%；愿意其子女 / 亲属和新移民谈恋爱的比例最低，仅为 42.33%，未超过半数。其他依次为愿意有新移民租住在其所居住的社区的比例为 67.24%，愿意新移民居住在其隔壁的比例为 58.04%，愿意邀请新移民到其家做客的比例为 51.69%。还值得注意的是，愿意邀请新移民到家中做客的比例也不太高，刚超过半数，仅达到 51.69%。除了明确回答愿意和不愿意之外，也有受访者拒绝回答上述问题，其中拒绝回答“是否愿意您的子女 / 亲属与新移民谈恋爱”的比例最高，达到 13.76%，其次是拒绝回答“是否愿意和新移民一起工作”，达到 6.72%，虽然该题目回答愿意的比例最高。

表 3–1　城市居民和新移民的社会交往意愿分布（%）

社会交往意愿	愿意	不愿意	不回答	合计
1. 是否愿意和新移民一起工作？	73.24	20.04	6.72	100.00
2. 是否愿意有新移民租住在您所居住的社区？	67.24	27.39	5.38	100.00
3. 是否愿意新移民居住在您家隔壁？	58.04	35.98	5.99	100.00
4. 是否愿意邀请新移民到您家做客？	51.69	41.69	6.63	100.00
5. 是否愿意您的子女 / 亲属与新移民谈恋爱？	42.33	43.92	13.76	100.00

资料来源：根据 2005 年中国综合社会调查数据（CGSS 2005）计算得到。

二、城市居民和新移民社会交往意愿的特征

在完成描述统计之后，我们将进一步了解城市居民和新移民社会交往意愿的特征，将通过卡方检验等方法试图了解具备不同特征的城市居民和新移民的社会交往意愿是否存在关联，为后续的深入分析提供基础。我们将主要从个人层次、家庭层次和社区层次展开分析。其中个人层次包括性别、年龄、受教育程度、户口性质、户口所在地、婚姻状况、个人全年总收入、生活幸福感；家庭层次包括家庭规模、家庭全年总收入、家庭社会经济地位；社区层次包括东中西经济地带、居住社区类型、与邻居的熟悉程度。上述变量将城市居民区分为不同类型，由此我们分析不同类型的城市居民和新移民的社会交往意愿是否存在显著联系，上述变量的操作处理方法及分布情况将在下文给予说明。

（一）不同个人层次类型的城市居民和新移民社会交往意愿的特征

1. 变量的操作化方法及其分布

城市居民在社会结构中占有不同的位置，用布劳的话来说就是存在水平分化和垂直分化，这些分化分别体现为异质性和不平等，可以相应表现为在性别、年龄、受教育程度、户口性质、户口所在地、婚姻状况、个人全年总收入、生活幸福感等变量上的不同分布状态。在使用上述变量进行

分析之前，我们先对其中部分变量的操作化方法进行说明。

（1）年龄。为了便于进行卡方检验，我们将变量从连续变量处理成定类变量。样本中年龄的最小值为 18 岁，最大值为 94 岁，因此，我们按照 18 ～ 29 岁、30 ～ 39 岁、40 ～ 49 岁、50 ～ 59 岁、60 ～ 94 岁分成 5 个年龄段类别。

（2）受教育程度。CGSS2005 对受教育程度的测量是询问受访者最终完成的最高的教育程度，其中小学、初中和高中三个阶段罗列出了每个阶段包含的所有年级，所以，这三个教育阶段测量的其实是教育年限。为了保持测量层次的一致，这里对教育的相关测量值重新编码，编码后的受教育程度依次为未受过正式教育、小学、初中、高中 / 职高 / 技校 / 中专、大专、大学本科、研究生及以上共 7 个受教育程度。

（3）户口性质。具体类型有城镇常住户口、当地有效城镇户口、农业户口和其他 4 种情况。需要说明的是，本章主要对城市居民和新移民的社会交往进行研究，因此，只有拥有城镇常住户口的市民才是真正的研究对象，但是为了进行相应的比较分析，文中的部分分析也会将当地有效城镇户口、农业户口和其他类型的受访者纳入分析。

表 3–2　个人层次特征变量的频数分布

变量	频数	百分比	变量	频数	百分比
性别			**户口所在地**		
男性	2836	46.51	本居住地址	5506	90.29
女性	3262	53.49	在本区 / 县 / 县级市内	291	4.77
年龄段			在本省 / 自治区 / 直辖市内	155	2.54
18 ～ 29 岁	1114	18.27	在外省 / 自治区 / 直辖市	146	2.39
30 ～ 39 岁	1398	22.93	**婚姻状况**		
40 ～ 49 岁	1355	22.22	未婚	1187	19.47
50 ～ 59 岁	1049	17.20	已婚	4911	80.53
60 岁及以上	1182	19.38	**个人全年总收入**		
教育程度			无收入	279	4.58
未受过教育	369	6.05	0 ～ 5000 元	1667	27.34
小学	929	15.23	5001 ～ 8000 元	1117	18.32
初中	1794	29.42	8001 ～ 10000 元	831	13.63
高中 / 职高等	1989	32.62	10001 ～ 15000 元	889	14.58
大学专科	648	10.63			

续表

变量	频数	百分比	变量	频数	百分比
大学本科	341	5.59	15001 ～ 20000 元	615	10.09
研究生及以上	28	0.46	20001 及以上	700	11.48
户口性质			**生活幸福感**		
城镇常住户口	5232	85.80	不幸福	496	8.13
当地有效城镇户口	320	5.25	一般	2735	44.85
农业户口	521	8.54	幸福	2867	47.02
其他	25	0.41			

资料来源：根据 2005 年中国综合社会调查数据（CGSS 2005）计算得到。

（4）户口所在地。该变量的测量值有 4 个，分别是在本居住地址、非本居住地址，但在本区 / 县 / 县级市内、非本区 / 县 / 县级市，但在本省 / 自治区 / 直辖市内以及在外省 / 自治区 / 直辖市，其中前两类属于严格意义上的本地户籍人口，而后两类属于外地户籍人口。在进描述统计和相关特征分析以及更复杂的影响因素分析时，我们将视户口所在地类型选择合适的受访者进行分析。

（5）婚姻状况。可选的婚姻状况类型有未婚、已婚、离婚未再婚、离婚后再婚、丧偶未再婚、丧偶后再婚 6 类，为了简化信息，此处将未婚、离婚未再婚和丧偶未再婚归为未婚（不在婚姻关系中），而将已婚、离婚后再婚和丧偶后再婚归为已婚（处于婚姻关系中），也即简化为已婚和未婚两种情况。

（6）个人全年总收入。这也是一个连续变量，我们也将通过对其变量值重新分组从而转化为定类变量。为了保证新生成的变量的每个类别有足够且数目相当的个案，再结合该变量的实际分布，我们将收入分成无收入、0 ～ 5000 元、5001 ～ 8000 元、8001 ～ 10 000 元、10 001 ～ 15 000 元、15 001 ～ 20 000 元、20 001 ～ 400 000 元，共 7 个收入组别。

（7）生活幸福感。CGSS2005 中该变量的原始取值为非常不幸福、不幸福、一般、幸福和非常幸福 5 类，为了简化信息，我们将非常不幸福和不幸福合并为一类，将幸福和非常幸福合并为一类，简化后的变量取值为不幸福、一般、幸福。

上述个人层次特征变量的频数分布见表 3–2，需要说明的是该表报告的仅是 CGSS2005 中所有在城市地区调查的样本，而不包括在农村地区调查的样本。另外，城市地区的样本也包括部分农业户口或者户口不在本地的群体，这样的样本将在分析中视情况加以剔除。

2. 不同个人层次类型的城市居民和新移民社会交往意愿的特征

由于交往意愿的类型和城市居民的个人层次特征都已经被处理为定类变量，因此，我们将先通过卡方检验来分析不同类型的交往意愿同城市居民的个人层次特征之间的相关性，以此作为后续分析的基础。表 3–3 报告了不同性别、年龄（分段）、受教育程度、户口性质、户口所在地、婚姻状况、个人全年总收入（分段）、生活幸福感的城市居民分别与工作意愿、社区意愿、邻居意愿、做客意愿、恋爱意愿方面的卡方检验的 P 值。除去 P 值达到 0.05 的显著性水平的情况之外，受教育程度同做客意愿之间保持独立关系，也即意味着不同受教育程度在是否愿意新移民到其家中做客方面没有显著差异。同样的，受教育程度同恋爱意愿之间也保持独立，但是它以微弱的优势达到了 0.1 的显著性水平。此外，婚姻状况与工作意愿、社区意愿和邻居意愿不存在相关关系，个人全年总收入（分段）与社区意愿和做客意愿也不存在相关，见表 3–3。

表 3–3　不同个人层次类型的城市居民和新移民社会交往意愿的卡方检验

个人层次特征变量	工作意愿	社区意愿	邻居意愿	做客意愿	恋爱意愿
1. 性别	0.000	0.000	0.000	0.000	0.000
2. 年龄（分段）	0.000	0.000	0.000	0.000	0.000
3. 受教育程度	0.000	0.006	0.022	0.142	0.094
4. 户口性质	0.000	0.000	0.000	0.000	0.000
5. 户口所在地	0.000	0..000	0.000	0.000	0.000
6. 婚姻状况	0.350	0.078	0.175	0.003	0.000
7. 个人全年总收入(分段）	0.000	0.120	0.003	0.105	0.005
8. 生活幸福感	0.000	0.000	0.000	0.001	0.001

说明：表中报告的是卡方检验的 P 值。

资料来源：根据 2005 年中国综合社会调查数据（CGSS 2005）计算得到。

（二）不同家庭层次类型的城市居民和新移民社会交往意愿的特征

1. 变量的操作化方法及其分布

本小节所使用的家庭层次变量包括家庭规模、家庭全年总收入和家庭社会经济地位，接下来我们先对这些变量的操作化方法进行说明。

（1）家庭规模。对该变量的操作化是基于目前与受访者共住的家庭人口数目，通过观察该变量值的分布可以发现最小家庭规模为 3 人，最大家庭规模为 13 人，为了便于进行卡方检验分析，我们将家庭规模处理成 4 人及以下、5 人、6 人、7 人及以上共 4 个组别的定类变量。

（2）家庭全年总收入。该变量是询问调查上一年度受访者全年家庭各种收入的总和，其中最低收入为 300 元，最高收入为 150 万元，平均值为 27 818 元，标准差为 457 277，另有 433 名受访者没有回答该问题。同对个人收入的处理方法一样，这里也将通过对其变量值重新分组从而转化为定类变量。同样是为了保证新生成的变量的每个类别有足够且数目相当的个案，结合该变量的实际分布，我们将家庭全年总收入分成无收入（拒答导致的缺失）、0 ～ 10 000 元、10 001 ～ 20 000 元、20 001 ～ 30 000 元、30 001 ～ 1 500 000 元，共 5 个收入组别。

（3）家庭社会经济地位。该变量是询问受访者对其家庭在本地的社会经济地位的主观判断，答案一共设置了上层、中上层、中层、中下层和下层 5 个。家庭层次特征变量的频数分布见表 3–4。

表 3–4　家庭层次特征变量的频数分布

变量	频数	百分比	变量	频数	百分比
家庭规模			20001 ～ 30000 元	1075	17.63
4 人及以下	756	12.40	30001 ～ 1500000 元	1255	20.58
5 人	3083	50.56	**家庭社会经济地位**		
6 人	1077	17.66	上层	25	0.41
7 人及以上	1182	19.38	中上层	335	5.49
家庭全年总收入			中层	2251	36.91
无收入	433	7.10	中下层	2017	33.08
0 ～ 10000 元	1567	25.70	下层	1470	24.11
10001 ～ 20000 元	1768	28.99			

资料来源：根据 2005 年中国综合社会调查数据（CGSS 2005）计算得到。

2. 不同家庭层次类型的城市居民和新移民社会交往意愿的特征

我们使用卡方检验分析了家庭规模、家庭全年总收入和家庭社会经济地位同各类型交往意愿的相关性。从表 3–5 可以看出，3 个家庭层次的变量同工作意愿、社区意愿、邻居意愿、做客意愿和恋爱意愿的卡方检验的 *P* 值均达到了 0.01 的显著性水平，这意味着它们之间存在着一定程度的相关关系，见表 3–5。

表 3–5　不同家庭层次类型的城市居民和新移民社会交往意愿的卡方检验

家庭层次特征变量	工作意愿	社区意愿	邻居意愿	做客意愿	恋爱意愿
1. 家庭规模	0.000	0.000	0.000	0.000	0.000
2. 家庭全年总收入	0.000	0.000	0.000	0.002	0.000
3. 家庭社会经济地位	0.000	0.000	0.000	0.000	0.000

说明：表中报告的是卡方检验的 *P* 值。

资料来源：根据 2005 年中国综合社会调查数据（CGSS 2005）计算得到。

（三）不同社区层次类型的城市居民和新移民社会交往意愿的特征

1. 变量的操作化方法及其分布

城市居民和新移民的社会交往意愿不仅受到居民个人层次和家庭层次变量的影响，也深受社区层次变量的影响。市民所在城市的经济发展水平决定了其可能遇到的新市民的多寡，居住社区的类型则进一步决定了市民是否有可能以及有多大的可能同新市民住在同一个社区，而与邻居的熟悉程度可能导致其有更高的可能性和意愿同新移民进行各种类型的社会交往。因此，本小节我们主要通过城市经济发展水平、居住社区类型、与邻居的熟悉程度 3 个社区层次的变量对城市居民和新移民的社会交往意愿进行分析，首先交代变量的操作化方法。

（1）城市经济发展水平。我们将通过受访者所在城市所处的经济地理带来作为经济发展水平的测量，我们这里主要使用国家统计局划分东部、中部、西部和东北四大地区所使用的口径[①]，其中东部地区包括北京、天津、河北、山东、上海、江苏、浙江、福建、广东和海南；中部地区包括河南、山西、安徽、江西、湖北和湖南；西部地区包括内蒙古、广西、重庆、四川、贵州、云南、陕西、甘肃和新疆；东北地区包括辽宁、吉林和黑龙江。

（2）居住社区类型。针对城市受访者设置的居住社区类型有8类，分别是未经改造的老城区（街坊型社区）、单一或混合的单位社区、别墅区或高级住宅区、移民社区、普通商品房小区、集镇社区、新近由农村社区转变过来的城市社区（如村改居、村居合并或城中村）和其他。其中居住在移民社区的只有5个案例，为了分析的可行性，我们将移民社区与其他合并为一类。

（3）与邻居的熟悉程度。对该问题的测量是通过询问受访者和其邻居、街坊其他居民互相之间的熟悉程度，可选择的选项有非常不熟悉、不太熟悉、一般、比较熟悉和非常熟悉5个。社区层次特征变量的频数分布见表3–6。

表3–6　社区层次特征变量的频数分布

变量	频数	百分比	变量	频数	百分比
经济地理带			集镇社区	537	8.81
东部	2796	45.85	新近由农村社区转变过来的城市社区	364	5.97
中部	1284	21.06	其他	28	0.46
西部	1392	22.83	**与邻居的熟悉程度**		
东北地区	626	10.27	非常不熟悉	145	2.38
居住社区类型			不太熟悉	829	13.59
未经改造的老城区	1094	17.94	一般	2058	33.75
单一或混合的单位社区	2687	44.06	比较熟悉	2223	36.45
别墅区或高级住宅区	24	0.39	非常熟悉	843	13.82
普通商品房小区	1364	22.37			

资料来源：根据2005年中国综合社会调查数据（CGSS 2005）计算得到。

① 详见国家统计局：《东西中部和东北地区划分方法》，http: //www.stats.gov.cn/ztjc/zthd/sjtjr/dejtjkfr/tjkp/201106/t20110613_71947.htm。最后访问日期：2018年5月1日。

2. 不同社区层次类型的城市居民和新移民社会交往意愿的特征

我们同样使用卡方检验分析城市经济发展水平、居住社区类型和与邻居的熟悉程度与不同类型交往意愿的相关性。表 3–7 报告了 3 个社区层次的变量与工作意愿、社区意愿、邻居意愿、做客意愿和恋爱意愿的卡方检验的 *P* 值均达到了 0.01 的显著性水平，说明它们之间存在着相关关系，具体见表 3–7。

表 3–7　不同社区层次类型的城市居民和新移民社会交往意愿的卡方检验

社区层次特征变量	工作意愿	社区意愿	邻居意愿	做客意愿	恋爱意愿
1. 经济地理带	0.000	0.000	0.000	0.000	0.000
2. 居住社区类型	0.000	0.000	0.000	0.000	0.000
3. 与邻居的熟悉程度	0.000	0.000	0.000	0.000	0.000

说明：表中报告的是卡方检验的 *P* 值。

资料来源：根据 2005 年中国综合社会调查数据（CGSS 2005）计算得到。

三、城市居民和新移民的社会交往意愿的影响因素分析

城市居民和新移民的社会交往意愿有可能影响到前者和后者的实际社会交往行为，所以对两者间的交往意愿进行充分的研究具有重要的意义。本节前半部分通过卡方检验分析了城市居民在个人、家庭和社区三个层次的特征与其和新移民的各类社会交往意愿间的相关关系，从中我们得到了一些初步的发现，但是不同层次的特征对交往意愿的影响是有所关联且复杂的，单单通过相关分析无法深入了解背后的因果机制，因此，接下来我们将对城市居民和新移民的社会交往意愿进行影响因素分析，力图通过回归分析的方法来展示可能的影响逻辑。

（一）变量和方法

在接下来的影响因素分析中，我们将要使用的自变量及其处理方法同相关分析中所做的一样，略有不同的是原先被处理成定类变量的如年龄（段）、个人全年总收入和家庭全年总收入将被视作连续变量加以使用。

在因变量方面，对 5 类交往意愿的测量结果分为愿意、不愿意和不回答 3 种。本书认为除了明确回答愿意或不愿意之外，受访者不回答其实也表明了某种意愿，因此，我们将对回答这一选项的受访者进行保留，这样因变量就变成了一个包含 3 个选项的定类变量，而对此类变量的回归分析，一般采用多类别逻辑回归（multinomial logistic regression），为了分析和比较的便利，我们将回答不愿意的一组设定为参照组。下列方程 3.1 和方程 3.2 分别是愿意和不回答两组相对于不愿意组的回归方程，可以看出它（方程 3.1）的左边实际上是对选择愿意的概率对选择不愿意的概率的比率[①]取自然对数，因此，当我们对 b_{1i} 求自然数幂就可以得到相对风险比（relative risk ratios）。

$$ln\left[\frac{P(y=\text{愿意})}{P(y=\text{不愿意})}\right]=Y_1=b_{10}+b_{1i}x_i \quad (i=1，2，\cdots) \qquad \text{（方程 3.1）}$$

$$ln\left[\frac{P(y=\text{不回答})}{P(y=\text{不愿意})}\right]=Y_2=b_{20}+b_{2i}x_i \quad (i=1，2，\cdots) \qquad \text{（方程 3.2）}$$

在回归分析的策略方面，由于 5 类交往意愿反映了不同方面和不同程度的社会交往意愿，因此，我们将对每一类交往意愿单独进行回归分析。而在回归分析的具体过程中，我们将依次只加入城市居民的个人层次、家庭层次和社区层次的自变量，从中可以观察和分析每个层次的自变量对因变量的影响。我们也将对同时加入个人、家庭和社区层次的自变量的方程进行拟合，但由于统计表格篇幅的原因，我们将不报告其回归结果，但方程的拟合结果我们仍将一并分析和讨论。另外，考虑到报告方程拟合结果的篇幅和主要研究意义，后面我们将只报告回答愿意的一组，即方程 3.1 的回归结果。最后，在参与回归分析的个案方面，我们限定为有本市城镇户口或本市有效城镇户口的市民，因为，这才是本研究中真正意义上的城市居民。

---

① 也叫相对风险，英文为 relative risk。

（二）分析结果

1. 个人层次变量的影响

表 3-8 和表 3-9 报告了个人层次的自变量对城市居民和新移民的社会交往意愿的多类别逻辑回归分析结果，两个表中依次是对工作意愿、社区意愿、邻居意愿、做客意愿和恋爱意愿的回归分析结果。在工作意愿方面，男性相比于女性更有可能愿意与新移民一起工作，其中女性选择愿意的概率相比于选择不愿意的概率的比值是男性的比值的 74.7%［exp（-0.292）］。年龄对因变量存在非线性的影响，结合年龄和年龄平方项的回归系数可知，起初年龄对因变量有负向的影响，当年龄增大到某临界点后，年龄又开始对因变量发挥正向影响。年龄每增加 1 岁，城市居民选择愿意相比于选择不愿意的相对风险比为 0.98［exp（-0.078）］。各级别的受教育程度对因变量都没有显著影响作用。户口性质变量方面，拥有有效城镇户口的市民要比拥有城镇户口的城市居民更有可能愿意与新移民一起工作。户口所在地变量对因变量没有显著影响。在婚姻状况方面，已婚的城市居民要比未婚的城市居民更有可能愿意与新移民一起工作。个人全年总收入对因变量有显著的正向影响，收入每增加 1 元，城市居民选择愿意相比于选择不愿意的相对风险比为 1.05［exp（0.049）］。个人的生活幸福感对因变量没有显著影响。

在社区意愿方面，性别和年龄变量仍然发挥了同其对工作意愿一样的影响作用，而且受教育程度也未发挥显著影响作用。户口性质对因变量没有显著作用，而户口所在地对因变量有显著的正向影响，其中户口不在本址但在本市的要比户口在本址的更有可能愿意同新移民居住在一个社区。婚姻状况和个人全年总收入对因变量没有显著影响。在生活幸福感方面，只有认为自己幸福的市民相比于不幸福的更有可能愿意同新移民居住在一个社区，前者相比于后者的相对风险比为 1.36［exp（0.307）］。

在邻居意愿方面，性别和年龄变量对因变量有显著的影响作用，而且年龄的非线性影响效应仍然存在。在受教育程度变量上，初中和高中相比于未读书的城市居民更有可能不愿意同新移民做邻居，特别是高中相比于未读书的相对风险比为 0.729［exp（–0.316）］。在户口性质上，有效城镇户口相比于城镇户口更有可能不愿意同新移民做邻居。在户口所在地上，户口不在本址但在本市的要比户口在本址的更有可能愿意同新移民做邻居。婚姻状况和个人全年总收入对因变量有显著的正向影响作用，而生活幸福感对因变量没有显著影响。

在做客意愿方面，性别和年龄变量对因变量有显著的影响，具体来看，女性相比于男性更有可能不愿意邀请新移民到家中做客，年龄则仍然发挥着先抑制后促进的影响作用。在受教育程度上，初中、高中、大学本科和研究生都相较于未读书的市民更有可能不愿意邀请新移民到家中做客，而且这种不愿意的概率随着受教育程度的提高而提高，其中研究生相对于未读书的相对风险比为 0.392［exp（–0.935）］。户口性质、户口所在地和个人全年总收入对因变量有显著影响，生活幸福感则没有显著影响。

表 3–8 城市居民和新移民的社会交往意愿的多类别逻辑回归分析：个人层次（Ⅰ）

	工作意愿		社区意愿		邻居意愿	
	回归系数	标准误	回归系数	标准误	回归系数	标准误
性别（男性 =0）						
女性	–0.292***	0.0725	–0.277***	0.0652	–0.186***	0.0613
年龄	–0.078***	0.0155	–0.064***	0.0137	–0.075***	0.0117
年龄平方 /100	0.062***	0.0156	0.051***	0.0140	0.061***	0.0132
教育程度（未读书 =0）						
小学	–0.099	0.1690	0.022	0.1588	–0.036	0.1511
初中	–0.164	0.1684	–0.213	0.1569	–0.283*	0.1497
高中	–0.125	0.1721	–0.226	0.1598	–0.316**	0.1523
大学专科	0.086	0.2043	–0.131	0.1850	–0.195	0.1752
大学本科	0.243	0.2448	0.090	0.2166	–0.110	0.2005
研究生	–0.618	0.5170	–0.423	0.4928	–0.711	0.4674
户口性质（城镇户口 =0）						
有效城镇户口	0.656***	0.1815	0.206	0.1456	–0.234*	0.1303
户口所在地（本地 =0）						
非本地但在本市	0.232	0.2147	0.403**	0.1940	0.493***	0.1778
婚姻状况（未婚 =0）						
已婚	0.306***	0.1035	0.152	0.0941	0.271***	0.0892
个人全年总收入	0.049**	0.0240	0.015	0.0214	0.049**	0.0202
生活幸福感（不幸福 =0）						
一般	0.048	0.1298	0.166	0.1176	0.031	0.1140
幸福	0.085	0.1334	0.307**	0.1209	0.119	0.1167
Pseudo R^2	0.027		0.017		0.016	
个案数	5174		5174		5174	

注释：1. 各变量的参照组已在表中注明。2.*，$p<0.1$；**，$p<0.05$；***，$p<0.01$。

在恋爱意愿方面，性别和年龄变量对因变量有显著影响，具体影响模式同其对做客意愿的一样。在受教育程度方面，只有高中相比于未读书的市民更有可能不愿意其子女 / 亲属与新移民谈恋爱，但其 p 值刚达到 0.1 的显著性水平。户口性质、户口所在地和个人全年总收入对因变量有显著影响，影响模式同其对做客意愿的一样，但影响的力度相对较小，显著性水平相对较大。另外，生活幸福感对因变量没有显著影响，见表 3-8、表 3-9。

表 3-9　城市居民和新移民的社会交往意愿的多类别逻辑回归分析：个人层次（Ⅱ）

	做客意愿		恋爱意愿	
	回归系数	标准误	回归系数	标准误
性别（男性 =0）				
女性	−0.199***	0.0607	−0.225***	0.0632
年龄	−0.073***	0.0129	−0.083***	0.0133
年龄平方 /100	0.056***	0.0131	0.071***	0.0135
教育程度（未读书 =0）				
小学	−0.141	0.1515	−0.072	0.1577
初中	−0.285*	0.1504	−0.228	0.1569
高中	−0.408***	0.1529	−0.289*	0.1594
大学专科	−0.265	0.1747	−0.097	0.1813
大学本科	−0.476**	0.1971	−0.165	0.2043
研究生	−0.935**	0.4730	−0.340	0.4697
户口性质（城镇户口 =0）				
有效城镇户口	−0.317**	0.1295	−0.368***	0.1396
户口所在地（本地 =0）				
非本地但在本市	0.575***	0.1721	0.440*	0.1715
婚姻状况（未婚 =0）				
已婚	0.138	0.0891	0.010	0.0922
个人全年总收入	0.052***	0.0200	0.039*	0.0207
生活幸福感（不幸福 =0）				
一般	−0.054	0.1141	0.026	0.1201
幸福	0.013	0.1165	0.059	0.1224
Pseudo R^2	0.019		0.016	
个案数	5174		5174	

注释：1. 各变量的参照组已在表中注明。2.*，p<0.1；**，p<0.05；***，p<0.01。

2. 家庭层次变量的影响

在工作意愿方面，家庭规模变量对因变量有显著影响，家庭规模越大，越有可能不愿意与新移民一起工作。具体来看，家庭规模是 5 人的相对于参照组的相对风险比为 0.714［exp（–0.336）］，而家庭规模是 7 人的相对于参照组的相对风险比为 0.540［exp（–0.617）］。家庭全年总收入对因变量没有显著影响。家庭社会经济地位变量方面，主观上处于中下层、中层和中上层的都相比于下层的更有可能愿意与新移民一起工作，其中处于中上层的可能性最大，它相对于参照组的相对风险比为 1.902［exp（0.643）］，见表 3–10。

表 3–10　城市居民和新移民的社会交往意愿的多类别逻辑回归分析：家庭层次（Ⅰ）

	工作意愿		社区意愿		邻居意愿	
	回归系数	标准误	回归系数	标准误	回归系数	标准误
家庭规模（4 人 =0）						
5 人	–0.336***	0.1234	–0.381***	0.1091	–0.313***	0.0995
6 人	–0.408***	0.1413	–0.374***	0.1259	–0.381***	0.1154
7 人及以上	–0.617***	0.1378	–0.452***	0.1243	–0.375***	0.1146
家庭全年总收入	0.032	0.0351	–0.034	0.0317	0.014	0.0298
家庭社会经济地位（下层 =0）						
中下层	0.280***	0.0923	0.300***	0.0845	0.227***	0.0813
中层	0.463***	0.0969	0.529***	0.0884	0.398***	0.0840
中上层	0.643***	0.1799	0.908***	0.1659	0.730***	0.1494
上层	0.523	0.5628	1.330**	0.6305	1.370**	0.5600
Pseudo R^2	0.014		0.011		0.009	
个案数	5047		5047		5047	

注释：1. 各变量的参照组已在表中注明。2.*，p<0.1；**，p<0.05；***，p<0.01。

在社区意愿方面，当家庭规模逐渐变大也会不断减少受访者愿意与新移民共住同一社区的可能性，其中家庭规模是 7 人及以上的市民相对于参照组而言，愿意与新移民共住同一社区的可能性最小，前者相对于参照组的相对风险比为 0.636［exp（–0.452）］。家庭全年总收入对因变量没有显著影响。家庭社会经济地位对因变量有显著影响，具体看，随着主观社会经济地位的提高，受访者相对于参照组愿意与新移民共住同一社区的可能性不断增高，其中上层相对于参照组的相对风险比最大，比值为 3.781［exp（1.330）］。

在邻居意愿方面，家庭规模、家庭全年总收入和家庭社会经济地位对因变量的影响模式同它们在社区意愿方面一致，没有特别的变化，其中上层相对于参照组的相对风险比进一步提升，比值为 3.935［exp（1.370）］。而在做客意愿和恋爱意愿方面，上述家庭层次的自变量对相应因变量的影响模式均一致，此处不再过多报告，拟合结果可见表 3–11。

表 3–11　城市居民和新移民的社会交往意愿的多类别逻辑回归分析：家庭层次（Ⅱ）

	做客意愿		恋爱意愿	
	回归系数	标准误	回归系数	标准误
家庭规模（4 人 =0）				
5 人	-0.384^{***}	0.0973	-0.630^{***}	0.1002
6 人	-0.359^{***}	0.1138	-0.568^{***}	0.1170
7 人及以上	-0.530^{***}	0.1127	-0.588^{***}	0.1163
家庭全年总收入	–0.012	0.0295	0.019	0.0307
家庭社会经济地位（下层 =0）				
中下层	0.172^{**}	0.0813	0.173^{**}	0.0858
中层	0.361^{***}	0.0837	0.292^{***}	0.0880
中上层	0.658^{***}	0.1450	0.543^{***}	0.1482
上层	1.582^{***}	0.5602	0.964^{*}	0.5106
Pseudo R^2	0.009		0.009	
个案数	5047		5047	

注释：1. 各变量的参照组已在表中注明。2.*，p<0.1；**，p<0.05；***，p<0.01。

3. 社区层次变量的影响

在工作意愿方面，经济地理带对因变量有显著影响，但具体影响作用较复杂。来自中部和西部地区的城市居民相对于东部地区的城市居民更有可能愿意与新移民一起工作，但是中部地区相对于东部地区的相对风险比要比西部地区相对于东部地区的相对风险比更大一些，其中前者是 1.927［exp（0.656）］，后者是 1.673［exp（0.515）］，而来自东北地区的城市居民相对于东部的城市居民更有可能不愿意与新移民一起工作，东北地区相对于东部地区的相对风险比是 0.566［exp（–0.569）］。在居住社区类型变量上，只有普通商品房小区、集镇社区和新近由农村社区转变过来的城市社区 3 类社区对因变量有显著影响，居住在这 3 类社区的居民相比于居住在老城区的居民更有可能愿意与新移民一起工作，而且它们 3 类的可能性逐渐增大，其中居住在新近由农村社区转变过来的城市社区中的居民相对于居住在老城区的居民的相对风险比是 1.885［exp（0.634）］。与邻居的熟悉程度对因变量没有显著影响，见表 3–12。

表 3–12　城市居民和新移民的社会交往意愿的多类别逻辑回归分析：社区层次（Ⅰ）

	工作意愿		社区意愿		邻居意愿	
	回归系数	标准误	回归系数	标准误	回归系数	标准误
经济地理带（东部 =0）						
中部	0.656***	0.0974	0.607***	0.0851	0.360***	0.0776
西部	0.515***	0.0937	0.584***	0.0843	0.540***	0.0781
东北地区	–0.569***	0.1086	–0.446***	0.1036	–0.639***	0.1047
居住社区类型（老城区 =0）						
单一或混合的单位社区	–0.068	0.0927	–0.076	0.0846	–0.020	0.0812
别墅区或高级住宅区	0.694	0.6404	0.170	0.4778	–0.211	0.4456
普通商品房小区	0.339***	0.1090	0.447***	0.1000	0.332***	0.0932
集镇社区	0.549***	0.1593	0.639***	0.1424	0.483***	0.1288
新近由农村社区转变过来的城市社区	0.634***	0.1857	0.399*	0.1554	0.360**	0.1448
其他	–0.326	0.6303	0.054	0.5265	–0.094	0.4928
与邻居的熟悉程度（非常不熟悉 =0）						
不太熟悉	0.325	0.2574	0.135	0.2395	0.074	0.2312
一般	0.166	0.2439	0.019	0.2284	–0.118	0.2208
比较熟悉	0.303	0.2438	0.266	0.2286	0.046	0.2207
非常熟悉	0.143	0.2534	–0.003	0.2366	–0.033	0.2287
Pseudo R^2	0.042		0.040		0.035	
个案数	5401		5401		5401	

注释：1. 各变量的参照组已在表中注明。2.*，p<0.1；**，p<0.05；***，p<0.01。

在社区意愿方面，经济地理带对因变量有显著影响，其具体影响效果和模式同其对工作意愿的影响一样。居住社区类型变量上，普通商品房小区、集镇社区和新近由农村社区转变过来的城市社区对因变量有显著影响，但此时是居住在集镇社区的相比于居住在老城区的相对风险比最大，而居住在新近由农村社区转变过来的城市社区的相比于居住在老城区的相对风险比最小，前者的相对风险比是 1.895［exp（0.639）］，而后者的是 1.490［exp（0.399）］。

在邻居意愿方面，经济地理带对因变量有显著影响。但此时来自西部地区的相对于东部地区的相对风险比更大，而来自东北地区的相对于东部地区的相对风险比进一步减小，其中前者的比值是 1.716［exp（0.540）］，而后者的是 0.528［exp（–0.639）］。居住社区类型变量上，普通商品房小区、集镇社区和新近由农村社区转变过来的城市社区对因变量有显著影响。与邻居的熟悉程度对因变量仍然没有显著影响。

在做客意愿方面，经济地理带对因变量有显著影响，具体影响效果同其对邻居意愿的影响一样。居住社区类型和与邻居的熟悉程度变量对因变量均没有显著影响，见表 3–13。

表 3–13　城市居民和新移民的社会交往意愿的多类别逻辑回归分析：社区层次（Ⅱ）

	做客意愿		恋爱意愿	
	回归系数	标准误	回归系数	标准误
经济地理带（东部 =0）				
中部地区	0.200***	0.0761	0.414***	0.795
西部地区	0.496***	0.0762	0.514***	0.0787
东北地区	–0.560***	0.1047	–0.347***	0.1107
居住社区类型（老城区 =0）				
单一或混合的单位社区	–0.129	0.0810	0.087	0.0840
别墅区或高级住宅区	–0.346	0.4735	–0.996*	0.5630
普通商品房小区	0.102	0.0920	0.220**	0.0956
集镇社区	0.110	0.1236	0.547***	0.1294
新近由农村社区转变过来的城市社区	0.184	0.1413	0.223	0.1475
其他	–0.181	0.5040	0.118	0.5177
与邻居的熟悉程度（非常不熟悉 =0）				
不太熟悉	0.251	0.2225	0.137	0.2354
一般	–0.109	0.2124	–0.121	0.2256
比较熟悉	0.123	0.2122	–0.022	0.2252
非常熟悉	0.149	0.2204	0.011	0.2334
Pseudo R^2	0.024		0.019	
个案数	5401		5401	

注释：1. 各变量的参照组已在表中注明。2.*，p<0.1；**，p<0.05；***，p<0.01。

在恋爱意愿方面，经济地理带对因变量仍有显著影响且影响的模式未变。居住社区类型变量上，改为别墅区或高级住宅区、普通商品房小区和集镇社区 3 个类型的社区对因变量发挥显著作用，但居住在普通商品房小区和集镇社区的要比居住在老城区的更有可能愿意其子女 / 亲属与新移民谈恋爱，但居住在别墅区或高级住宅区的则相比于居住在老城区的对此更有可能不愿意。与邻居的熟悉程度变量对因变量没有显著影响。

4. 个人、家庭和社区层次变量的综合影响

在分别单独分析了个人、家庭和社区3个层次变量对各类交往意愿的影响之后，接下来我们将上述3个层次的变量同时纳入模型，但由于该模型过于复杂，受到篇幅限制，无法在书中进行绘制，因此我们将对模型拟合结果只进行语言描述。在工作意愿方面，对因变量有显著影响（显著性水平达到0.05，下同）的自变量有性别、年龄、年龄平方、户口性质、婚姻状况、经济地理带、居住社区类型和与邻居的熟悉程度，方程的Pseudo R^2 值为0.069。

在社区意愿方面，对因变量有显著影响的自变量有性别、年龄、年龄平方、户口所在地、家庭社会经济地位、经济地理带、居住社区类型和与邻居的熟悉程度，方程的Pseudo R^2 值为0.063。在邻居意愿方面，对因变量有显著影响的自变量有性别、年龄、年龄平方、户口性质、户口所在地、婚姻状况、家庭社会经济地位、经济地理带和居住社区类型，方程的Pseudo R^2 值为0.054。

在做客意愿方面，对因变量有显著影响的自变量有性别、年龄、年龄平方、户口性质、户口所在地、个人全年总收入、家庭社会经济地位和经济地理带，方程的Pseudo R^2 值为0.047。在恋爱意愿方面，对因变量有显著影响的自变量有性别、年龄、年龄平方、户口性质、户口所在地、个人全年总收入、家庭规模、经济地理带和居住社区类型，方程的Pseudo R^2 值为0.038。

四、小结

（一）结论

本节对城市居民和新移民的社会交往意愿，特别是在一起工作、居住在同一社区、做邻居、邀请到家做客以及子女/亲属谈恋爱这5种不同交往类型的意愿进行了相关分析和回归分析，对城市居民和新移民的社会交往意愿在个人、家庭和社区层次的特征以及可能影响这5类交往意愿的因

素进行了比较全面的分析。特别是通过城市居民和新移民的社会交往意愿的影响因素分析，发现个人、家庭和社区 3 个层次的变量对不同类型的交往意愿均有一定程度的显著影响，而且这 3 个层次的变量之间也存在复杂的关系。主要研究结论有：第一，对所有 5 个类型的交往意愿来看，无论是个人层次和个人、家庭和社区的层次，性别变量都发挥了显著的影响作用，而且都呈现出“男强女弱”的交往意愿格局。第二，年龄对不同类型的交往意愿都发挥着复杂的影响作用，这种作用是非线性的，年龄先抑制不同类型的交往意愿，然后再强化各交往意愿。第三，除了户口性质没有影响社区意愿、户口所在地没有影响工作意愿之外，它们对其他各类型的交往意愿都发挥了显著的影响作用。第四，除了在做客意愿方面，居住社区类型没有发挥影响作用之外，在其他类型的交往意愿方面，经济地理带和居住社区类型变量都发挥了显著的影响作用。除了上述普遍性的影响效果，还有一些个别性的研究结论。第五，婚姻状况变量只对工作意愿和邻居意愿有显著作用。第六，个人全年总收入变量只对做客意愿和恋爱意愿有显著作用。第七，家庭规模变量只对恋爱意愿有显著作用。第八，家庭社会经济地位对社区意愿、邻居意愿和做客意愿有显著影响作用。第九，与邻居的熟悉程度变量只对工作意愿和社区意愿有显著影响作用。

（二）讨论

上述研究结论所概括的不同变量对不同类型的交往意愿的影响作用，其背后都可能蕴含着一定的因果逻辑，在本节的最后部分，我们尝试进行逻辑上的分析和理论上的探讨。在面对新移民这个群体时，男女在交往意愿上表现出的差异显示出两个群体在心理上的差异，男性相对于女性表现出更大的开放性和接受性，而女性则比较明显地表现出一定的拒斥，这可能同不同性别对陌生人的认知态度有关。年龄表现出的影响效果令人感到讶异，一般而言，年轻人更加开放和包容，因此，年轻人在交往意愿上也应该更积极一些，而年纪稍长的人则会保守一些，但是本节研究发现年龄的非线性影响却与惯常的认知相反，这可能同社会竞争有关。城市的年轻居民同新移民在工作、社会地位等主要社会资源方面存在竞争关系，而这样的关系导致前者降低同后者进行各种社会交往的意愿，直到一定年纪后，当年长的城市居民取得一定的社会资源、获得一定的社会地位时，这种社会竞争趋于缓和，然后交往意愿又随之强烈起来。

在本节分析中，户口的影响作用比较突出，对两个群体的区隔也表现得淋漓尽致，但是两者的影响效果存在巨大反差。从表 3–8、3–9 可以看出，有效城镇户口相比于城镇户口的市民有更强的同新移民的工作交往意愿，但除此之外，有效城镇户口在其他类型的交往意愿上都弱于城镇户口。这种情况恐怕同户籍制度的分割属性及其结果有关，在涉及邻居、做客和谈恋爱此类亲密交往时，城镇户口的相对优势要强于城镇有效户口，所谓优势是指两类户籍性质对新移民而言，如果将按照户籍性质的优势程度排序，城镇有效户口更接近新移民的户口性质，而城镇户口居民则居于最高位，这种相对优势使得城镇居民有更大的包容性和开放性选择同新移民进行亲密交往。在户口所在地方面，户口非本地但在本市的居民相比于户口在本地的更加愿意同新移民展开不同类型的社会交往，其实从更大范围来看，依户口所在地而论，前者也是地地道道的本地人，但是为什么他们有更强烈的交往意愿呢？笔者认为，户口非本地但在本市的市民也经历了空间流动（搬家），而这种流动的经历给了他们同新移民相似的心理感受，这种感同身受拉近了他们之间的社会距离，从而表现出更强的社会交往意愿。

居住环境给人的影响也是比较大的，比如居住社区类型的影响就是这样。居住社区不仅反映了居住的地理位置，而且也反映了居住者的社会位置，居住在普通商品房小区、集镇社区、新近由农村社区转变过来的城市社区的居民相对而言拥有同新移民比较接近的社会位置，而且新移民多半也居住在此类社区中，由此增加了两个群体实际交往的机会和经历，从而促使他们有更近的社会距离，也就导致更强烈的交往意愿的出现。而在居住环境之外更大的环境下，城市经济发展水平的影响也是极其重要的，本节虽然只使用了经济地理带作为城市经济发展水平的测量指标，但影响效果是比较明显的，这种交往意愿的差异化正是城市经济发展水平差异化的表现之一。东北地区表现出比其他地区都明显弱化的交往意愿，而中部或者西部在不同交往类型上则表现出强烈的意愿，该如何解释这种复杂的差异呢？笔者认为，东北地区弱化的交往意愿正是其经济发展水平落后和社会观念保守的集中反映，而中部或者西部虽然在经济发展水平上不如东部地区，但是其城市整体包容性要高于东部地区，所以所谓城市经济发展水平不仅仅体现为经济水平，也包含了社会层面的发展水平。

第二节　城市居民和新移民的社会交往行为

一、城市居民和新移民的社会交往行为现状

意愿是行为的基础，但意愿有时并不等同于行为，所以用意愿来预测行为存在一定的偏差，因此，在分析完城市居民和新移民的社会交往意愿之后，有必要分析两个群体的社会交往行为。本节的分析思路同上一节相仿，我们也将依次研究分析城市居民和新移民的社会交往行为的现状、特征及其影响因素。首先，通过描述统计分析掌握城市居民和新移民的社会交往行为的现状；其次，通过卡方检验等方法分析不同特征的城市居民在和新移民进行社会交往方面是否存在差异；最后，通过回归分析方法确认影响城市居民和新移民的社会交往行为的因素。

（一）数据与变量

本节将继续使用 2005 年中国综合社会调查数据，该数据除了包含城市居民和新移民的社会交往意愿方面的资料之外，还包括两个群体之间的

交往行为方面的资料。本次调查面向城镇居民询问了他们同城市外来人口的社会交往行为的经历，具体问题包括：1. 是否有外来人口与您一起工作过呢？（简称为工作交往）2. 是否有外来人口租住在您所居住的社区呢？（简称为社区交往）3. 是否有外来人口居住在您家隔壁呢？（简称为邻里交往）4. 您是否邀请过外来人口到您家做客呢？（简称为做客交往）5. 您是否有子女 / 亲属与外来人口谈恋爱呢？（简称为恋爱交往），受访者对上述问题可以回答：有、没有或者不回答。这 5 个问题涉及城市居民和新移民的不同层面交往，其交往的深度由浅及深，其交往性质由工具性交往向情感性交往转变，基本涵盖了社会交往的主要方面，体现了社会交往类型的多元化。

（二）城市居民和新移民的社会交往行为的描述统计

我们通过描述统计了解了城市居民和新移民的社会交往意愿现状，但这是否也是实际交往行为经历的现状呢？答案是否定的，对城市居民和新移民的社会交往行为的描述统计让我们发现了不一样的情况。在各类型的交往中，与新移民同住一个社区的比例最高，达到 69.86%，其次是与新移民共同工作，其比例达到了 58.54%，其余依次是有新移民住在隔壁、邀请新移民到家做客以及有子女 / 亲属与新移民谈恋爱，相应的比例分别是 37.31%、32.40% 和 15.89%，这三种交往类型的比例都未超过半数。没有上述交往类型经历的比例排序则相反，见表 3–14。

表 3–14　城市居民和新移民的社会交往行为分布（%）

社会交往行为	有	没有	不回答	合计
1. 是否有新移民与您一起工作过呢？	58.54	39.36	2.10	100.00
2. 是否有新移民租住在您所居住的社区呢？	69.86	27.04	3.10	100.00
3. 是否有新移民居住在您家隔壁呢？	37.31	59.66	3.03	100.00
4. 您是否邀请过新移民到您家做客呢？	32.40	64.86	2.74	100.00
5. 您是否有子女 / 亲属与新移民谈恋爱呢？	15.89	76.06	8.05	100.00

资料来源：根据 2005 年中国综合社会调查数据（CGSS 2005）计算得到。

交往意愿未必就是交往行为，两者并不一定体现出相同的状况。为了分析意愿和行为之间的差异，笔者又计算了意愿与实际行为之间的差异，也就是依次计算每种交往类型的愿意 / 不愿意比例和有 / 没有交往比例的差，即愿意—有、愿意—没有、不愿意—有和不愿意—没有四种情况。“愿意—有”和“不愿意—没有”表明交往意愿和行为一致时的差距，“愿意—没有”和“不愿意—有”表明交往意愿和行为不一致时的差距，计算结果见表 3–15。可以对“愿意—有”的差值取绝对值，其中社区意愿 / 行为的差值绝对值最小，为 2.62；恋爱意愿 / 行为的差值绝对值最大，为 26.44。对“愿意—没有”的差值取绝对值，其中邻居意愿 / 行为的差值绝对值最小，为 1.62；工作意愿 / 行为的差值绝对值最大，为 33.88，另外恋爱意愿 / 行为的差值绝对值也较大，为 33.73，但前者是差值为正，意味着意愿强行动弱，后者的差值为负，意味着意愿弱行动也弱。对“不愿意—有”的差值取绝对值，其中邻居意愿 / 行为的差值绝对值最小，为 1.33；工作意愿 / 行为的差值绝对值最大，为 38.5。对“不愿意—没有”的差值取绝对值，其中社区意愿 / 行为的差值绝对值最小，为 0.35；恋爱意愿 / 行为的差值绝对值最大，为 32.14。

表 3–15　城市居民和新移民的社会交往意愿和行为的分布差距（%）

社会交往意愿 / 行为	愿意 – 有	愿意 – 没有	不愿意 – 有	不愿意 – 没有
1. 工作意愿 / 行为	14.7	33.88	–38.5	–19.32
2. 社区意愿 / 行为	–2.62	40.2	–42.47	0.35
3. 邻居意愿 / 行为	20.73	–1.62	–1.33	–23.68
4. 做客意愿 / 行为	19.29	–13.17	9.29	–23.17
5. 恋爱意愿 / 行为	26.44	–33.73	28.03	–32.14

资料来源：根据 2005 年中国综合社会调查数据（CGSS 2005）计算得到。

二、城市居民和新移民社会交往行为的特征

本小节我们将分析城市居民和新移民社会交往行为方面的特征，我们的分析思路同分析两个群体的交往意愿一样，也将使用卡方检验等方法，而且也将从个人层次、家庭层次和社区层次着手分析。其中个人层次包括性别、年龄、受教育程度、户口所在地、户口性质、婚姻状况、个人全年

总收入、生活幸福感；家庭层次包括家庭规模、家庭全年总收入、家庭社会经济地位；社区层次包括东中西经济地带、居住社区类型、与邻居的熟悉程度。城市居民按照上述变量被区分成不同类型，这样我们就可以分析不同类型的城市居民和新移民的社会交往行为是否存在显著联系。上述变量的操作处理方法在本章第一节中已经说明，此处不再赘言，变量的分布情况也可见第一节的相关部分。

（一）不同个人层次类型的城市居民和新移民社会交往行为的特征

接下来我们将通过卡方检验分析城市居民的个人层次特征与不同类型的交往行为之间的相关性，即依次计算不同性别、年龄（分段）、受教育程度、户口性质、户口所在地、婚姻状况、个人全年总收入（分段）、生活幸福感的城市居民分别与工作行为、社区行为、邻居行为、做客行为、恋爱行为的卡方检验的 P 值。以 0.01 的显著性水平为标准，在工作行为方面，只有婚姻状况同它保持独立关系，其他变量则与它具有相关关系。在社区行为方面，性别、年龄段、婚姻状况和生活幸福感同其保持独立关系。在邻居行为方面，性别、婚姻状况和生活幸福感同其保持独立关系。在做客行为方面，所有个人层次的变量都同其具有相关关系。在恋爱行为方面，性别、受教育程度和生活幸福感同其保持独立关系，具体见表 3–16。

表 3–16　不同个人层次类型的城市居民和新移民社会交往行为的卡方检验

个人层次特征变量	工作行为	社区行为	邻居行为	做客行为	恋爱行为
1. 性别	0.000	0.016	0.485	0.001	0.206
2. 年龄（分段）	0.000	0.067	0.000	0.000	0.000
3. 受教育程度	0.000	0.000	0.001	0.000	0.198
4. 户口性质	0.001	0.001	0.000	0.000	0.000
5. 户口所在地	0.000	0.000	0.000	0.000	0.000
6. 婚姻状况	0.188	0.664	0.121	0.000	0.000
7. 个人全年总收入（分段）	0.000	0.000	0.000	0.000	0.004
8. 生活幸福感	0.002	0.083	0.027	0.003	0.010

说明：表中报告的是卡方检验的 *P* 值。

资料来源：根据 2005 年中国综合社会调查数据（CGSS 2005）计算得到。

（二）不同家庭层次类型的城市居民和新移民社会交往行为的特征

家庭层次的变量操作化方法和分布同第一节中的一致，此处不再重复报告。我们只就相关分析的结果做一报告，此处同样使用卡方检验来分析家庭规模、家庭全年总收入和家庭社会经济地位同各类型交往行为的相关性。首先，3 个家庭层次的变量同工作行为、做客行为和恋爱行为的卡方检验的 P 值均达到了 0.01 的显著性水平，这说明它们之间存在相关关系。其次，在社区行为方面，家庭社会经济地位同其保持独立，即意味着不同家庭社会经济地位水平的城市居民在是否同新移民居住在同一社区上不存在显著差异。最后，在邻居行为方面，家庭规模和家庭社会经济地位均同是否有新移民居住在隔壁保持独立，也即意味着不同家庭规模和不同家庭社会经济地位水平的城市居民在是否有新移民居住在隔壁上均不存在显著差异，见表 3–17。

表 3–17　不同家庭层次类型的城市居民和新移民社会交往行为的卡方检验

家庭层次特征变量	工作行为	社区行为	邻居行为	做客行为	恋爱行为
1. 家庭规模	0.000	0.000	0.015	0.000	0.000
2. 家庭全年总收入	0.000	0.000	0.000	0.000	0.000
3. 家庭社会经济地位	0.000	0.084	0.244	0.000	0.001

说明：表中报告的是卡方检验的 P 值。

资料来源：根据 2005 年中国综合社会调查数据（CGSS 2005）计算得到。

（三）不同社区层次类型的城市居民和新移民社会交往行为的特征

我们仍然使用卡方检验分析城市经济发展水平、居住社区类型和与邻居的熟悉程度与不同类型交往行为的相关性，表 3–18 报告了 3 个社区层次的变量与工作行为、社区行为、邻居行为、做客行为和恋爱行为的卡方检验的 P 值。除了与邻居的熟悉程度同社区行为保持独立外，其他卡方检验的 P 值均达到了 0.01 的显著性水平，说明它们之间存在着相关关系，具体见表 3–18。

表 3-18　不同社区层次类型的城市居民和新移民社会交往行为的卡方检验

社区层次特征变量	工作行为	社区行为	邻居行为	做客行为	恋爱行为
1. 经济地理带	0.000	0.000	0.000	0.000	0.000
2. 居住社区类型	0.000	0.000	0.000	0.000	0.000
3. 与邻居的熟悉程度	0.000	0.069	0.000	0.004	0.001

说明：表中报告的是卡方检验的 *P* 值。

资料来源：根据 2005 年中国综合社会调查数据（CGSS 2005）计算得到。

三、城市居民和新移民的社会交往行为的影响因素分析

在上一小节，我们通过卡方检验分析了城市居民在个人、家庭和社区三个层次的特征与各类社会交往行为之间是否具有相关关系。接下来，我们将对城市居民和新移民的各类型的社会交往行为进行影响因素分析。前文中我们曾提到交往意愿和交往行为之间可能存在一定关联，而且它们之间的关系可能比较复杂，如果简单一点说的话，就是交往意愿有可能影响实际的行为，而行为也可能影响交往的意愿。在本小节中，我们暂不分析意愿是否影响其行为。

（一）变量和方法

在本节的影响因素分析中，将要使用的自变量和因变量以及它们的处理方法同上一节中所做的几乎一样，这里不再重复说明。唯一不同的是交往意愿变量的纳入，该变量被视作定类变量，其取值分别是：愿意、不愿意和不回答。在统计分析方法上，本小节仍将使用多类别逻辑回归，为了分析和比较的便利，我们将回答没有的一组设为参照组。下列方程 3.3 和方程 3.4 分别是有和不回答两组相对于没有组的回归方程。在回归分析的策略方面，我们将对每一类交往行为单独进行回归分析。而在回归分析过程中，我们的做法是依次添加个人层次、交往意愿、家庭层次和社区层次的自变量，从而分析每个层次的自变量对因变量的影响。我们将重点关注方程 3.3，即有经历相对于没经历的这一组的影响因素分析结果，因此，

后文也将只报告这一组的拟合情况。还需要说明的是，在交往行为的回归分析中，我们仍然限定分析样本为有本市城镇户口或本市有效城镇户口的市民，以符合本书的相关概念界定。

$$ln\left[\frac{P(y=\text{有})}{P(y=\text{没有})}\right]=Y_1=b_{10}+b_{1i}x_i \qquad (i=1,\ 2,\ \cdots) \qquad (\text{方程 } 3.3)$$

$$ln\left[\frac{P(y=\text{不回答})}{P(y=\text{没有})}\right]=Y_2=b_{20}+b_{2i}x_i \qquad (i=1,\ 2,\ \cdots) \qquad (\text{方程 } 3.4)$$

（二）分析结果

1. 个人层次变量的影响

我们首先分析个人层次的自变量对城市居民和新移民的社会交往行为的影响，由表 3–19 可见，在工作交往行为方面，男性相比于女性更有可能同新移民一起工作，其中女性选择有工作交往的概率相比于选择没有的概率的比值是男性的比值的 79.8%［exp（–0.226）］。年龄对因变量没有显著影响。各级别的受教育程度几乎都对因变量没有显著作用，除了高中受教育程度的回归系数微弱地达到了 0.1 的显著性水平。户口性质变量方面，拥有有效城镇户口的市民要比拥有城镇户口的城市居民更有可能与新移民一起工作。户口所在地变量方面，户口非本地但在本市的城市居民要比户口在本地的更有可能与新移民一起工作。婚姻状况对因变量没有显著影响。个人全年总收入对因变量有显著的正向影响，收入每增加 1 元，城市居民有共同工作经历的相比于没有共同工作经历的相对风险比为 1.256［exp（0.228）］，即增加了 25.6% 的影响效果，个人的生活幸福感对因变量没有显著影响。

在是否有新移民租住在受访者所居住的社区方面，性别和年龄对因变量均没有显著影响。初中、高中和大学专科受教育程度对因变量有显著的正向影响，也就是说，具备这些受教育程度的受访者相对于未读书的来说，更有可能同新移民居住在同一社区。户口性质变量方面，拥有有效城镇户口的市民相比于拥有城镇户口的城市居民更少可能与新移民居住在同一社区。户口所在地变量方面，户口非本地但在本市的城市居民要比户口在本地的更有可能与新移民居住在同一社区。婚姻状况对因变量没有显著影响。个人全年总收入对因变量有显著的正向影响，另外生活不幸福感的人要比生活幸福的人更有可能与新移民居住在同一社区。需要说明的是，个人层次的变量对是否有新移民租住在受访者所居住的社区的影响更多是表面的，此处我们只是从影响因素的角度进行了较为浅显的分析，因为受访市民同新移民住在同一社区，这可能是主动选择的结果，也有可能是被动地或无意识地选择，如果是后者的话，个人层次变量的影响有可能仅仅是统计意义上的。

在是否有新移民居住在受访者家隔壁即做邻居方面，女性相比于男性有更大的可能同新移民做邻居。年龄对因变量没有显著影响，受教育程度几乎也对因变量没有显著影响，只有小学受教育程度的要比未受过教育的更有可能同新移民做邻居。户口性质变量对因变量没有显著影响，户口所在地变量方面，户口非本地但在本市的城市居民要比户口在本地的更有可能与新移民做邻居。婚姻状况对因变量没有显著影响，个人全年总收入对因变量有显著的正向影响。生活越幸福的人越有可能与新移民做邻居。同对是否有新移民租住在受访者所居住的社区的影响一样，个人层次变量可能发挥了表面性的作用，但是也不排除这些变量同其他变量一起发挥了影响作用，比如社区层次的变量，见表 3-19。

表 3-19　城市居民和新移民的社会交往行为的多类别逻辑回归分析：个人层次（Ⅰ）

	工作行为		社区行为		邻居行为	
	回归系数	标准误	回归系数	标准误	回归系数	标准误
性别（男性 =0）						
女性	−0.226***	0.0614	0.018	0.0659	0.105*	0.0614
年龄	−0.021	0.0129	−0.010	0.0138	0.007	0.0130
年龄平方 /100	0.003	0.0131	0.015	0.0141	−0.011	0.0133
受教育程度（未读书 =0）						
小学	−0.067	0.1533	0.239	0.1523	0.331**	0.1618
初中	0.238	0.1515	0.421***	0.1527	0.225	0.1608
高中	0.294*	0.1538	0.697***	0.1568	0.315*	0.1626

续表

	工作行为		社区行为		邻居行为	
	回归系数	标准误	回归系数	标准误	回归系数	标准误
大学专科	0.080	0.1762	0.412**	0.1815	0.003	0.1842
大学本科	0.059	0.2007	0.1574	0.2041	–0.055	0.2061
研究生	0.720	0.5464	0.054	0.4826	0.004	0.4689
户口性质（城镇户口 =0）						
有效城镇户口	0.465***	0.1354	–0.413***	0.1314	–0.050	0.1325
户口所在地（本地 =0）						
非本地但在本市	0.418**	0.1787	0.734***	0.2102	0.354**	0.1613
婚姻状况（未婚 =0）						
已婚	0.106	0.0900	–0.040	0.0960	–0.066	0.0895
个人全年总收入	0.228***	0.0207	0.158***	0.0222	0.129***	0.0201
生活幸福感（不幸福 =0）						
一般	0.139	0.1142	–0.147	0.1253	–0.261**	0.1136
幸福	–0.024	0.1168	–0.282**	0.1279	–0.351***	0.1163
Pseudo R^2	0.057		0.024		0.013	
个案数	5174		5174		5174	

注释：1. 各变量的参照组已在表中注明。2.*，p<0.1；**，p<0.05；***，p<0.01。

在是否邀请过新移民到家做客方面，性别对因变量没有显著影响。年龄对因变量有显著影响，具体来看，年龄对因变量产生了非线性影响，呈正 U 形曲线，这意味着市民邀请新移民到家做客的可能性一开始随着年龄增加而减小，而当年龄增加到某一阶段后，邀请新移民到家做客的可能性又开始增加。在受教育程度方面，高中、大学专科和大学本科对因变量有负面的影响，总体上，他们相比于未读书的市民更少可能邀请新移民到家中做客。户口性质变量对因变量没有显著作用，户口所在地变量对因变量则有显著作用，具体来看，户口非本地但在本市的市民要比户口在本地的更有可能邀请新移民到家中做客。婚姻状况变量对因变量没有显著作用。个人全年总收入对因变量有显著的正向影响，但影响较为微弱，比如收入每增加 1 元，城市居民邀请新移民到家做客的可能性相比于没有邀请的可能性的相对风险比为 1.085［exp（0.081）］，即才增加了 8.5% 的影响效果。此外，生活幸福感对因变量没有显著影响，见表 3–20。

表 3–20　城市居民和新移民的社会交往行为的多类别逻辑回归分析：个人层次（Ⅱ）

	做客行为		恋爱行为	
	回归系数	标准误	回归系数	标准误
性别（男性 =0）				
女性	0.036	0.0845	−0.100	0.0641
年龄	−0.053***	0.0174	−0.014	0.0140
年龄平方 /100	0.040**	0.0178	−0.006	0.0145
受教育程度（未读书 =0）				
小学	−0.076	0.2078	0.232	0.1834
初中	−0.217	0.2074	0.095	0.1811
高中	−0.593***	0.2134	0.020	0.1832
大学专科	−0.397*	0.2391	0.110	0.2018
大学本科	−0.574**	0.2699	0.149	0.2205
研究生	0.165	0.5267	0.293	0.4754
户口性质（城镇户口 =0）				
有效城镇户口	−0.139	0.1852	−0.150	0.1411
户口所在地（本地 =0）				
非本地但在本市	0.511**	0.1984	0.389**	0.1630
婚姻状况（未婚 =0）				
已婚	−0.002	0.1220	−0.010	0.0949
个人全年总收入	0.081***	0.0274	0.114***	0.0208
生活幸福感（不幸福 =0）				
一般	−0.060	0.1673	−0.075	0.1234
幸福	0.182	0.1686	−0.061	0.1258
Pseudo R^2	0.015		0.027	
个案数	5174		5174	

注释：1. 各变量的参照组已在表中注明。2.*，p<0.1；**，p<0.05；***，p<0.01。

在是否有子女 / 亲属与新移民谈恋爱方面，性别、年龄、受教育程度、户口性质、婚姻状况和生活幸福感对因变量没有显著影响，只有户口所在地和个人全年总收入对因变量有显著影响。具体来看，户口非本地但在本市的市民要比户口在本地的更有可能有子女 / 亲属与新移民谈恋爱的情况，而个人全年总收入的提高也会增加受访者子女 / 亲属与新移民谈恋爱的可能性，见表 3–20。

2. 家庭层次变量的影响

接下来，我们将分析家庭层次变量对各类型的交往经历的影响。首先在是否有新移民与受访者一起工作方面，家庭规模变量对因变量有显著的负面影响，家庭规模越大的受访者与新移民一起工作的可能性越低，其中家庭规模是7人及以上的相对于家庭规模是4人的相对风险比为0.4413[exp（–0.818）]。家庭全年总收入对因变量有显著的正面影响，如收入每增加1元，城市居民与新移民一起工作的可能性相比于没有一起工作的可能性的相对风险比为1.276[exp（0.081）]，即增加了27.6%的可能性。家庭社会经济地位变量方面，主观上处于中下层和中层的相比于下层的都更有可能与新移民一起工作，见表3–21。

表3–21　城市居民和新移民的社会交往行为的多类别逻辑回归分析：家庭层次（Ⅰ）

	工作行为		社区行为		邻居行为	
	回归系数	标准误	回归系数	标准误	回归系数	标准误
家庭规模（4人=0）						
5人	–0.188*	0.0995	0.015	0.1057	0.064	0.0963
6人	–0.625***	0.1144	–0.132	0.1222	0.024	0.1137
7人及以上	–0.818***	0.1134	–0.277**	0.1201	–0.079	0.1146
家庭全年总收入	0.244***	0.0298	0.250***	0.0327	0.196***	0.0301
家庭社会经济地位（下层=0）						
中下层	0.172**	0.0808	–0.069	0.0880	–0.086	0.0829
中层	0.168**	0.0832	–0.146	0.0906	–0.251***	0.0858
中上层	0.222	0.1448	–0.547***	0.1495	–0.325**	0.1453
上层	0.772	0.5248	–0.330	0.4910	0.412	0.4379
Pseudo R^2	0.034		0.016		0.010	
个案数	5047		5047		5047	

注释：1. 各变量的参照组已在表中注明。2.*，p<0.1；**，p<0.05；***，p<0.01。

在是否有新移民租住在受访者所居住的社区方面，只有家庭规模达到7人及以上的市民才会比参照组更少可能居住在同一社区。家庭全年总收入对因变量有显著的正面影响。家庭社会经济地位变量方面，主观上处于中上层相比于下层的市民更少可能同新移民居住在同一社区。在是否有新移民居住在受访者家隔壁方面，家庭规模对因变量没有显著影响，而家庭全年总收入则具有显著的正面影响，家庭社会经济地位变量方面，主观上处于中层和中上层的市民相比于下层的则更少可能与新移民做邻居，见表3–21。

在是否邀请过新移民到家做客方面，家庭规模对因变量发挥了显著的负面影响，几乎是家庭规模越大的市民越少可能邀请新移民到家做客。家庭全年总收入对因变量有显著的正面影响。家庭社会经济地位变量方面，则是处于中层和中上层的市民相比于下层的更有可能邀请新移民到家做客。在是否有子女 / 亲属与新移民谈恋爱方面，家庭规模对因变量发挥了显著的负面影响，但其中家庭规模是 5 人的市民其子女 / 亲属与新移民谈恋爱的可能性最低。家庭全年总收入对因变量有显著的正面影响，但影响较弱。此外，主观家庭社会经济地位越高的市民则越有可能有子女 / 亲属与新移民谈恋爱，见表 3–22。

表 3–22　城市居民和新移民的社会交往行为的多类别逻辑回归分析：家庭层次（Ⅱ）

	做客行为		恋爱行为	
	回归系数	标准误	回归系数	标准误
家庭规模（4 人 =0）				
5 人	−0.370***	0.0951	−0.484***	0.1211
6 人	−0.371***	0.1138	−0.323**	0.1444
7 人及以上	−0.728***	0.1166	−0.290**	0.1420
家庭全年总收入	0.147***	0.0311	0.082**	0.0406
家庭社会经济地位（下层 =0）				
中下层	0.088	0.0895	0.227*	0.1222
中层	0.194**	0.0909	0.389***	0.1226
中上层	0.442***	0.1464	0.409**	0.1923
上层	0.529	0.4426	0.533	0.5820
Pseudo R^2	0.019		0.011	
个案数	5047		5047	

注释：1. 各变量的参照组已在表中注明。2.*，p<0.1；**，p<0.05；***，p<0.01。

3. 社区层次变量的影响

在分析个人层次和家庭层次变量的影响时，我们曾提到实际影响市民和新移民某些类型交往的因素有可能是更高层次的，而且它不是个人或家庭层次因素的简单汇聚，因此，接下来我们将分析社区层次变量的影响。在是否有新移民与受访者一起工作方面，经济地理带有显著影响，具体是来自东北地区的市民相比于东部地区的更少可能与新移民一起工作。居住社区类型变量几乎对因变量没有影响，只有居住在普通商品房小区的市民相比于居住在老城区的有更大的可能同新移民一起工作。与邻居的熟悉程度变量对因变量有显著作用，具体是不太熟悉和一般熟悉程度的市民要比非常不熟悉的更有可能同新移民一起工作，见表 3–23。

表 3–23　城市居民和新移民的社会交往行为的多类别逻辑回归分析：社区层次（Ⅰ）

	工作行为		社区行为		邻居行为	
	回归系数	标准误	回归系数	标准误	回归系数	标准误
经济地理带						
（东部 =0）						
中部	–0.096	0.0751	–0.650***	0.0819	–0.585***	0.0800
西部	0.061	0.0751	–0.518***	0.0817	–0.237***	0.0757
东北地区	–0.921***	0.1011	–0.970***	0.1055	–0.816***	0.1131
居住社区类型						
（老城区 =0）						
单一或混合的单位社区	0.043	0.0800	0.023	0.0886	–0.236***	0.0824
别墅区或高级住宅区	0.250	0.4707	1.063	0.7492	1.131**	0.4903
普通商品房小区	0.156*	0.0916	–0.186*	0.1003	–0.124	0.0927
集镇社区	–0.108	0.1203	–0.303**	0.1320	–0.246*	0.1252
新近由农村社区转变过来的城市社区	0.148	0.1391	–0.107	0.1525	0.352**	0.1382
其他	–0.038	0.4784	0.559	0.5828	–0.465	0.5815
与邻居的熟悉程度						
（非常不熟悉 =0）						
不太熟悉	0.404*	0.2198	0.587**	0.2274	0.249	0.2385
一般	0.353*	0.2097	0.539**	0.2156	0.233	0.2292
比较熟悉	0.244	0.2093	0.572***	0.2151	0.194	0.2290
非常熟悉	–0.053	0.2171	0.453**	0.2238	0.068	0.2375
Pseudo R^2	0.033		0.043		0.038	
个案数	5401		5401		5401	

注释：1. 各变量的参照组已在表中注明。2.*，p<0.1；**，p<0.05；***，p<0.01。

在是否有新移民租住在受访者所居住的社区方面，经济地理带变量对因变量有显著的负面影响，其中来自东北地区的市民同新移民居住在同一社区的可能性最小，该种可能性只有东部地区的 37.9%。居住社区类型对因变量也有一定的负面影响，其中居住在普通商品房小区和集镇社区的市民要比居住在老城区的更少可能同新移民居住在同一社区。与邻居的熟悉程度对因变量有显著影响，但熟悉程度越高并不意味着居住在同一社区的可能性越高，见表 3–23。

在是否有新移民居住在受访者家隔壁方面，经济地理带变量对因变量有显著的负面影响，也是来自东北地区的市民同新移民做邻居的可能性最小。居住社区类型变量对因变量有显著影响，但是其影响颇为复杂，其中居住在别墅区或高级住宅区和新近由农村社区转变过来的城市社区的市民要比居住在老城区的市民有更大的可能性同新移民做邻居；而居住在单一或混合的单位社区和集镇社区的市民要比居住在老城区的市民有更小的可能性同新移民做邻居，社区层次变量的影响由此可见。与邻居的熟悉程度对因变量没有显著影响，见表 3–23。

在是否邀请过新移民到家做客方面，经济地理带变量对因变量虽然有显著影响，但是来自不同地区的受访者却有不同的表现，其中来自西部的受访者要比来自东部的更有可能邀请新移民到家做客；而来自东北地区的受访者要比来自东部的更少可能邀请新移民到家做客。居住社区类型变量对因变量有一定程度的显著影响，之所以这么说，是因为只有居住在单一或混合的单位社区的受访者才对因变量有显著的负面影响，居住在该类型社区的市民要比居住在老城区的更少可能邀请新移民到家做客。与邻居的熟悉程度对因变量没有显著影响，见表 3–24。

在是否有子女 / 亲属与新移民谈恋爱方面，经济地理带变量对因变量的影响模式同其对是否邀请过新移民到家做客方面基本一致，同样是来自不同地区的受访者有着不同表现，如来自西部的受访者要比来自东部的更有可能有子女 / 亲属与新移民谈恋爱；而来自东北地区的受访者要比来自东部的更少可能有子女 / 亲属与新移民谈恋爱。居住社区类型变量对因变量有显著影响，其中居住在普通商品房小区和集镇社区的居民要比居住在老城区的更少可能有子女 / 亲属与新移民谈恋爱。与邻居的熟悉程度对因变量没有显著影响，见表 3–24。简而言之，当涉及诸如邀请新移民到家做客和有子女 / 亲属与新移民谈恋爱等亲密交往时，社区类型的影响模式较为复杂但基本保持一致，而在共同工作、居住同一社区、居住隔壁等一般社会交往方面，社区层次变量也表现出了独特的影响，但具体影响模式同亲密交往不同。

表 3–24　城市居民和新移民的社会交往行为的多类别逻辑回归分析：社区层次（Ⅱ）

	做客行为		恋爱行为	
	回归系数	标准误	回归系数	标准误
经济地理带（东部 =0）				
中部	−0.038	0.0805	0.076	0.1053
西部	0.219***	0.0767	0.264***	0.1006
东北地区	−0.764***	0.1255	−0.596***	0.1757
居住社区类型（老城区 =0）				
单一或混合的单位社区	−0.229***	0.0850	−0.038	0.1156
别墅区或高级住宅区	−0.559	0.5159	−0.529	0.7505
普通商品房小区	−0.075	0.0956	0.217*	0.1273
集镇社区	−0.145	0.1289	0.545***	0.1580
新近由农村社区转变过来的城市社区	0.010	0.1431	0.080	0.1961
其他	0.144	0.5163	0.326	0.6473
与邻居的熟悉程度（非常不熟悉 =0）				
不太熟悉	0.148	0.2355	−0.128	0.2990
一般	0.021	0.2262	−0.072	0.2854
比较熟悉	0.093	0.2257	−0.258	0.2859
非常熟悉	0.152	0.2338	−0.041	0.2955
Pseudo R^2	0.032		0.024	
个案数	5401		5401	

注释：1. 各变量的参照组已在表中注明。2.*，p<0.1；**，p<0.05；***，p<0.01。

四、小结

（一）结论

继上节对城市居民和新移民的社会交往意愿进行相关分析和回归分析之后，本节对两个群体实际的交往行为（经历）也进行了相关分析和回归分析，从而发现个人、家庭和社区 3 个层次的变量对不同类型的交往行为均有一定程度的显著影响。现将主要研究结论总结如下：第一，性别变量只对是否与新移民一起工作以及是否有新移民居住隔壁发挥了显著的影响作用，但男女的相对优势在不同类型的交往中有不同表现。第二，年龄只对是否邀请新移民到家做客发挥了显著的影响作用，同时这种作用是非线性的，它先降低了邀请做客的可能性，然后又增加了该种交往的可能性。第三，教育对工作行为、社区行为和邻居行为发挥了不同程度的正面影响作用，却对做客行为产生了负面影响，对恋爱行为则不产生显著影响。第四，户口性质对工作行为有正面影响，却对社区行为产生负面影响。第五，户口所在地、个人全年总收入和家庭全年总收入对所有类型的交往行为都发挥了显著的正面影响作用。第六，生活幸福感只对社区行为和邻居行为产生了负面影响。第七，除了对是否同新移民做邻居没有显著影响之外，家庭规模变量对其他类型的交往均有显著作用，且都是负面的影响。第八，经济地理带对所有类型的交往均有显著影响，但实际的影响效果不同，此外经济地理带如果是东北地区的话，其对因变量的影响都是负面的。

（二）讨论

交往行为不同于交往意愿，对交往意愿的影响因素有可能同对交往行为的影响因素不同，这也说明了行为和意愿之间复杂的关系。意愿是主观的态度，城市居民可以根据已有的同新移民的交往经历做出判断，也可以是在没有交往经历基础上的“想象性交往”，也就是说受访者的交往意愿基本反映了其自身的意志。但交往行为不同，除了交往意愿有可能从主观上影响其交往行为决策之外，现实中的交往条件也起到很重要的作用，甚至是决定性的作用。这就如同布劳所说，虽然群体间的交往取决于个人心理因素，但它们只能在结构条件的限制下发挥作用[①]。如此一来，性别、年龄、受教育程度等个人层次变量，还有家庭人口规模等家庭层次变量若要发挥作用，也必然是在结构条件的制约和影响下，而这里的结构条件简单来说就是城市居民和新移民的交往机会结构。

在本节的实证分析中，两个群体的交往机会结构主要体现在社区层次

① ［美］彼特·布劳：《不平等和异质性》，王春光、谢圣赞译，中国社会科学出版社，1991年，第13页。

的影响变量方面，特别是经济地理带和居住社区类型方面，两个变量的不同水平导致交往机会结构呈现不同面貌。首先来看经济地理带，虽然我们简略将其操作化为东部、中部、西部和东北地区，但是结构性条件的影响效果非常明显。在上一节中，经济地理带对交往意愿的影响方面，东北地区比其他地区明显体现出非常弱化的交往意愿，当时我们认为这正是其经济发展水平落后和社会观念保守的集中反映。而本节对交往行为的分析，仍然发现东北地区的受访者在各类交往行为（经历）方面都显著少于其他地区，这是交往机会结构使然。东北地区这几年面临着人口萎缩和老龄化两个变化态势，大量本地人口流出到其他地区特别是东中部地区，人口流入总量微乎其微，仅有的新移民也是东北地区内部跨市流动。就东北地区整体来说，呈现出的是人口净流出，所以本地居民和新移民人口分布悬殊，由此造成本地居民遇到新移民的可能性要大大小于其他地区的居民，因而从根本上限制或者说是缩小了两个群体发生各类社会交往行为的概率。

如果说经济地理带从总体上影响了城市居民和新移民的社会交往机会结构的话，那么城市居民所居住的社区，作为市民活动时间最久且活动最深入、最私人的场域，则更加直接地影响了他们同新移民的社会交往，很多类型的社会交往就发生在市民所居住的社区内部。另一方面，社区不仅仅是社会交往行为发生的领地，它同时具有社会性意涵。我们在上一节提到，社区也反映了居住者的社会位置，居住在某些类型社区的居民的社会位置的异质性较大，而有些社会位置的异质性较小，但所谓异质性大小都是相对的，而且也要看异质性的具体所指。在上节我们提到，居住在老城区和集镇社区等的城市居民有可能碰到相对更多的新移民，由此可能提高两个群体实际交往的概率。但是，不同类型的社区对不同类型的交往产生不同的影响。比如单一或混合的单位社区，由于共同的工作背景导致居民的异质性较小，因此，居住在此类社区中的城市居民与新移民做邻居或邀请其到家做客的概率都是较小的，而且明显小于居住在老城区的市民。两个群体间的社会交往机会结构在居住社区中有了具体表现，这种表现其实也是社会成员某类异质性的体现，而这种异质性及其影响效果在社区这一层次更加直接和突出。

第三节 城市中产阶层居民和新移民的社会交往

一、城市中产阶层居民和新移民的社会交往意愿现状

本节我们将关注城市居民中一个特殊的阶层群体——城市中产阶层，研究分析他们和新移民的社会交往意愿和行为等。中产阶层是随着我国改革开放而产生并稳定成长起来的一个群体，这个群体在经济收入、文化水平和社会态度方面都有一些不同于其他社会阶层群体的特征。城市中产阶层受益于城镇化和工业化的变革，而新移民也受益于现代化的发展，因此两个群体在此过程中的社会交往状况引人关注。本节我们首先研究城市中产阶层居民和新移民的交往意愿，然后再转入分析两个群体间的交往行为。在研究内容方面，我们将主要关注交往意愿和行为的现状及其影响因素，并在最后进行总结和讨论。

（一）数据与变量

上一节使用 2005 年中国综合社会调查（CGSS 2005）数据对全国的城市居民样本进行了分析，该数据虽然包含了城市居民和新移民的社会交往意愿和行为的变量及信息，但是该样本不能较好地代表城市中产阶层群体，因此本节我们将使用“我国城市中产阶层的生产和再生产研究”课题调查数据[①]对相关研究主题进行分析。该数据的基本情况我们已经在第一章第

---

① 该调查得到国家社科基金项目“我国城市中产阶层的生产和再生产研究”的支持，分别在上海、福建厦门和河南郑州三地展开，其中在厦门市的调查也受到本课题即教育部人文社会科学研究青年基金项目“地位不平等与文化异质性：城市居民与新市民的社会交往研究”（批准号：12YJC840038）资助。

三节有过介绍，下面仅就使用的关键变量进行说明。

该调查对城市中产阶层居民和新移民的交往意愿及行为的测量主要借鉴了 2005 年中国综合社会调查中的操作化方法，但是略有不同。本次调查在测量交往意愿方面设置了以下问题：1. 您是否愿意有外来人口租住在您所居住的社区？ 2. 您是否愿意让外来人口居住在您家隔壁？ 3. 您是否愿意和外来人口交朋友？ 4. 您是否愿意邀请外来人口到您家做客？ 5. 您是否愿意您的子女 / 亲属与外来人口谈恋爱？由此可见，本次调查特别询问了受访者同新移民交朋友的意愿。同样的，受访者可以回答：愿意、不愿意和不回答。在测量交往行为（经历）方面则设置了以下问题：1. 是否有外来人口租住在您所居住的社区？ 2. 是否有外来人口居住在您家隔壁？ 3. 您的朋友当中是否有外来人口？ 4. 您是否邀请过外来人口到您家做客？ 5. 您是否有子女 / 亲属与外来人口谈恋爱？受访者则可以回答：有、没有或不回答。

（二）城市中产阶层居民和新移民的社会交往意愿的描述统计

我们首先通过描述统计对城市中产阶层居民和新移民的社会交往意愿的现状有大致的了解和掌握。如果同总体居民相比较的话，中产阶层居民整体上在各类型的交往意愿上都呈现出更加积极的态度，但是这种比较并不是严格的统计比较，只是对 2005 年中国综合社会调查数据和“我国城市中产阶层的生产和再生产研究”调查数据中各交往意愿类型的分布的直观比较，见表 3–1 和表 3–25。如果暂时排除“是否愿意和新移民交朋友”的分布结果的话，城市中产阶层居民的交往意愿其实也是随着交往距离的缩小、交往性质趋于亲密化而不断下降的，这一结果同对 CGSS 2005 的分析结果是一致的。并且不愿意的比例也随之上升，包括不回答的比例也是如此，所以基于博山格达斯社会距离量表修订的测量方法也能较好地测量出城市中产阶层居民和新移民的社会交往意愿的梯度化特征。

表 3-25　城市中产阶层居民和新移民的社会交往意愿分布（%）

社会交往意愿	愿意	不愿意	不回答	合计
1. 是否愿意有新移民租住在您所居住的社区？	76.37	15.78	7.85	100.00
2. 是否愿意让新移民居住在您家隔壁？	68.75	22.62	8.63	100.00
3. 是否愿意和新移民交朋友？	81.03	10.30	8.67	100.00
4. 是否愿意邀请新移民到您家做客？	66.38	22.62	11.00	100.00
5. 是否愿意您的子女 / 亲属与新移民谈恋爱？	54.18	30.28	15.55	100.00

资料来源：根据调查数据计算得到。

但另一方面，不同于 CGSS 2005 的测量方法，在我们自己的调查中，我们在诸个问题中加入了“是否愿意和新移民交朋友”这个问题，该题目放在新的量表中看似打破了交往意愿的梯度演变趋势，但它的测量结果其实很有意思。首先，我们从表 3-25 中看到，愿意和新移民交朋友的比例高达 81.03%，而不愿意的比例只有 10.30%，这一正一反两个结果体现出城市中产阶层居民同新移民交朋友的意愿是相当高的，并且回答愿意的比例是所有交往意愿类型中最高的。其次，这一较高的交朋友意愿比例反衬出其他交往类型意愿比例的矛盾之处，无论是比交朋友更加亲密还是更不亲密的交往类型的意愿比例都是较低的，这不仅是测量的客观结果，而且也正体现了城市中产阶层居民在同新移民进行交往时的矛盾之处，是一种不同交往类型意愿之间的错位。

二、城市中产阶层居民和新移民的社会交往意愿的影响因素分析

（一）变量和方法

接下来，我们将对影响城市中产阶层居民和新移民的社会交往意愿的因素进行分析。在分析方法方面，我们仍然使用多类别逻辑回归分析；在分析层次方面，我们将主要立足于个人层次，而家庭和社区层次的影响因素在此处不再纳入。参与分析的变量主要有性别、年龄、受教育程度、婚姻状况、政治面貌、工作单位所有制性质和主观社会阶层，而地

区作为控制变量也将纳入分析。在变量分布方面，男性有 1 333 人、占 51.81%，女性有 1 240 人、占 48.19%。年龄段人数及所占比重分别为 18 ～ 39 岁有 1 868 人、占 72.60%，40 ～ 59 岁有 624 人、占 24.25%，60 岁及以上有 81 人、占 3.15%。受教育程度分布人数及所占比重分别为小学 83 人、占 3.23%，初中 149 人、占 5.79%，高中 424 人、占 16.48%，大学及以上 1 917 人、占 64.50%。婚姻状况分布人数及所占比重分别为未婚 667 人、占 25.92%，已婚 1 906 人，占 74.08%。政治面貌状况分布人数及所占比重分别为共产党员有 697 人、占 27.09%，非共产党员有 1 876 人、占 72.91%。工作单位所有制性质分布人数及所占比重分别为国有 1 007 人、占 39.14%，私有 1 257 人、占 48.85%，其他有 309 人、占 12.01%。主观阶层认同状况分布人数及所占比重分别为上层 16 人、占 0.62%，中上层有 114 人、占 4.43%，中层有 789 人、占 30.66%，中下层有 533 人、占 20.72%，下层有 1 121 人、占 43.57%。上述变量基本上被作为定类变量参与分析，但其中的年龄将以定量变量形式参与分析，见表 3-26。

表 3-26　变量的频数分布

变量	频数	百分比	变量	频数	百分比
性别			**政治面貌**		
男性	1333	51.81	共产党员	697	27.09
女性	1240	48.19	非共产党员	1876	72.91
年龄段			**所有制性质**		
18 ～ 39 岁	1868	72.60	国有	1007	39.14
40 ～ 59 岁	624	24.25	私有	1257	48.85
60 岁及以上	81	3.15	其他	309	12.01
受教育程度			**主观阶层**		
小学	83	3.23	上层	16	0.62
初中	149	5.79	中上层	114	4.43
高中	424	16.48	中层	789	30.66
大学及以上	1917	74.50	中下层	533	20.72
婚姻状况			下层	1121	43.57
未婚	667	25.92			
已婚	1906	74.08			

资料来源：根据调查数据计算得到。

（二）分析结果

在分析策略方面，我们同时考察所有自变量的影响效果，同之前报告多类别逻辑回归的结果一样，这里只报告回答愿意相对于不愿意的情况，具体回归结果见表 3–27。在是否愿意有新移民租住在您所居住的社区方面，男性相对于女性而言更加倾向于愿意，年龄对因变量有负面影响，由于年龄平方项在此处不显著，所以年龄对因变量大致是线性的影响作用。教育程度变量整体上对因变量有负面作用，而且受教育程度越高，选择愿意而不是不愿意的可能性越小，但只有高中和大学及以上受教育程度达到统计显著性。婚姻状况和政治面貌对因变量没有显著影响。工作单位所有制性质变量只有私有制单位达到了 0.01 的显著性水平，说明在私有制单位工作的城市中产阶层居民要比在国有制工作的更有可能愿意有新移民租住在其所居住的社区，前者愿意的比率是后者的比率的 1.677 倍［exp（0.517）］。主观社会阶层整体上对因变量没有显著影响，其中主观阶层是中层的受访者要比认同上层的更倾向于愿意。在城市变量上，厦门的受访者要比上海的受访者更倾向于愿意，见表 3–27。

表 3–27　城市中产阶层居民和新移民的社会交往意愿的多类别逻辑回归分析（Ⅰ）

	社区意愿		邻居意愿		朋友意愿	
	回归系数	标准误	回归系数	标准误	回归系数	标准误
性别（男性 =0）						
女性	−0.240**	0.1124	−0.157	0.0985	−0.301**	0.1352
年龄	−0.069**	0.0311	−0.048*	0.0270	−0.078**	0.0325
年龄平方 /100	0.037	0.0348	0.011	0.0303	0.028	0.0342
受教育程度（小学 =0）						
初中	−0.325	0.4142	−0.213	0.3780	−0.054	0.4188
高中	−0.954**	0.3791	−0.805**	0.3447	−0.024	0.3943
大学及以上	−1.002**	0.3881	−0.866**	0.3514	−0.411	0.4010
婚姻状况（未婚 =0）						
已婚	0.022	0.1675	0.076	0.1428	0.261	0.1979
政治面貌（共产党员 =0）						
非共产党员	−0.189	0.1372	−0.110	0.1199	−0.256	0.1698
所有制性质（国有 =0）						
私有	0.517***	0.1281	0.399***	0.1112	0.421***	0.1526
其他	−0.122	0.1782	0.104	0.1674	0.166	0.225
主观阶层（上层 =0）						

续表

	社区意愿		邻居意愿		朋友意愿	
	回归系数	标准误	回归系数	标准误	回归系数	标准误
中上层	0.752	0.6111	0.600	0.5801	0.916	0.7431
中层	1.059*	0.5693	0.920*	0.5454	1.021	0.6903
中下层	0.936	0.5722	0.680	0.5470	1.307*	0.6974
下层	0.862	0.5646	0.749	0.5418	1.014	0.6865
城市（上海 =0）						
厦门	0.464***	0.1672	0.820***	0.1463	1.206***	0.2192
郑州	−0.092	0.1451	0.309**	0.1252	0.282	0.1721
Pseudo R^2	0.080		0.072		0.099	
个案数	2573		2573		2573	

注释：1. 各变量的参照组已在表中注明。2.*，p<0.1；**，p<0.05；***，p<0.01。

在是否愿意让新移民居住在您家隔壁方面，性别对因变量没有显著影响，而年龄呈现出较微弱的负面的影响。受教育程度变量中的高中和大学及以上两类对因变量有显著的负面影响。婚姻状况和政治面貌对因变量没有显著影响。工作单位所有制性质变量上，在私有制单位工作的要比在国有单位工作的更倾向于愿意让新移民居住在其家隔壁。主观社会阶层变量中认为属于中层的受访者要比认同上层的更倾向于愿意。厦门和郑州要比上海的受访者更有可能倾向于愿意让新移民居住在其家隔壁。整体上，对是否愿意有新移民租住在其所居住的社区和是否愿意让新移民居住在其家隔壁的影响因素和模式基本一致，见表 3–27。

在是否愿意和新移民交朋友方面，性别对因变量有负面影响，而且女性愿意和新移民交朋友的概率是男性的 74.01%［exp（–0.240）］。年龄对因变量有显著的负面影响，年龄每增加 1 岁，愿意的概率相比于不愿意的概率下降 7.23%［1–exp（–0.078）］。受教育程度、婚姻状况和政治面貌对因变量没有显著影响。工作单位所有制变量中的私有制单位相对于国有单位更有可能促进城市中产阶层居民愿意和新移民交朋友。主观社会阶层变量中认为属于中下层的受访者要比认同上层的更倾向于愿意和新移民交朋友。厦门市的受访者要比上海的更倾向于愿意和新移民交朋友，见表 3–27。

在是否愿意邀请新移民到家做客方面，性别对因变量没有显著影响，年龄有微弱的负面影响。受教育程度整体上对因变量有负面影响，且受教育程度越高，受访者越倾向于不愿意邀请新移民到家做客，其中高中和大学及以上两类样本均达到了 0.05 的显著性水平。婚姻状况、政治面貌、工作单位所有制性质和主观阶层认同状况对因变量均没有显著影响。在城市变量方面，厦门和郑州的受访者相对于上海的更倾向于愿意邀请新移民到家做客，见表 3–28。

表 3–28　城市中产阶层居民和新移民的社会交往意愿的多类别逻辑回归分析（Ⅱ）

	做客意愿		恋爱意愿	
	回归系数	标准误	回归系数	标准误
性别（男性 =0）				
女性	–0.162	0.1000	–0.370***	0.0941
年龄	–0.047*	0.0269	–0.017	0.0255
年龄平方 /100	0.003	0.0301	–0.015	0.0289
受教育程度（小学 =0）				
初中	–0.319	0.3656	–0.918***	0.3522
高中	–0.418**	0.3433	–0.920***	0.3266
大学及以上	–0.551**	0.3484	–0.485	0.3320
婚姻状况（未婚 =0）				
已婚	–0.087	0.1452	–0.197	0.1328
政治面貌（共产党员 =0）				
非共产党员	–0.189	0.1372	–0.284**	0.1178
所有制性质（国有 =0）				
私有	0.170	0.1125	0.237**	0.1063
其他	0.143	0.1797	–0.018	0.1669
主观阶层（上层 =0）				
中上层	0.521	0.6582	–0.221	0.6408
中层	0.414	0.6228	–0.221	0.6090
中下层	0.435	0.6250	–0.197	0.6113
下层	0.411	0.6203	–0.181	0.6067
城市（上海 =0）				
厦门	1.402***	0.1575	1.428***	0.1480
郑州	0.661***	0.1259	0.605***	0.1175
Pseudo R^2	0.093		0.110	
个案数	2573		2573	

注释：1. 各变量的参照组已在表中注明。2.*，p<0.1；**，p<0.05；***，p<0.01。

在是否愿意您的子女 / 亲属与新移民谈恋爱方面，女性相对于男性更不倾向于愿意其子女 / 亲属与新移民谈恋爱，年龄对因变量没有显著影响。受教育程度对因变量有负面影响，但是只有初中和高中两类样本的影响效果达到了 0.01 的显著性水平。婚姻状况对因变量没有显著影响。政治面貌对因变量有显著的负面影响，非共产党员愿意其子女 / 亲属与新移民谈恋爱的概率是共产党员愿意的概率的 75.30%[exp(–0.284)]，需要注意的是，这是政治面貌在所有交往类型的意愿中唯一发挥影响的。工作单位所有制变量中的私有制单位相对于国有单位更有可能影响城市中产阶层居民愿意其子女 / 亲属与新移民谈恋爱。主观阶层认同状况对因变量没有显著影响。在城市变量方面，厦门和郑州的受访者相对于上海的都更倾向于愿意其子女 / 亲属与新移民谈恋爱，见表 3–28。

三、城市中产阶层居民和新移民的社会交往行为现状

在分析完城市中产阶层居民和新移民的社会交往意愿之后，我们再来分析两个群体各个类型的社会交往行为。同城市中产阶层居民有着更高的和新移民进行社会交往的意愿一样，在交往行为经历方面，城市中产阶层也有着相对更高的比例。具体来看，在所有交往行为类型中，有新移民租住在其所居住的社区的比例最高，达到 83.09%，其次是朋友当中有新移民的比例，达到 79.28%，再次是有邀请过新移民到家做客，回答有的比例也达到 61.45%，甚至还有 57.79% 的受访者回答有新移民租住在其所居住的社区。而回答有子女 / 亲属与新移民谈恋爱的比例仍然是最低的，只有 36.69%，这说明几乎每 2.7 个受访者中就有 1 个受访者的子女 / 亲属与新移民谈恋爱，这样来看的话，概率还是比较高的，见表 3–29。

表 3–29　城市中产阶层居民和新移民的社会交往行为分布（%）

社会交往行为	有	没有	不回答	合计
1. 是否有新移民租住在您所居住的社区？	83.09	12.59	4.31	100.00
2. 是否有新移民居住在您家隔壁？	57.79	37.70	4.51	100.00
3. 您的朋友当中是否有新移民？	79.28	16.05	4.66	100.00
4. 您是否邀请过新移民到您家做客？	61.45	32.53	6.02	100.00
5. 您是否有子女 / 亲属与新移民谈恋爱？	36.69	51.34	11.97	100.00

资料来源：根据调查数据计算得到。

四、城市中产阶层居民和新移民的社会交往行为的影响因素分析

本小节将对城市中产阶层居民和新移民的社会交往行为进行影响因素分析，同前面的做法一样，这里我们仍将性别、年龄、教育程度、婚姻状况、政治面貌、工作单位所有制性质、主观社会阶层以及地区作为影响变量。在是否有新移民租住在受访者所居住的社区方面，性别和年龄对因变量都没有显著影响，受教育程度对因变量有显著的正面影响，其中高中受教育程度有过新移民租住在受访者所居住的社区的概率是小学的概率的 3.13 倍［exp（1.14）］。婚姻状况对因变量有显著的正面影响，已婚的要比未婚的更有可能经历过新移民租住在其所居住的社区。值得注意的是，在分析中产阶层居民和新移民的社会交往意愿时，婚姻状况对各类交往意愿都没有显著影响。政治面貌、工作单位所有制性质和主观社会阶层对因变量没有显著影响[①]，见表 3–30。

表 3–30　城市中产阶层居民和新移民的社会交往行为的多类别逻辑回归分析（Ⅰ）

	社区行为		邻居行为		朋友行为	
	回归系数	标准误	回归系数	标准误	回归系数	标准误
性别（男性 =0）						
女性	0.062	0.1218	0.279***	0.0841	−0.087	0.1115
年龄	0.011	0.0308	0.021	0.0231	−0.061**	0.0285

① 城市变量在此模型中没有纳入，主要原因是纳入后导致模型迭代循环，无法求出最优解，故放弃城市变量。在分析邻居行为和做客行为时也存在此类问题。

续表

	社区行为		邻居行为		朋友行为	
	回归系数	标准误	回归系数	标准误	回归系数	标准误
年龄平方 /100	–0.014	0.0340	–0.31	0.0263	0.031	0.0309
受教育程度（小学 =0）						
初中	0.800**	0.3781	0.357	0.3105	0.351	0.3505
高中	1.140***	0.3477	0.236	0.2833	0.323	0.3220
大学及以上	0.902***	0.3352	0.073	0.2811	0.500	0.3292
婚姻状况（未婚 =0）						
已婚	0.492***	0.1616	0.218*	0.1163	0.837***	0.1555
政治面貌（共产党员 =0）						
非共产党员	0.128	0.1434	0.078	0.0998	0.013	0.1361
所有制性质（国有 =0）						
私有	0.008	0.1403	–0.009	0.0949	0.320**	0.1277
其他	–0.291	0.1932	–0.005	0.1450	–0.186	0.1782
主观阶层（上层 =0）						
中上层	–0.662	0.7991	–0.990	0.6111	0.385	0.6369
中层	–0.044	0.5693	–0.854	0.5846	0.514	0.5951
中下层	0.125	0.5722	–0.690	0.5866	0.789	0.6004
下层	–0.069	0.7668	–0.595	0.5833	0.541	0.5912
城市（上海 =0）						
厦门	—	—	—	—	0.838***	0.1673
郑州	—	—	—	—	0.601***	0.1439
Pseudo R^2	0.033		0.017		0.067	
个案数	2573		2573		2573	

注释：1. 各变量的参照组已在表中注明。2.*，p<0.1；**，p<0.05；***，p<0.01。

在是否有新移民居住在受访者家的隔壁方面，女性相对于男性有更高的概率经历此类型的交往。年龄和受教育程度对因变量没有显著影响，婚姻状况对因变量有显著的正面影响，但是显著性水平只达到 0.1。政治面貌、工作单位所有制性质和主观社会阶层对因变量没有显著影响。在受访者的朋友中是否有新移民方面，性别对因变量没有显著作用，年龄对因变量有显著的负面影响，且年龄的二次项不显著，说明年龄越大的人相对于年龄越小的人来说，有新移民朋友的概率在变小。受教育程度、政治面貌和主观社会阶层对因变量没有显著影响。婚姻状况对因变量有显著的正面影响，而且已婚的受访者有新移民朋友的概率是未婚的概率的 2.31 倍［exp（0.837）］。工作单位所有制性质变量中只有在私有部门工作的受访者的有新移民朋友的概率相对于在国有部门工作的更高。在城市变量方面，厦门和郑州的受访者相对于上海的都更有可能有新移民朋友，见表 3-30。

在是否邀请过新移民到家中做客方面，性别对因变量没有显著作用，年龄对因变量有显著的正面影响，但是影响程度较弱，且显著性水平只达到 0.1。婚姻状况对因变量有显著的正面影响，而且已婚的受访者有新移民朋友的概率是未婚的概率的 1.30 倍［exp（0.264）］。受教育程度、政治面貌、工作单位所有制性质和主观社会阶层对因变量没有显著影响，见表 3-31。

表 3-31 城市中产阶层居民和新移民的社会交往行为的多类别逻辑回归分析（Ⅱ）

	做客行为		恋爱行为	
	回归系数	标准误	回归系数	标准误
性别（男性 =0）				
女性	0.012	0.0868	−0.058	0.0884
年龄	0.019*	0.0240	−0.107***	0.0245
年龄平方 /100	−0.038	0.0274	0.090***	0.0278
受教育程度（小学 =0）				
初中	0.310	0.3133	0.128	0.3392
高中	0.436	0.2895	−0.059	0.3148
大学及以上	0.466	0.2876	−0.002	0.3170
婚姻状况（未婚 =0）				
已婚	0.264**	0.1205	0.383***	0.1242
政治面貌（共产党员 =0）				
非共产党员	0.003	0.1036	−0.093	0.1061
所有制性质（国有 =0）				
私有	0.069	0.0981	0.269***	0.1011
其他	0.063	0.1491	0.053	0.1536
主观阶层（上层 =0）				
中上层	0.115	0.5436	−0.577	0.5953
中层	0.320	0.5125	−0.913	0.5644
中下层	0.292	0.5145	−0.972*	0.5667
下层	0.471	0.5107	−1.090*	0.5624
城市（上海 =0）				
厦门	—	—	0.974***	0.1268
郑州	—	—	0.844***	0.1147
Pseudo R^2	0.017		0.080	
个案数	2573		2573	

注释：1. 各变量的参照组已在表中注明。2.*，p<0.1；**，p<0.05；***，p<0.01。

在是否有子女 / 亲属与新移民谈恋爱方面，性别对因变量也没有显著作用，但是年龄对因变量转而产生显著的负面影响，且年龄的二次项的回归系数也达到 0.01 的显著性水平，这意味着年龄对因变量的影响是非线性的，具体来说，受访者中有子女 / 亲属与新移民谈恋爱的可能性首先随着年龄的增长而减小，然后再随着年龄的增长而增大，整体呈正 U 形曲线形状。受教育程度和政治面貌对因变量没有显著影响。婚姻状况对因变量有显著的正面影响，工作单位所有制性质中的私有制类型有显著的影响。主观社会阶层对因变量有显著负面影响，特别是主观认同自己属于中下层和下层的受访者有子女 / 亲属与新移民谈恋爱的概率要比认同为上层的低，前两者分别只有后者的 37.82% 和 33.61%［exp（–0.972］、exp［–1.090）］。在城市变量方面，厦门和郑州的受访者相对于上海的都更有可能有子女 / 亲属与新移民谈恋爱，见表 3–31。

五、小结

（一）结论

结合对 5 类交往行为的回归分析结果来看，男性城市中产阶层居民和女性城市中产阶层居民除了在是否有新移民居住在受访者家的隔壁之外，在其他各类交往上都没有显著差异。年龄的影响是较为复杂的，而且只有当这种交往变得相对亲密时，才发挥作用。受教育程度只对一般性的交往有影响，而随着交往类型逐渐亲密化，受教育程度的影响就不存在了，说明受教育程度整体上对两个群体的社会交往的影响较小。不同于它对两个群体的交往意愿毫无影响，婚姻状况对各类交往行为都有显著的正面影响。政治面貌在所有模型中均没有显著影响，说明政治身份的差别并不显著。单位所有制性质变量中，只有在有新移民朋友和有子女 / 亲属与新移民谈恋爱方面，私有制性质才发挥显著作用。类似的，主观社会阶层变量也只有对是否有子女 / 亲属与新移民谈恋爱才有显著的负面影响。

（二）讨论

研究至此，城市中产阶层居民和新移民的社会交往意愿及行为的现状及影响因素已大致清楚。但本节的影响因素主要聚焦于个人层次，未像上一节一样从更宏观的交往机会结构入手，由此可能造成一些未尽研究的遗憾。城市中产阶层整体上同新移民的社会距离更近或者更远，还是同其他城市阶层市民差不多？本小节使用 3 个城市的样本发现，至少从调查样本间的各类交往意愿和行为的分布来看，中产阶层会更倾向于愿意和新移民进行社会交往，而且在现实中确实也有相对更多的交往行为经历。从该阶层的产生和发展背景来看，体制外劳动力市场是其重要的生成器，而该类劳动力市场的筛选规则更接近公平主义，所以尽管新移民在整体上的社会阶层地位较低，但是在私有制单位工作的中产阶层市民相对来说会更加接受和认同公平规则，而这促进了两个群体的接触意愿和可能性。

当然本节的研究也不全然是从个人层次展开分析，我们在部分模型中加入了城市变量，它不仅是作为控制变量，也可以看作是宏观的交往机会结构的简单的操作指标。一般来说，城市常住人口中新移民的比重越高，那么本地居民同新移民的社会交往机会也就越大。我们在 2013—2015 年间在厦门、郑州和上海进行了相关调查，这三个城市的人口规模、地理位置和经济发展程度虽然不尽相同，但是总体上都是对新移民有较高吸引力的城市，所以这三个城市的新移民的比重在全国来看应该属于较高的城市，这些城市原有的城市居民，特别是中产阶层居民应该有相对更高的机会同新移民进行交往，但是当具体到不同类型的社会交往时，这三个城市间也有相应的差别。就朋友中是否有新移民和是否有子女 / 亲属与新移民谈恋爱方面来看，厦门和郑州的城市中产阶层居民有相对于上海的更大的概率。这一方面可能是因为厦门和郑州有着相对更高的新移民比重，从而使此类交往的概率提高；另一方面可能是因为厦门和郑州的城市中产阶层居民的社会关系网中本身就有一定数量的新移民，而他们已经深入到本地市民的生活特别是私人领域，而上海的城市中产阶层居民的社会关系网中有较少的新移民，而且社会交往主要限于非私人领域，以非亲密类型的交往为主。

第四章　城市居民对新移民的社会态度

第一节　城市居民对新移民的情感性态度

一、城市居民对新移民的情感性态度的现状

态度是个体对特定社会客体以一定方式做出反应时所持有的稳定的、评价性的内部心理倾向[①]，它是社会心理学最重要的研究对象之一，诸多著名的社会心理学家都对它进行过系统的研究。学者们对态度的关注首先体现在对它的内涵的界定，由此引出对态度的分类。态度的分类方式有很多，但主要有两个角度，一个是根据态度的构成要素，由此可以分为情感性态度、认知性态度和意向性态度三个类型；另一个角度是根据个体是否有意识地生成和使用，由此可以分为内隐态度和外显态度两个类型[②]。鉴于本书的研究重点和数据资料的可得性，本章我们将主要关注城市居民对新移民的情感性态度和认知性态度。第一节聚焦于情感性态度，我们首先

① 张林、张向葵：《态度研究的新进展：双重态度模型》，《心理科学进展》2003 年第 2 期。
② 同上。

对城市居民对新移民的情感性态度的现状进行描述统计分析；然后通过方差分析来探究具备不同特征的城市居民在对新移民的情感性态度方面是否存在差异；最后通过回归分析方法找出城市居民对新移民的情感性态度的影响因素和模式。第二节将研究焦点转移至认知性态度，研究内容和研究思路同第一节相近。本章我们将主要使用得到国家社科基金项目“我国城市中间阶层的生产和再生产研究”资助的问卷调查数据，该调查问卷中关于城市居民对新移民的社会态度的题目由笔者设计，该调查的大概情况已经在第一章中加以介绍，接下来我们将就本章使用到的数据和变量做出进一步说明。

（一）数据与变量

国内现有的大型综合性社会调查基本没有涉及城市居民对新移民的情感性态度和认知性态度的调查题目，为此，我们将使用一手调查数据，这样的数据虽然不如全国性调查那样有很好的样本代表性，但是我们可以完全根据自己的研究需要进行题目设计，从而具有更好的测量效度。所谓情感性态度，主要指个体对特定社会客体的情感体验，如善与恶、厌恶与喜欢等。在本研究中，我们主要通过一个语义差异量表来测量城市居民对新移民的情感性态度，我们要求受访者在恶的—善的、社会地位低—社会地位高、综合素质低—综合素质高、贡献非常小—贡献非常大、令人厌恶的—令人喜欢的五组态度倾向中选择合适的强度（位置）打分，分数由 1 到 7，打分越高意味着越正面、越积极的情感态度。我们对该量表的信度进行了检验，其克朗巴哈系数（Cronbach’s alpha）值为 0.76，说明该量表有着较好的测量信度。

（二）城市居民对新移民的情感性态度的描述统计

我们首先对城市居民对新移民的情感性态度进行描述统计，我们通过两种方式来进行这项工作：一个是将语义差异量表对情感性态度的测量视为不同强度的态度，也就是从测量的角度视其为定序变量；另一个则是将不同强度的态度赋值，由此构成一个在有限范围内的连续变量，这样可以使用均值、标准差等统计量帮我们从不同角度来了解和认识城市居民对新移民的情感性态度。从表 4–1 可见，首先，在所有的五个维度上，选择中间态度强度的受访者比重最高，但是在贡献非常小—贡献非常大这一维度上选择中间态度强度的受访者比重相对其他四个维度上选择中间态度强度的受访者比重最低，其比重为 32.89%，而在令人厌恶的—令人喜欢的这一维度上，选择中间态度强度的受访者比重是相对最高的，达到 42.57%。其次，在社会地位低—社会地位高和综合素质低—综合素质高这两个维度上，受访者整体偏向中间偏下的态度强度，意味着本地城市居民心目中的新移民是社会地位偏低、综合素质偏低的群体，而受访者在其他三个维度上整体呈现出中间偏上的态度强度，意味着更积极的情感态度。最后，在极端负面态度强度上，社会地位低—社会地位高维度的选择比重相对最高，为 4.55%，而贡献非常小—贡献非常大维度的选择比重相对最低，为 1.25%。在极端正面态度强度上，综合素质低—综合素质高和社会地位低—社会地位高两个维度的选择比重相对最低，分别是 2.34% 和 2.37%，而贡献非常小—贡献非常大维度的选择比重相对最高，为 7.82%。将正负两个极端态度强度的选择比重合并观察，可以看出受访者认为新移民整体是社会地位偏低的，但他们的贡献是非常大的。

表 4–1　城市居民对新移民的情感性态度分布（%）

情感性态度	1 分	2 分	3 分	4 分	5 分	6 分	7 分	合计
1. 恶的—善的	2.14	2.14	8.29	36.49	27.14	16.47	7.32	100.00
2. 社会地位低—社会地位高	4.55	11.56	24.86	36.50	14.90	5.25	2.37	100.00
3. 综合素质低—综合素质高	3.35	7.59	22.97	39.59	18.33	5.84	2.34	100.00
4. 贡献非常小—贡献非常大	1.25	2.80	7.82	32.89	28.07	19.35	7.82	100.00
5. 令人厌恶的—令人喜欢的	2.65	3.81	9.46	42.57	26.26	10.93	4.32	100.00

资料来源：根据调查数据计算得到。

将语义差异量表各态度强度进行赋值，由此计算得到均值和标准差等统计指标。从表 4–2 可见，量表得分平均值最高的维度是贡献非常小—贡献非常大，平均值为 4.73；其次是恶的—善的维度，平均值为 4.63；再次是令人厌恶的—令人喜欢的维度，平均值为 4.36。由此可见，上述三个维度的态度强度整体上相对偏高，意味着城市居民在这三个维度上对新移民有着更积极的情感性态度，这一结果同表 4-1 所呈现的结果互为补充。

表 4-2　城市居民对新移民的情感性态度的统计描述

情感性态度	均值	标准差	最小值	最大值
1. 恶的—善的	4.63	1.25	1	7
2. 社会地位低—社会地位高	3.71	1.27	1	7
3. 综合素质低—综合素质高	3.89	1.20	1	7
4. 贡献非常小—贡献非常大	4.73	1.24	1	7
5. 令人厌恶的—令人喜欢的	4.36	1.20	1	7

资料来源：根据调查数据计算得到。

二、城市居民对新移民的情感性态度特征

本小节我们将通过方差分析来研究具备不同特征的城市居民在对新移民的情感性态度上是否存在差异，从而总结城市居民对新移民的情感性态度特征，并以此作为进一步分析的基础。我们将从个人层次的性别、年龄段、受教育程度、婚姻状况、政治面貌、工作单位的所有制性质以及主观阶层认同状况进行分析。

（一）不同性别、年龄段、受教育程度的城市居民对新移民的情感性态度

我们使用包含 5 个维度的量表来测量情感性态度，在本小节里我们将分别分析量表中每个维度的得分情况。首先分析不同性别、年龄段、教育程度的城市居民对新移民的情感性态度，其中性别变量的取值为男性和女性；年龄段的划分我们大体上按照老中青三个阶段进行，即 18 ～ 39 岁、40 ～ 59 岁、60 岁及以上三个年龄范围；受教育程度则按照小学、初中、高中、大学及以上四个等级。我们计算了上述变量每个取值下受访者的量表得分的平均分，并由此对不同性别、不同年龄段、不同受教育程度的城市居民在量表每个维度上的得分进行方差分析，表 4-3 报告了相应的分

析结果，其中 D_1、D_2、D_3、D_4 和 D_5 指量表中相应的 5 个维度，P_1、P_2、P_3、P_4 和 P_5 则指相应的方差分析中 F 检验的 P 值。

在性别方面，男性和女性在量表所有 5 个维度上的得分几乎没有显著差异，除了社会地位低—社会地位高这一维度的 P 值为 0.097，达到了 0.1 的显著性水平。在年龄段方面，三个年龄段的城市居民在恶的—善的、综合素质低—综合素质高、贡献非常小—贡献非常大、令人厌恶的—令人喜欢的四个维度上都达到了 0.05 的显著性水平，其中恶的—善的、综合素质低—综合素质高、贡献非常小—贡献非常大三个维度甚至达到了 0.01 的显著性水平，说明三个年龄段的城市居民在情感性态度的这些维度上存在显著差异。在受教育程度方面，小学、初中、高中、大学及以上四个程度的受访者在恶的—善的、社会地位低—社会地位高、贡献非常小—贡献非常大三个维度上的量表得分都存在显著差异，其中除了社会地位低—社会地位高维度的显著性水平达到 0.1 之外，其他两个维度上的显著性水平都达到了 0.01。但是方差分析只能说明不同变量的不同取值下的量表得分的两两比较中至少有一对不等，所以后续还要进一步分析具体差异，见表 4–3。

表 4–3　不同性别、年龄段、受教育程度的城市居民对新移民的情感性态度

特征变量	D1	P_1	D2	P_2	D3	P_3	D4	P_4	D5	P_5
性别										
男性	4.66	0.275	3.67	0.097	3.88	0.711	4.73	0.936	4.38	0.420
女性	4.60		3.75		3.90		4.73		4.34	
年龄段										
18 ~ 39 岁	4.67	0.007	3.72	0.614	3.93	0.009	4.76	0.002	4.40	0.049
40 ~ 59 岁	4.55		3.67		3.76		4.71		4.27	
60 岁及以上	4.31		3.80		3.83		4.26		4.22	
受教育程度										
小学	4.27		3.73		3.98		4.36		4.19	
初中	4.51	0.000	3.76	0.088	3.70	0.134	4.47	0.000	4.24	0.333
高中	4.42		3.84		3.84		4.67		4.37	
大学及以上	4.70		3.67		3.91		4.78		4.38	

资料来源：根据调查数据计算得到。

（二）不同婚姻状况、政治面貌、工作单位所有制性质和主观阶层认同状况的城市居民对新移民的情感性态度

本小节我们沿用上一小节的分析思路和方法，分析不同婚姻状况、政治面貌、工作单位所有制性质和主观阶层认同状况的城市居民对新移民的情感性态度是否存在差异，其中婚姻状况变量的取值为已婚和未婚；政治面貌变量的取值为共产党员和非共产党员；工作单位所有制性质变量的取值为国有、私有和其他；主观阶层认同状况变量的取值为上层、中上层、中层、中下层和下层，表 4–4 报告了相应的分析结果。

在婚姻状况方面，未婚者和已婚者在量表所有 5 个维度上的得分都没有显著差异，提示我们注意婚姻状况可能对城市居民对新移民的情感性态度没有影响。在政治面貌方面，共产党员和非党员在社会地位低—社会地位高这一维度上的量表得分存在显著差异，达到 0.05 的显著性水平；在恶的—善的和贡献非常小—贡献非常大这两个维度上也存在显著差异，但显著性水平只达到 0.1。在工作单位所有制性质方面，除了在社会地位低—社会地位高这一维度上不存在显著差异外，其他四个维度上的量表得分均存在显著差异，而且恶的—善的、贡献非常小—贡献非常大和令人厌恶的—令人喜欢的三个维度的 F 检验的 P 值均达到 0.01 的显著性水平，而综合素质低—综合素质高这一维度上的得分差异达到 0.05 的显著性水平。在主观阶层认同状况方面，除了在令人厌恶的—令人喜欢的这一维度上不存在显著差异外，其他四个维度上的量表得分均存在显著差异，其中在恶的—善的和综合素质低—综合素质高两个维度上的 F 检验的 P 值达到 0.05 的显著性水平，而在社会地位低—社会地位高和贡献非常小—贡献非常大这两个维度上的得分差异则达到了 0.01 的显著性水平，见表 4–4。

表 4–4　不同婚姻状况、政治面貌、工作单位所有制性质、主观阶层认同状况的城市居民对新移民的情感性态度

特征变量	D1	P_1	D2	P_2	D3	P_3	D4	P_4	D5	P_5
婚姻状况										
未婚	4.62	0.804	3.73	0.544	3.90	0.697	4.68	0.198	4.30	0.159
已婚	4.63		3.70		3.88		4.75		4.38	

续表

特征变量	D_1	P_1	D_2	P_2	D_3	P_3	D_4	P_4	D_5	P_5
政治面貌										
共产党员	4.71	0.057	3.63	0.048	3.88	0.847	4.80	0.090	4.33	0.459
非共产党员	4.60		3.74		3.89		4.71		4.37	
所有制性质										
国有	4.56	0.001	3.69	0.289	3.82	0.013	4.68	0.006	4.24	0.000
私有	4.72		3.75		3.96		4.81		4.48	
其他	4.49		3.63		3.83		4.59		4.27	
主观阶层										
上层	4.19	0.021	3.88	0.000	3.88	0.011	4	0.001	4	0.249
中上层	4.52		4.10		4.06		4.57		4.32	
中层	4.72		3.80		3.99		4.82		4.43	
中下层	4.69		3.50		3.82		4.82		4.32	
下层	4.56		3.70		3.83		4.65		4.34	

资料来源：根据调查数据计算得到。

三、城市居民对新移民的情感性态度的影响因素分析

上述方差分析对有关变量的不同取值下的量表得分差异进行了显著性检验，分析结果表明部分变量可能对城市居民对新移民的情感性态度产生影响，但是影响的具体效果和方式还不清楚，为此本小节将通过回归分析寻找和分析其可能的影响因素及影响模式。

（一）变量和方法

在此处的回归分析中，我们主要使用的变量及其处理方法同上一小节中方差分析时的做法基本相同，唯一不同的是将年龄处理成连续变量，并且构造年龄平方项，以此寻找年龄的非线性影响效果。在回归分析时，我们将针对情感性态度量表中的每个维度逐项进行回归分析，在最后我们也将所有维度合并计分然后进行分析。在回归分析具体方法方面，我们将采用逐步回归分析①，这样做的目的是想发现和保留潜在影响因素中能真正

① 具体采用向后回归，使用stata软件，其中*pr*值即移除变量的显著性水平临界值设定为0.1。

发挥显著性影响作用的因素。

（二）分析结果

由于篇幅原因，这里将回归分析的结果分别于两个表格中加以报告，其中表 4–5 报告的是对情感性态度量表中的恶的—善的（方程 1）、社会地位低—社会地位高（方程 2）和综合素质低—综合素质高（方程 3）三个维度得分的回归结果，表 4–6 报告的是对量表中的贡献非常小—贡献非常大（方程 4）和令人厌恶的—令人喜欢的（方程 5）两个维度以及量表的总体得分（方程 6）的回归结果。从方程 1 的回归结果可以发现，年龄对因变量有显著的正向影响，意味着年龄越大的人越倾向于体现出对新移民善的情感性态度，但是年龄的促进作用并不是持续的，由年龄平方项的负的回归系数可以说明年龄整体的影响效果是先促进然后再抑制城市居民对新移民善的情感性态度。在教育程度变量方面，只有大学及以上的城市居民表现出相对于小学教育程度的更显著的正向态度，平均来看，大学及以上要比小学的城市居民的量表得分多出 0.24 分。在政治面貌变量方面，非共产党员的城市居民要比是共产党员的量表得分整体少 0.10 分，这说明党员身份可以促进对新移民的情感性态度。在工作单位所有制性质变量方面，只有在私有制单位工作的受访者相比于在国有单位工作的表现出了显著的积极态度，而且前者在整体上要比后者高出 0.20 分。

方程 2 是对社会地位低—社会地位高这一维度得分的回归结果，它表现出不同于方程 1 的影响模式。首先，年龄表现出负面的影响效果，年龄越大的人越倾向于体现出对新移民社会地位低的情感性态度，但结合年龄平方项的影响效果能够看出，当年龄达到一定临界值后继续提高时，年龄又表现出正面的影响效果，也即倾向于体现出对新移民社会地位高的情感性态度，所以年龄整体上对因变量呈现出非线性的影响效果。教育程度变量方面，只有大学及以上的城市居民表现出相对于小学教育程度的更显著的负向态度，在该维度上，大学及以上教育程度的受访者要比小学的得分低 0.19 分，而其他教育程度的影响作用没有达到 0.1 的显著性水平。在工作单位所有制性质变量方面，在其他类型单位工作的城市居民要比在国有单位工作的表现出更负面的态度倾向，整体上前者要比后者的量表得分少0.13分，而在私有单位工作的人没有表现出显著的相对于在国有单位工作的人的态度倾向。在本方程中，主观阶层认同状况变量对因变量有显著性影响，但具体的影响效果较为复杂。其中认同自己属于中上层的城市居民要比认同上层的表现出更正面的态度倾向，并且前者要比后者高出0.32分，认同自己为中层的城市居民没有表现出显著的作用，而认同自己为中下层和下层的城市居民则要比上层的表现出更负面的态度倾向。

方程3是对综合素质低—综合素质高这一维度得分的回归结果，其中年龄的影响效果同模型2中的相似，整体上年龄对因变量呈现出非线性的影响效果，也就是随着年龄的增长，城市居民对新移民表现出倾向于综合素质低的情感性态度，但是当年龄达到一定阶段后，随着年龄的再次增长，城市居民对新移民又表现出倾向于综合素质高的情感性态度。在受教育程度变量方面，初中、高中和大学及以上三个程度的城市居民都要比小学的表现出更加负向的态度倾向，但是初中、高中和大学及以上的负向态度倾向逐渐减弱，它们要比小学教育程度的城市居民在该维度上的得分分别少0.38、0.31和0.30分，我们可以说受教育程度越高的城市居民越趋向于认为新移民是较低综合素质的。在本方程中，婚姻状况对因变量也有显著性影响，具体来看，已婚者要比未婚者表现出更加正向的态度倾向，前者要比后者在该维度上的得分整体多出0.12分。在工作单位所有制性质变量方面，在私有制单位工作的城市居民要比在国有单位工作的表现出更正向的态度倾向，前者要比后者多出0.11分，而在其他类型单位工作的没有表现出显著的影响作用。在主观阶层认同状况变量方面，认同自己属于中上层和中层的城市居民要比上层的表现出更正向的态度倾向，其中中上阶层要比上层整体多出0.26的量表得分，而中层的要比上层整体多出0.17分，这两个主观阶层的城市居民相比于上层的更加认同新移民是综合素质高的，而认同自己属于中下层和下层的则没有表现出显著的影响作用，见表4–5。

表 4–5　城市居民对新移民的情感性态度的回归分析（Ⅰ）

	1. 恶的 / 善的		2. 社会地位低 / 高		3. 综合素质低 / 高	
	回归系数	标准误	回归系数	标准误	回归系数	标准误
性别（男性 =0）						
女性						
年龄	0.026**	0.0116	–0.028**	0.0118	–0.034***	0.0127
年龄平方 /100	–0.031**	0.0134	0.030**	0.0138	0.029**	0.0144
受教育程度（小学 =0）						
初中					–0.383**	0.1712
高中					–0.312**	0.1566
大学及以上	0.238***	0.0617	–0.190***	0.0637	–0.304**	0.1526
婚姻状况（未婚 =0）						
已婚					0.116*	0.0658
政治面貌（共产党员 =0）						
非共产党员	–0.104*	0.0587				
所有制性质（国有 =0）						
私有	0.204***	0.0525			0.106**	0.0494
其他			–0.130*	0.0787		
主观阶层（上层 =0）						
中上层			0.316**	0.1263	0.257**	0.1170
中层					0.173***	0.0533
中下层			–0.302***	0.0704		
下层			–0.157**	0.0609		
常数项	4.055***	0.2696	4.572***	0.2533	4.680***	0.2628
R^2	0.018		0.017		0.016	
个案数	2568		2570		2569	

说明：①各变量的参照组已在表中注明。② *，p<0.1；**，p<0.05；***，p<0.01。

方程 4 中的年龄变量的影响效果同方程 1 中的类似，整体表现出非线性的影响作用，受访者的态度倾向随着年龄的增长先趋于正向，然后再趋于负向。在受教育程度变量方面，只有大学及以上程度的表现出相对于小学程度的显著的正向态度倾向，而且前者要比后者高出 0.12 分，其他等级的受教育程度则都不显著。在政治面貌变量方面，非共产党员要比党员表现出更加负向的态度倾向，他们更有可能认为新移民是贡献小的群体，从量表得分来看，两者相差 0.10 分。在工作单位所有制性质变量方面，在私有单位工作的城市居民要比在国有单位工作的显著地表现出更加正向的态度倾向，前者要比后者多出 0.16 个量表得分。在主观阶层认同状况变量方面，认同自己属于中层、中下层和下层的城市居民都要比认同自己属于上层的显著地表现出更加正向的态度倾向，他们要比认同自己属于上层的分别多出 0.31、0.31 和 0.21 个量表得分，整体上主观阶层处于中层及以下的城市居民要更加认同新移民是贡献非常大的，而认同自己属于中上层的城市居民没有表现出显著的影响效果。

方程 5 中自变量的影响模式同前面的方程相比有较大的不同，其中性别、年龄和受教育程度对因变量均没有显著作用。在婚姻状况变量方面，已婚者要比未婚者更加倾向认为新移民是令人喜欢的，在令人厌恶—令人喜欢这一维度上，已婚者要比未婚者高出 0.1 分。在工作单位所有制性质变量方面，在私有单位工作的城市居民要显著地比在国有单位工作的城市居民更加倾向于认为新移民是令人喜欢的，前者要比后者整体上多出 0.24 分。在主观阶层认同状况变量方面，只有认同自己属于中层的城市居民要比认同自己属于上层的显著地倾向认为新移民是令人喜欢的，两者整体上相差 0.1 分，而其他阶层影响不显著。另外需要说明的是，本方程的决定系数为0.012，是在所有模型中最小的，这说明在对该维度进行回归分析时，还有更重要的影响变量没有考虑，其他模型也不同程度地存在该问题，不过本节主要是从文化不平等和地位异质性两个角度来分析它们对情感性态度的影响。

方程 6 是将情感性态度量表中每项条目的得分相加后再对其进行回归分析，从表 4–6 中可以看出，年龄平方项对因变量有一定的影响，显著性水平达到了 0.1，但是因为年龄项对因变量没有显著影响，所以整体上可以认为年龄对城市居民对新移民的情感性态度没有显著影响，此外，性别、教育程度、婚姻状况和政治面貌对因变量也没有显著影响。在工作单位所有制性质变量方面，在私有单位工作的城市居民要比在国有单位工作的城市居民更显著地得到更高的量表得分，两者相差约 0.7 分，这说明前者比后者对新移民有更积极的情感性态度。在主观阶层认同状况变量方面，认同自己属于中层的城市居民要比认同自己属于上层的城市居民有着更显著的得分优势，前者要比后者整体多出 0.65 分，而其他阶层的影响效果不显著。因此从整体上看，主观阶层为中层的城市居民要比主观阶层为上层的有着对新移民更加积极的情感性态度，见表 4-6。

表 4-6　城市居民对新移民的情感性态度的回归分析（Ⅱ）

	4. 贡献非常小 / 大		5. 令人厌恶 / 喜欢		6. 量表总得分	
	回归系数	标准误	回归系数	标准误	回归系数	标准误
性别（男性 =0）						
女性						
年龄	0.034***	0.0116				
年龄平方 /100	–0.042***	0.0134			–0.018*	0.0098
受教育程度（小学 =0）						
初中						
高中						
大学及以上	0.117***	0.0637				
婚姻状况（未婚 =0）						
已婚			0.097*	0.0544		
政治面貌（共产党员 =0）						
非共产党员	–0.101*	0.0583				
所有制性质（国有 =0）						
私有	0.161***	0.0521	0.238***	0.0475	0.698***	0.1782
其他						
主观阶层（上层 =0）						
中上层						
中层	0.311***	0.1163	0.101**	0.0514	0.648***	0.1868
中下层	0.314***	0.1203				
下层	0.212*	0.1152				
常数项	3.867***	0.2637	4.044***	0.1026	21.02***	0.2045
R^2	0.017		0.012		0.014	
个案数	2569		2570		2566	

说明：①各变量的参照组已在表中注明。②*，p<0.1；**，p<0.05；***，p<0.01。

四、小结

本节对城市居民对新移民的情感性态度进行了描述统计、方差分析和回归分析，从中得到了一些基本的认识。首先，情感性态度量表中，贡献非常小—贡献非常大、恶的—善的、令人厌恶的—令人喜欢的这三个维度的平均得分较高，数值均超过了 4，说明城市居民在这三个维度上对新移民有着更积极的情感性态度，而其他两个维度上的情感稍弱。其次，在性别和婚姻状况方面，不同变量取值下的量表得分几乎没有显著差异。不同年龄段的城市居民的量表得分均存在显著差异。在受教育程度方面，小学、初中、高中、大学及以上四个程度的城市居民在恶的—善的、社会地位低—社会地位高、贡献非常小—贡献非常大这三个维度上的量表得分存在显著差异。在政治面貌方面，共产党员和非党员在社会地位低—社会地位高这一维度上的量表得分存在显著差异。在工作单位所有制性质方面，除了在社会地位低—社会地位高这一维度上不存在显著差异外，其他四个维度上的量表得分均存在显著差异。在主观阶层认同状况方面，除了在令人厌恶的—令人喜欢的这一维度上不存在显著差异外,其他四个维度上的量表得分也都存在显著差异。

最后，情感性态度的不同维度有不同的影响模式。对恶的—善的这一维度有显著影响作用的变量有年龄、大学教育程度、政治面貌和单位所有制性质。对社会地位低—社会地位高的这一维度有显著影响作用的变量是年龄、大学教育程度、单位所有制性质和主观阶层认同状况。对综合素质低—综合素质高这一维度有显著影响作用的变量是年龄、受教育程度、婚姻状况、单位所有制性质和主观阶层认同状况。对贡献非常小—贡献非常大这一维度有显著影响作用的变量是年龄、大学教育程度、政治面貌、单位所有制性质和主观阶层认同状况。对令人厌恶的—令人喜欢的这一维度有显著影响作用的变量是婚姻状况、单位所有制性质和主观阶层认同状况。对情感性态度整体有显著影响作用的变量是单位所有制性质和主观阶层认同状况。

从最后的回归分析结果或许可以找出城市居民对新移民的情感性态度的影响模式及其背后的机制。在所有的回归模型中，性别变量都没有发挥显著性作用，结合方差分析中的性别因素的作用，可以认为不同性别的城市居民在对新移民的情感性态度上是一致的，以往研究中认为女性可能相较男性对新移民有更负面的态度或者更排斥的情绪[①]，这同本研究的结果

① 王嘉顺：《区域差异背景下的城市居民对外来人口迁入的态度研究：基于2005年全国综合社会调查数据》，《社会》2010年第6期。

相左。年龄的影响效果比较复杂，一方面表现为非线性的影响作用，另一方面表现在不同维度间截然相反的影响效果。在对恶的—善的有关品质的态度评价上，年龄的影响效果是先扬后抑，而对社会地位低—社会地位高和综合素质低—综合素质高有关地位和贡献的态度评价上，年龄的影响效果是先抑后扬，看上去年龄较低的城市居民对新移民的品质能做出更积极的评价，但在社会贡献方面却更加消极，而年龄较长的城市居民则与此相反，这可能说明不同年龄阶段的城市居民对新移民的情感性态度的关注点不同。年龄的这种复杂作用可能同受教育程度有关，特别是跟大学及以上的受教育程度的关系密切，从表 4–5、4–6 可以发现，大学及以上这个层次的受教育程度对因变量的影响效果同年龄对因变量的线性影响效果几乎完全一致，可以说是受教育程度而非年龄在发挥着差异化的影响。新移民的受教育程度整体不高，他们与有着更高受教育程度的城市居民一起表现出突出的文化异质性，而城市居民对新移民的情感性态度就受到这种文化异质性的影响。

新移民与城市居民之间的群体特征除了文化异质性之外，更加突出的就是地位不平等，本节我们虽没有从城乡、户籍等制度性因素导致的地位不平等来考察，而是以单位所有制性质和主观阶层认同状况作为代表。在私有单位工作的城市居民几乎在情感性态度的所有维度上都要比在国有单位工作的城市居民更加积极地看待新移民，虽然城市居民整体上具有比新移民更高的社会地位，但是与在国有单位工作的城市居民相比，在私有单位工作的城市居民同新移民之间的社会地位差距更小，而且私有制领域内吸纳了更多的就业的新移民，这使得两个群体间有更多的交往，从而使在私有单位工作的城市居民对新移民有更积极的情感性态度。此外，主观阶层为社会中层的城市居民也几乎在所有维度上对新移民都有着积极的情感性态度，除了前述单位所有制性质的影响作用外，社会中产阶层可能更加包容和开放，特别是在城镇化过程中，他们可能更加积极和客观地面对职业结构升级和新移民涌入，所以对新移民也就持相对积极的情感性态度，而这一点在其他社会阶层上表现得不够突出和明显。

第二节　城市居民对新移民的认知性态度

一、城市居民对新移民的认知性态度的现状

第一节主要对城市居民对新移民的情感性态度进行了分析，本节我们将转入对城市居民对新移民的认知性态度的分析。所谓认知性态度，主要指个体对特定社会客体的带有评价性的陈述或描述，这些陈述包括认识和理解等。本节将延续上一节的分析内容和思路，首先对城市居民对新移民的认知性态度进行描述统计，从而对其现状有整体的了解和掌握；其次通过方差分析来研究不同特征的城市居民在对新移民的认知性态度方面是否具有差异；最后通过回归分析来发现城市居民对新移民的认知性态度的影响因素和模式。

（一）数据与变量

本节使用的数据来源同上一节一样，这里我们也通过一个量表来测量城市居民对新移民的认知性态度，该量表从 6 个方面对新移民群体进行了描述性评价，这些描述分别是：1. 新移民抢占了我的工作机会；2. 新移民导致治安状况恶化；3. 新移民导致城市环境变差；4. 新移民最终应该返回其家乡（户籍所在地）；5. 新移民不应该获得我们这个城市的户口；6. 新移民及其家庭成员不应该获得本地居民所享有的权益，如养老、医疗保障、未成年子女到本地公办学校上学等。受访者需要逐项对上述评价进行回答，可选择的态度倾向有很同意、同意、说不清、不同意和很不同意，依此态度强度顺序，我们分别对其赋值 5、4、3、2、1，然后对该量表进行信度检验，计算得到其克朗巴哈系数值为 0.83，由此说明该量表的测量信度比较高，可以使用。

（二）城市居民对新移民的认知性态度的描述统计

本小节对城市居民对新移民的认知性态度的描述统计，我们也使用

两种方式来进行：一个是分析量表每个维度中回答选项的分布状况，另一个是将不同的态度强度赋值，从而计算并分析其均值、标准差等统计量。该量表中的6个维度都是以负面评价为导向的，这些陈述所体现出的态度在部分城市居民中客观存在，当然，这些陈述并不一定是客观的，它们更多是关于新移民的刻板印象，甚至是社会偏见。从表4-7可以看出，首先，大部分的受访城市居民整体上倾向于不同意这6条陈述性评价，合并计算很不同意和不同意的百分比分别为75.36%、68.64%、69.96%、74.58%、75.71%和69.06%，可以发现对“新移民不应该获得我们这个城市的户口”不同意的比例最高，而对“新移民导致治安状况恶化”不同意的比例相对最低。其次，除去说不清选项，合并计算同意和很同意的百分比分别为17.53%、25.42%、23.12%、15.82%、11.74%和13.99%，可以发现，同意“新移民导致治安状况恶化”的比例最高，同意“新移民不应该获得我们这个城市的户口”的比例最低，这个结果同合并计算很不同意和不同意的百分比互相映衬。但有一点值得关注的是，按照选择很不同意和不同意的比重高低排列的评价性陈述顺序是陈述5、陈述1、陈述4、陈述3、陈述6和陈述2，而按照选择同意和很同意的比重高低排列的评价性陈述顺序是陈述2、陈述3、陈述1、陈述4、陈述6和陈述5。除了陈述2和陈述5在两个不同极端上的方向能够对应之外，其他陈述在不同方向上的顺序并不能对应起来，造成这种情况的原因是不同陈述中选择说不清选项的比重有所不同。

表4-7　城市居民对新移民的认知性态度分布（%）

认知性态度	很不同意	不同意	说不清	同意	很同意	合计
陈述1	42.56	32.80	7.11	13.25	4.28	100.00
陈述2	30.35	38.28	5.95	19.47	5.95	100.00
陈述3	35.21	34.75	6.92	17.10	6.02	100.00
陈述4	39.41	35.17	9.60	11.70	4.12	100.00
陈述5	45.28	30.43	12.55	8.12	3.61	100.00
陈述6	43.80	25.26	16.95	9.64	4.35	100.00

资料来源：根据调查数据计算得到。

选择同意或不同意都意味着受访者对该条陈述所体现出的认知性态度

有明确的判断，而说不清则反映出受访者复杂、矛盾或者含混不清的态度，在不太严格的意义上，我们或许可以将说不清视为介于同意和不同意之间的一种态度，不过这种做法更多的是基于分析方便的需要[①]，如果深入分析说不清的意涵，它可能体现出更多更复杂的态度倾向。从表 4-7 可以看出，陈述 6 中选择说不清选项的比例最高，达到 16.95%，其次是陈述 5，选择说不清的比例为 12.55%，而陈述 2 中选择说不清的比例最小，只有 5.95%。将上述结果联结在一起，看出陈述 2 中选择很不同意和不同意的比重最小（同时也是选择很同意和同意比重最大的），并且有相对最少的受访者在此项陈述上不能确定自己的态度。而另一方面，陈述 6 所体现出的情况就略为复杂，该陈述中选择很不同意和不同意的比重在所有陈述中排在倒数第二位，但是在选择很同意和同意比重方面，它也是排在倒数第二位的，结合该陈述中选择说不清的比重最大的情况，说明受访城市居民对新移民是否应该获得本地居民所享有的权益持有比较复杂的认知态度。

如果能够将说不清看作是位于同意和不同意之间的一种过渡性态度的话，我们可以给很同意、同意、说不清、不同意和很不同意依次赋值 5、4、3、2、1，然后计算相关的统计指标，如平均值等，但需要特别指出的是，依据上述赋值方式计算得到的平均值，其数值越大意味着城市居民对新移民持有越高程度的负面认知性态度。从表 4-8 可以看出，陈述 2 即“新移民导致治安状况恶化”得到了最高的平均值，而陈述 5 即“新移民不应该获得我们这个城市的户口”得到了最低的平均值。但是从表 4-7 已知不同意陈述 5 的比例最高，而不同意陈述 2 的比例最低，频数分布和描述统计的结果截然相反，原因还是在于陈述 5 中有为数不少的受访者的态度集中于说不清，而陈述 2 中选择说不清的比例相对最小。

---

① 比如将很同意、同意、说不清、不同意和很不同意视为态度的一个连续谱，从而将其作为定序变量进行相应的分析。

表 4-8　城市居民对新移民的认知性态度的统计描述

认知性态度	均值	标准差	最小值	最大值
陈述 1	2.04	1.19	1	5
陈述 2	2.32	1.25	1	5
陈述 3	2.24	1.26	1	5
陈述 4	2.06	1.15	1	5
陈述 5	1.94	1.11	1	5
陈述 6	2.05	1.18	1	5

资料来源：根据调查数据计算得到。

二、城市居民对新移民的认知性态度特征

本小节我们将分析有可能影响城市居民对新移民的认知性态度的因素，我们将以方差分析作为主要的分析方法，为了同城市居民对新移民的情感性态度的分析框架保持一致，本小节也将从性别、年龄、教育程度、婚姻状况、政治面貌、工作单位的所有制性质和主观阶层认同状况等角度进行分析，变量的操作方法同第一节的做法是一致的。通过分析上述变量不同取值下的得分平均分是否存在显著差异，从而判断这些变量是否有可能影响城市居民对新移民的认知性态度。

（一）不同性别、年龄段、受教育程度的城市居民对新移民的认知性态度

我们使用包含 6 个陈述的量表来测量认知性态度，在本小节里我们将分别分析量表中每个陈述的得分情况。首先分析不同性别、年龄段、受教育程度的城市居民对新移民的认知性态度，我们计算了上述变量不同取值下的每个陈述的平均分，然后对不同性别、不同年龄段、不同受教育程度的城市居民在每个陈述上的得分进行方差分析，具体分析结果见表 4-9，其中 S_1、S_2、S_3、S_4、S_5 和 S6 分别对应量表中的 6 个陈述，而 P_1、P_2、P_3、P_4、P_5 和 P6 是相应的方差分析中 F 检验的 P 值。

性别对城市居民对新移民的认知性态度没有显著性影响，从表 4-9 可

以看出，在所有 6 个关于认知性态度的陈述中，方差分析的 P 值几乎都没有达到一定的显著性，除了陈述 1 和 5 达到了 0.1 的显著性水平。年龄对城市居民对新移民的认知性态度存在显著性影响，三个年龄段几乎在每个陈述上的得分都存在显著差异，只有陈述 6 的 P 值大于 0.1，而陈述 2、陈述 3 和陈述 4 的 P 值都达到了 0.01 的显著性水平，另外陈述 1 和陈述 5 的显著性水平也达到了 0.05。受教育程度对城市居民对新移民的认知性态度存在一定程度的显著性影响，其中陈述 2 和陈述 5 中的方差分析的 P 值都达到了 0.01 的显著性水平，而其他陈述上的 P 值未达到 0.1 的显著性水平。这似乎说明同年龄因素几乎对所有陈述的得分都有影响相比，受教育程度的影响作用只在某些陈述中才能发挥作用，尤其是对陈述 2 即“新移民导致治安状况恶化”和陈述 3 即“新移民导致城市环境变差”这两条评价性陈述而言特别明显，见表 4–9。

表 4–9　不同性别、年龄段、受教育程度的城市居民对新移民的认知性态度

特征变量	S1	P_1	S2	P_2	S3	P_3	S4	P_4	S5	P_5	S6	P_6
性别												
男性	2.08	0.08	2.34	0.50	2.25	0.82	2.09	0.20	1.98	0.09	2.08	0.25
女性	2.00		2.31		2.23		2.03		1.90		2.03	
年龄段												
18 ～ 39 岁	2.01	0.03	2.29	0.00	2.17	0.00	2.02	0.00	1.91	0.04	2.03	0.12
40 ～ 59 岁	2.14		2.47		2.46		2.20		2.04		2.13	
60 岁及以上	1.88		2.00		2.14		1.93		1.89		1.94	
受教育程度												
小学	2.06		2.04		1.96		2.04		1.96		2.02	
初中	1.99	0.95	2.07	0.00	2.09	0.00	2.01	0.17	1.92	0.99	1.99	0.34
高中	2.04		2.49		2.41		2.17		1.96		1.97	
大学及以上	2.04		2.32		2.23		2.04		1.94		2.08	

资料来源：根据调查数据计算得到。

（二）不同婚姻状况、政治面貌、工作单位所有制性质和主观阶层认同状况的城市居民对新移民的认知性态度

继续以此思路和方法来分析不同婚姻状况、政治面貌、工作单位所有制性质和主观阶层认同状况的城市居民对新移民的认知性态度是否存在

差异。在婚姻状况方面，已婚的城市居民要比未婚的城市居民在所有陈述上的得分都要高，这说明前者要比后者对新移民持有更负面的认知性态度，其中在陈述 4 即“新移民最终应该返回其家乡（户籍所在地）”上的得分差异最大，两者平均分相差 0.24 分，而且方差分析显示两者间的差异在所有陈述中都是显著的。在政治面貌方面，党员和非党员在 6 个陈述中的平均分差异都不显著，这意味着政治面貌可能对城市居民对新移民的认知性态度没有影响。在工作单位所有制性质方面，只有在陈述 2 和 3 中国有、私有和其他三类所有制的得分才存在显著差异，显著性水平分别达到 0.05 和 0.01。在主观阶层认同状况方面，除了陈述 3 不显著之外，上层、中上层、中层、中下层和下层的受访城市居民几乎在所有陈述中的得分都存在显著差异，而且显著性水平均达到 0.001，说明主观阶层认同状况对城市居民对新移民的认知性态度存在重要的影响，见表 4–10。

表 4–10 不同婚姻状况、政治面貌、工作单位所有制性质、主观阶层认同状况的城市居民对新移民的认知性态度

特征变量	S1	P_1	S2	P_2	S3	P_3	S4	P_4	S5	P_5	S6	P_6
婚姻状况												
未婚	1.88	0.00	2.22	0.02	2.09	0.00	1.88	0.00	1.84	0.00	1.96	0.01
已婚	2.09		2.36		2.29		2.12		1.98		2.09	
政治面貌												
共产党员	2.02	0.55	2.32	0.90	2.26	0.68	2.00	0.11	1.92	0.53	2.05	0.96
非共产党员	2.05		2.33		2.23		2.08		1.95		2.06	
所有制性质												
国有	2.06	0.59	2.40	0.03	2.33	0.00	2.08	0.12	1.94	0.31	2.05	0.27
私有	2.02		2.27		2.15		2.02		1.93		2.04	
其他	2.08		2.28		2.29		2.16		2.03		2.16	
主观阶层												
上层	2.56	0.00	3.00	0.00	2.50	0.12	2.31	0.00	2.31	0.00	2.25	0.00
中上层	2.36		2.75		2.52		2.45		2.43		2.46	
中层	2.03		2.27		2.21		2.04		1.91		2.01	
中下层	2.08		2.33		2.20		1.98		1.86		2.06	
下层	1.98		2.30		2.25		2.07		1.95		2.04	

资料来源：根据调查数据计算得到。

三、城市居民对新移民的认知性态度的影响因素分析

（一）变量和方法

同样的，在完成方差分析之后，我们将转入影响因素分析。我们将通过回归分析来检验相关变量对城市居民对新移民的认知性态度的影响效果和模式。回归方程所使用的变量的处理方法同本章第一节第三小节中的一致，因变量分别是6个陈述的得分均值，我们不再将6个陈述的得分合并计算再进行回归分析，这是因为对认知性态度的测量所涉及的6个陈述的内涵不尽一致，它们分别涉及不同的方面。具体使用的回归方法是逐步回归①，这样可以发现影响因素中能最大限度发挥显著性影响作用的因素。

（二）分析结果

由于篇幅原因，对6个关于认知性态度的陈述的得分的回归分别报告于表4–11和4–12，其中陈述1、陈述2和陈述3的回归结果于表4–11中报告，陈述4、陈述5和陈述6的回归结果于表4–12中报告。从方程1的回归结果看出，年龄对“新移民抢占了我的工作机会”的认知有显著的正向影响，年龄每增大一岁，在该陈述上的得分就平均增加0.03分，此外，年龄平方项对因变量也有显著影响，但其回归系数为负，说明年龄整体的影响效果是先促进然后再抑制城市居民对陈述1的认知。受教育程度对因变量没有显著影响，其中任何一个教育等级都是如此。婚姻状况对因变量有显著影响，已婚者比未婚者更倾向于认同“新移民抢占了我的工作机会”，在其他条件不变的情况下，已婚者在该陈述上的得分要比未婚者的多出0.12分，且达到0.1的显著性水平。政治面貌和工作单位所有制性质对因变量都没有显著性作用。在前面的方差分析中，我们已经注意到主观阶层认同状况可能对陈述1的认知性态度得分产生重要影响，而表4–11中的模型1

① 具体采用向后回归，使用stata软件中的stepwise命令，其中*pr*值即移除变量的显著性水平临界值设定为0.1。

的拟合结果充分证明确实如此。具体来看，主观认同自己为中层、中下层和下层的城市居民都要比认同自己为上层的更不认同陈述 1 所描述的情况，而且前三种认同状况下的认知性态度得分要比认同上层的分别少 0.34 分、0.27 分和 0.36 分，可以说主观阶层认同状况变量对因变量的影响作用较大，而且具有较高的统计显著性。

方程 2 是对“新移民导致治安状况恶化”这一陈述的测量得分的回归分析结果，在该模型中，年龄对因变量的影响作用同方程 1 中的一致，都存在一个显著的线性正向影响以及一个显著的负向的非线性影响，同样说明年龄整体的影响效果是先促进然后再抑制城市居民对陈述 2 的认知。部分教育程度对因变量有显著作用，其中高中和大学及以上两类教育程度的城市居民都要比小学的更加认同陈述 2 所描述的情况，两类教育群体要分别比小学的高出 0.47 和 0.34 个单位的量表得分。本方程中的婚姻状况、政治面貌和工作单位所有制性质这三个变量对因变量都不具有显著性影响。主观阶层认同状况发挥了显著性作用，同方程 1 中的影响效果一样，主观认同自己为中层、中下层和下层的城市居民都要比认同自己为上层的更不认同陈述 2 所描述的情况，而且前三种认同状况下的认知性态度得分要比认同上层的分别少 0.49 分、0.42 分和 0.42 分。同方程 1 中的影响模式略为不同的是，方程 2 中认同自己为中层的城市居民最不认同陈述 2。

表 4-11　城市居民对新移民的认知性态度的回归分析（Ⅰ）

	陈述 1		陈述 2		陈述 3	
	回归系数	标准误	回归系数	标准误	回归系数	标准误
性别（男性 =0）						
女性						
年龄	0.029**	0.0124	0.047***	0.0117	0.052***	0.0117
年龄平方 /100	–0.029**	0.0139	–0.046***	0.0137	–0.047***	0.0137
受教育程度（小学 =0）						
初中						
高中			0.471***	0.1062	0.465***	0.1062
大学及以上			0.337***	0.0986	0.331***	0.0956
婚姻状况（未婚 =0）						
已婚	0.115*	0.0647				
政治面貌（共产党员 =0）						
非共产党员						

续表

	陈述 1		陈述 2		陈述 3	
	回归系数	标准误	回归系数	标准误	回归系数	标准误
所有制性质（国有 =0）						
私有					−0.110**	0.0514
其他						
主观阶层（上层 =0）						
中上层						
中层	−0.340***	0.1119	−0.489***	0.1176		
中下层	−0.271**	0.1157	−0.423***	0.1216		
下层	−0.361***	0.1100	−0.415***	0.1165		
常数项	1.542***	0.2481	1.401***	0.2796	0.795***	0.2554
R^2	0.013		0.023		0.024	
个案数	2573		2573		2573	

注释：1. 各变量的参照组已在表中注明。2.*，p<0.1；**，p<0.05；***，p<0.01。

方程 3 是对“新移民导致城市环境变差”这一陈述的测量得分的回归分析结果。其中年龄和受教育程度的影响模式同方程 2 中的一样，年龄对因变量存在一个显著的非线性影响作用，另外高中和大学及以上两类受教育程度要比小学教育程度的城市居民更加倾向于认同新移民导致城市环境变差。婚姻状况和政治面貌对因变量没有显著影响。在工作单位所有制性质变量上，只有在私有单位工作的城市居民会比在国有单位工作的城市居民显著地不认同新移民导致城市环境变差，前者平均要比后者少 0.11 个单位的量表得分。此外，主观阶层认同状况对因变量也没有产生显著的影响，这一点同方程 1 和 2 截然不同。

表 4–12 是对陈述 4、陈述 5 和陈述 6 的测量得分的回归分析结果，其中方程 4 是对“新移民最终应该返回其家乡（户籍所在地）”的认同的拟合。首先，我们可以发现性别、年龄和受教育程度等人口特征变量对因变量没有显著影响。其次，婚姻状况对因变量有显著影响，已婚者要比未婚者整体多出 0.25 分，说明前者要比后者更加认同新移民最终应该返回其家乡（户籍所在地）。再次，政治面貌和工作单位所有制性质对因变量有一定的显著性影响，两个自变量的回归系数的显著度只达到 0.1 的显著性水

平，其中非共产党员要比共产党员多出 0.10 分，在其他类型单位工作的城市居民要比在国有单位工作的多出 0.12 分。最后，主观阶层认同状况对因变量有显著影响，主观认同自己属于中层、中下层和下层的城市居民相比于认同自己属于上层的更不倾向于认同新移民最终应该返回其家乡（户籍所在地），整体上，上述三个群体的得分要分别比上层群体的少 0.37 分、0.42 分和 0.33 分，可以看出认同中下层的与认同上层的得分差距最大。

方程 5 是对“新移民不应该获得我们这个城市的户口”的测量得分的回归分析结果。首先，我们注意到年龄对因变量存在显著的非线性影响，也即意味着随着年龄的提高，城市居民对陈述 5 的认同强度由强转弱。其次，大部分解释变量如受教育程度、婚姻状况、政治面貌和工作单位所有制性质对因变量没有显著性影响。最后，主观阶层认同状况对因变量有显著影响，主观认同自己属于中层、中下层和下层的城市居民相比于认同自己属于上层的更不倾向于认同新移民不应该获得我们这个城市的户口，这一影响模式同方程 4 中的类似，但是在本方程中的影响效果更大，如这三个群体的得分要分别比主观认同自己属于上层群体的少 0.49 分、0.53 分和 0.44 分。

方程 6 是对“新移民及其家庭成员不应该获得本地居民所享有的权益”的测量得分的回归分析结果。首先，年龄在本方程中也产生了非线性的影响作用，其影响效果通过了显著性检验，达到 0.01 的显著性水平。其次，在受教育程度变量方面，只有大学及以上受教育程度的城市居民要显著地比小学教育程度的更加认同陈述 6 所描述的情况，且前者比后者高出 0.13 个单位的测量得分。再次，婚姻状况、政治面貌和工作单位所有制性质对因变量没有显著性影响。最后，主观阶层认同状况对因变量有显著影响，主观认同自己属于中层、中下层和下层的城市居民相比于认同自己属于上层的更不倾向于认同陈述 6 所描述的情况，但同其他方程中该变量的影响效果不同的是，随着主观阶层地位的下降，对陈述 6 的不认同的强度在减弱，整体上，上述三个阶层的测量得分要分别比主观认同自己属于上层群体的少 0.42 分、0.37 分和 0.35 分。另外，所有 6 个方程中判断方程整体拟合效果的指标——决定系数（R^2）普遍不大，说明自变量对因变量的解释力有限。但是此处的分析目的主要是通过回归分析来判断文化异质性和地位不平等对城市居民对新移民的认知性态度是否发挥作用，因此对模型解释力的要求不高。

表 4-12　城市居民对新移民的认知性态度的回归分析（Ⅱ）

	陈述 1		陈述 2		陈述 3	
	回归系数	标准误	回归系数	标准误	回归系数	标准误
性别（男性 =0）						
女性						
年龄			0.036***	0.0103	0.027**	0.0110
年龄平方 /100			–0.036***	0.0120	–0.027**	0.0128
受教育程度（小学 =0）						
初中						
高中						
大学及以上					0.131**	0.0590
婚姻状况（未婚 =0）						
已婚	0.245***	0.0519				
政治面貌（共产党员 =0）						
非共产党员	0.101*	0.0513				
所有制性质（国有 =0）						
私有						
其他	0.116*	0.0701				
主观阶层（上层 =0）						
中上层						
中层	–0.374***	0.1083	–0.492***	0.1040	–0.420***	0.1109
中下层	–0.422***	0.1121	–0.529***	0.1076	–0.369***	0.1147
下层	–0.332***	0.1066	–0.442***	0.1020	–0.347***	0.1098
常数项	1.792***	0.1651	1.604***	0.2306	1.731***	0.2554
R^2	0.017		0.018		0.010	
个案数	2573		2573		2573	

注释：1. 各变量的参照组已在表中注明。2.*，p<0.1；**，p<0.05；***，p<0.01。

四、小结

通过对城市居民对新移民的认知性态度的描述统计、方差分析和回归分析，我们在本节中得到了以下主要研究发现：首先，同意“新移民导致治安状况恶化”的比例最高，同意“新移民不应该获得我们这个城市的户口”的比例最低，说明城市居民虽然有较大的包容性，相对而言同意让新移民获得本市的正式户籍认可，但是他们却不能忍受新移民所带来的治安状况恶化，虽说治安状况恶化有可能只是一种刻板印象，是城市居民投射到新移民身上的不切实际的想象。其次，在性别和政治面貌方面，不同变量取值下各陈述的测量得分几乎没有显著差异，而三个年龄段中的所有陈述的测量得分几乎均存在显著差异。再次，在受教育程度方面，小学、初中、高中、大学及以上四个程度的城市居民在陈述 2 和陈述 3 上的测量得分存在显著差异。在婚姻状况方面，未婚和已婚的城市居民在所有陈述上的测量得分均存在显著差异。在工作单位所有制性质方面，同样是只有陈述 2 和陈述 3 上的测量得分存在显著差异。最后，在主观阶层认同状况方面，除了在陈述 3 上不存在显著差异外，其他五个陈述上的测量得分均存在显著差异。

回归分析的结果显示不同陈述的测量得分有不同的影响模式，简述之，对陈述 1 有显著影响作用的变量有年龄、婚姻状况和主观阶层认同状况。对陈述 2 有显著影响作用的变量有年龄、高中和大学及以上受教育程度和主观阶层认同状况。对陈述 3 有显著影响作用的变量有年龄、高中和大学及以上受教育程度和工作单位的私有制所有制。对陈述 4 有显著影响作用的变量有婚姻状况、政治面貌、工作单位的其他类型的所有制和主观阶层认同状况。对陈述 5 有显著影响作用的变量有年龄和主观阶层认同状况。对陈述 6 有显著影响作用的变量有年龄、大学及以上受教育程度和主观阶层认同状况。

总结和分析城市居民对新移民的认知性态度的影响模式，从中能够发现可能的影响机制。同表 4–5 和表 4–6 中对城市居民对新移民的情感性态度的回归分析结果一致的是，在所有的回归模型中，性别都没有对因变量产生显著的作用，这说明不同性别之间不仅在情感性态度上没有显著差异，在认知性态度上也不存在显著差异，但这不能说明性别变量对城市居民对新移民的情感性态度和认知性态度完全没有影响，本节只单纯地考察性别对因变量的直接作用，它们也有可能通过其他变量来对因变量产生作用，而这需要更复杂的中介作用分析加以辨明。除了陈述

4 之外，在其他所有 5 个陈述中，年龄对城市居民对新移民的认知性态度的影响模式相当一致，也可以说年龄的作用相当稳定，都是先增强后减弱的影响效果，在年龄增加到一定程度之前，城市居民对新移民都是持不太包容的态度，但是在一定年龄转折点之后，城市居民对新移民又开始具有广泛的包容性，能够共享社会发展的收获。教育的影响效果也较为复杂，从表 4–11 和表 4–12 中可以看出，受教育程度并不是在任何一个有关认知性态度的陈述上都发挥作用，它只在陈述 2、陈述 3 和陈述 6 上才发挥一定的影响作用，而且也只有达到高中和大学及以上受教育程度的城市居民才更不倾向于认同相应陈述中所描述的状况。同陈述 1、陈述 4 和陈述 5 不同的是，陈述 2、陈述 3 和陈述 6 更关注治安状况、城市环境和社会福利供给压力此类整体性的城市发展特征，而这更可能是相对较高受教育程度的城市居民所在意的地方。

同情感性态度一样，城市居民与新移民之间的地位不平等也深度影响了前者对后者的认知性态度，显而易见的是主观阶层认同状况对该态度所涉及的不同陈述的影响。除了陈述 3 之外，中层、中下层和下层这三类主观阶层群体都比上层更不倾向于认同各陈述所描述的情况，不过更微妙的差异是陈述 1 中是下层相比于上层有更大的认知差距，而陈述 2 和陈述 6 中则是中层、陈述 4 和陈述 5 中则是中下层相比于上层有更大的认知差距，不同的主观阶层认同差距说明不同的主观阶层看中和在意的是不同的陈述中所反映出的潜在的发展成果共享的局面。比如，同新移民的社会地位更加接近的主观上认同自己属于下层的城市居民更不认同新移民抢占了其工作机会，反倒是主观上认同自己属于中下层的城市居民相对更加接近上层城市居民的认知性态度，这也或许同本研究的分析样本来自上海、厦门和郑州这三个城市有关，这些城市的新移民的社会地位或许并不是全社会中最低的，他们已经通过自己的努力和各种政策条件达到了社会的中下层位置，因而那些主观上认同自己属于中下层的城市居民才对此最为在意。地位不平等的影响作用已经通过更加细化的形式作用于不同的主观社会阶层，从而呈现出一幅复杂图景。

第三节 城市中产阶层居民对新移民的社会包容性[①]

一、文献回顾与问题提出

（一）中产阶层产生及研究的两条路径

中产阶层是中国过去30多年来不断壮大的新社会群体之一，它的存在及其影响有着不可忽视的意义，因此受到越来越多的关注。学术界特别是社会学界对中国中产阶层的关注有两个较为明显的方面，一个是对该阶层的界定[②]，另外一个则是讨论该阶层的社会政治功能和影响[③]。其中对社会政治功能和影响的研究主要着眼于中产阶层的政治态度和行为，也有从一般角度探讨其社会态度的，但是主要内容仍是针对社会政治态度进行分析，使得中产阶层态度研究的内容集中于此。这种现象的形成有其渊源，自托克维尔将政治文化与民主制度联系起来之后[④]，这股研究热潮从未间断过。研究政治文化的人相信"一个社会中公民个体层次上所持有的一系列民主价值观念是有利于民主政治制度的建立和巩固的"[⑤]。不仅仅

① 本节曾以"城市居民对流动人口的社会包容性:以厦门市的中产阶层为例"为题，刊发于《南方人口》2015年第2期，收入本书时略做修改。

② 周晓虹：《中产阶级：何以可能与何以可为？》，《江苏社会科学》2002年第6期。李春玲：《中国当代中产阶级的构成及比例》，《中国人口科学》2003年第6期。李春玲：《寻求变革还是安于现状：中产阶级社会政治态度测量》，《社会》2011年第2期。李路路、李升：《"殊途异类"：当代中国城镇中产阶级的类型化分析》，《社会学研究》2007年第6期。李培林、张翼：《中国中产阶级的规模、认同和社会态度》，《社会》2008年第2期。

③ 李路路：《中间阶层的社会功能：新的问题取向和多维分析框架》，《中国人民大学学报》2008年第4期。李路路、王宇：《当代中国中间阶层的社会存在：阶层认知与政治意识》，《社会科学战线》2008年第10期。李路路、王宇：《当代中国中间阶层的社会存在：社会生活状况》，载《江苏社会科学》2009年第1期。李春玲：《中国中产阶级的增长及其现状》，《江苏社会科学》2008年第5期。

④ 托克维尔：《论美国的民主》，商务印书馆，1988年，第3页。

⑤ 卢春龙：《中国新兴中产阶级的政治态度与行为倾向》，知识产权出版社，2011年，第138页。

作为一种政治文化，阶层本身就是一种文化，所谓阶层形成的文化理论认为，当个人和集团先是通过经历，最终通过意识来使自己处于社会等级结构的某一位置时，阶层认同便产生了[①]，阶层也得以形成。阶层意识成为人们格外关注的焦点，而阶层意识又从何而来？政治行为，甚至政治斗争是阶层认同或阶层意识产生的唯一途径吗？事实并非如此，在从政治到非政治的坐标系中，共享特殊的价值和行为方式也是阶层认同形成的一条途径[②]。事实上，在一个政治较为稳定的社会里，观察非政治性的社会态度和行为，可能会为中产阶层研究带来新的发现。因此，在这种氛围下，研究中产阶层的非政治性社会态度是可行的。

要得到对中产阶层更全面和客观的认识，研究其社会态度是不可或缺的[③]。从学术渊源来看，关于社会态度的研究可以划分到社会心态这一更高层次的研究领域。从社会心态的结构来看，社会态度属于变化较快且明显的部分，体现为一种“情境性、评价性内容”[④]，对中产阶层的社会态度的研究应有更深入的把握，从阶层成员的个体社会态度可以推定到社会的心理状态[⑤]，这也是研究转型社会的重要维度，从中可以窥探社会发展的脉络和走向。而从更大的范围来看，社会心态属于社会学的社会心理学的研究范围[⑥]。自学者们关注中产阶层伊始，群体心理即是研究该阶层的重要内容。在这其中，米尔斯充分关注到了中产阶层的心理，他明确地提出当今社会研究的一个重大任务就是“要把更大的经济和政治环境对个人在其内部的生活和在其外部的职业经历所包含的意义描述出来”[⑦]。

---

① 约翰·斯梅尔：《中产阶级文化的起源》，陈勇译，上海人民出版社，2006 年，第 11 页。

② 同上，第 136 页。

③ 严翅君、李小红：《中国当代中产阶级社会态度的研究及其价值》，《唯实》2011 年增刊。

④ 王俊秀：《社会心态：转型社会的社会心理研究》，《社会学研究》2014 年第 1 期。

⑤ 杨宜音：《个体与宏观社会的心理关系：社会心态概念的界定》，《社会学研究》2006 年第 4 期。

⑥ 马广海：《论社会心态：概念辨析及其操作化》，《社会科学》2008 年第 10 期。

⑦ C. 赖特·米尔斯：《白领：美国的中产阶级》，杨小东等译，浙江人民出版社，1987 年，第 14 页。

（二）问题提出

在非政治性的社会态度中，有哪些是特别适合从中产阶层的角度加以研究的呢？答案可能很多，我们需要从中产阶层的职业、名望、权力等方面的特征来考虑并加以选择。对今天的中产阶层来说，职业的影响要比财产的更大，至少对新中产阶层而言是如此[①]，而职业的获得，即使面临职业结构的不断扩大，也依然需要在劳动力市场中进行竞争。并且职业也不再仅仅是一项生计，它还是名望与权力的体现。名望如同职位，它们都是稀缺的，它们都需要被争得。在开放的现代社会中，竞争是常态，竞争的对手来自各方，通过竞争，社会流动才能维持一定的活力。处于社会结构底层的人奋力提高自己的地位，但是除了“向上爬”之外，还有一条途径可以方便且结构性地提高自己的地位，那就是大量社会地位更低的外部社会成员进入该社会结构，当大量新移民代替了原先的社会底层，原先结构中的所有成员都提高了自己的地位，这种现象在当今中国也能发现[②]。另一方面，虽然地理上的流动并不一定导致向上的社会流动，但是其中蕴含着地位上升的机会，新移民有更多的机会同城市中产阶层展开地位竞争。对于这种竞争，中产阶层群体会如何看待？会像米尔斯所说的，他们看不起后来的人，并将其视为威胁自己的竞争力量[③]吗？

上述疑问的答案在现今中国是令人感兴趣的，并且它还有着独特的意义。在市场转型、产业结构升级以及职业结构趋于高级化的背景下，大量中间的社会结构位置被创造出来，需要有人去占据。这些结构体现在职业

---

① C. 赖特·米尔斯：《白领：美国的中产阶级》，杨小东等译，浙江人民出版社，1987 年，第 91 页。

② 赵延东、王奋宇：《城乡流动人口的经济地位获得及决定因素》，《中国人口科学》2002 年第 4 期。李若建：《地位获得的机遇与障碍：基于外来人口聚集区的职业结构分析》，《中国人口科学》2006 年第 5 期。

③ C. 赖特·米尔斯：《白领：美国的中产阶级》，杨小东等译，浙江人民出版社，1987 年，第 91 页。

和产业等维度上，但是对于转型中的中国而言，城乡二元结构仍是困扰国家长期发展的障碍，人口在城乡间有流动无迁移，使得中国城镇化的可持续性成为一个悬疑。这种状况对中产阶层可能部分有利，因为当大量人口经历城市化之后，中产阶层保留原有阶层位置的难度加大，即失去原先阶层位置的风险在加大，中产阶层对此的态度值得深思。他们对新移民是接纳、包容还是拒斥？他们如何看待新来者，是新的邻居，还是阶层位置的挑战者？回答这个问题对政策制定也有参考意义，虽然已经有研究讨论过城市居民对新移民态度等类似的问题①，但是中产阶层不同于一般的城市居民，他们的态度可能有自身的特点。对国家发展目标来说，实现新型城镇化是完成中国现代化伟业的必由之路，而且在多群体利益关系格局下，中产阶层应保持包容性发展的理念，这应是一个成熟的且有相对优势的阶层群体所具有的心态和责任感，而中产阶层能否合理看待？目前中国的中产阶层也如发达国家的中产阶层一样成为社会稳定力量②，他们被寄予厚望，但是他们是否具有开放包容的心态来担当大任，中国中产阶层的社会包容性到底如何？本书以中产阶层对城市新移民的社会态度为例，试图考察该群体的社会包容性。

二、中产阶层的界定和分类

不论是理论分析还是实证研究，对中产阶层做详细区分是很有必要的。而当对中产阶层分类的时候，其实是在讨论如何分层，包括分层的原则和具体标准是什么。从客观角度来看，宗教、财富、资产及劳动力、技术性知识具有功能性意义的分层原则③。但是如何看待它们在中产阶层这一群体上的体现呢？中产阶层具备其他阶层不具备的资产或是技术知识，还是

① 王嘉顺：《区域差异背景下的城市居民对外来人口迁入的态度研究：基于 2005 年全国综合社会调查数据》，《社会》2010 年第 6 期。

② 李春玲：《中国中产阶级的发展状况》，《黑龙江社会科学》2011 年第 1 期。

③ Kingsley Davis and Wilbert E. Moore. “Some Principles of Stratification.” American Sociological Review（10）1945：242–249.

他们掌握任何一种资源的中等规模存量？这些问题从技术层面是可以回答的。或者根本不存在中产阶层，只是有一些社会成员占据“阶层关系中的矛盾位置”罢了①。

从主观角度而言，共同意识或者共同文化，对中产阶层的界定来说也是可供选择的标准。但是从现代化这个历史现象的角度来看，职业被作为区分标准获得了更多的认同，而且中产阶层之所以被认为是一个有着新的内涵的阶层正在于他们的职业引起了广泛的关注。职业适合用来对整个社会结构进行分类，也能够对中产阶层的类型进行区分。米尔斯对新老中产阶层的类型化区分就是基于职业的差异，而职业也适合对中国的中产阶层进行细分。而考虑到中产阶层在中国独特的产生背景和过程，从形成机制的角度可以将其分为内源中产阶层和外生中产阶层②。这两种分类的方式都极具启发性，本研究以李春玲所采用的“东亚中产阶层比较研究项目”（EAMC）的阶层分类为主要分类框架，在讨论部分问题时，再加入体制内外的分类视角。需要说明的是，本研究将私营企业主视为接近于中产阶层的一个群体，主要用来作为参照群体。新老中产阶层同体制内外中产阶层两个分类框架的交互，其实只会对新中产阶层和边缘中产阶层做出体制内外的划分，见表4-13。

表4-13　EAMC阶层分类框架与职业的对应关系

EAMC 阶层分类	中产阶层职业类别
老中产阶层	个体户
新中产阶层	专业技术人员、企业经理人员、政府官员
边缘中产阶层	普通办事人员、企业业务人员
企业主阶层	私营企业单位负责人

资料来源：李春玲：《寻求变革还是安于现状：中产阶层社会政治态度测量》，《社会》2011年第2期。

① Eric Olin Wright. “Varieties of Marxist Conceptions of Class Structure.” Politics and Society (9) 1980：328-333.

② 李路路、李升：《“殊途异类”：当代中国城镇中产阶级的类型化分析》，《社会学研究》2007年第6期。

三、数据和变量

（一）数据

本节研究使用的数据来自“文化资本与社会阶层调查”[①]，该调查的第一期于2013年完成，调查地点为福建省厦门市。由于本期调查为非入户调查，较难获得针对中产阶层的抽样框，所以采用非概率抽样方法。具体做法是参考第六次人口普查中厦门市职业分布状况，再综合性别、年龄段、受教育程度等因素进行配额抽样设计，最终通过判断抽样和雪球抽样完成样本选取，样本规模共计600个。

（二）变量

本研究的关键变量是针对中产阶层社会包容性的测量，但是在调查中我们并没有正面测量社会包容的内容，而是从反面测量，即询问受访者对城市新移民负面态度的认同程度。这种做法的逻辑很简单，如果一个人在负面态度上的认同程度较低，那就意味着在正面态度上的认同程度较高，反之亦然。从负面测量或曰从负面表述是为了避免受访者在回答正面表述的问题时，可能产生的社会默认、武断或同意性偏袒情况使得受访者无论回答何种内容的问题，都倾向于同意[②]。在测量的时候，我们构建了一个社会不包容指数，它包含了6个询问项目，而每一个询问项目使用李克特量表区分态度差异并进行相应计分，最终6个询问项目的得分累加即为社会不包容指数的得分。得分越高者越倾向于对城市新移民采取不包容的社会态度，得分越低者越倾向于对城市新移民采取包容的社会态度。这6个询问项目分别是：1. 外来人口抢占了我的工作机会；2. 外

---

① 该调查得到国家社科基金项目“文化资本：我国城市中间阶层的生产和再生产研究”的支持。

② 罗伯特·F. 德维利斯:《量表编制: 理论与应用(第2版)》，魏勇刚等译，重庆大学出版社，2010年，第68页。

来人口导致治安状况恶化；3. 外来人口导致城市环境恶化；4. 外来人口最终应该返回其家乡（户籍所在地）；5. 外来人口不应该获得我们这个城市的户口；6. 外来人口及其家庭成员不应该获得本地居民所享有的权益，如养老、医疗保障、未成年子女到本地公办学校上学等。态度差异分为：很同意、同意、说不清、不同意、很不同意，它们的计分方式分别为：2 分、1 分、0 分、−1 分、−2 分。

本研究的中产阶层的分类标准主要是基于职业，表 4−13 中已有所体现。除了从类型差异考察中产阶层的社会包容性之外，本研究还将引入政治身份、单位所有制性质（体制内外）、中产阶层认同三个考察维度。政治身份可能要比单位所有制性质更能测量出不同类型的中产阶层同现实政治体制的联系紧密度，对它的测量是询问受访者是否为中共党员或共青团员。单位所有制性质变量操作化为工作单位是否为国有部门，它从一般的角度测量受访者同政治经济体制之间的关系。中产阶层认同测量的是受访者是否认为自己属于中产阶层，这也是对中产阶层是否具备阶层认同的测量，据此可以判断受访者是否明确认同自己的阶层属性。此外，本研究还引入了性别、年龄、受教育年限、婚姻状况作为控制变量。表 4−14 是本研究使用的变量的描述统计。

表 4−14　研究变量的描述统计

连续变量	最小值	最大值	平均值	标准差	类别变量	比例（%）
年龄	20	78	37.4	9.70	性别（男性）	50.3
受教育年限	9	19	16.0	1.82	婚姻状况（已婚）	80.5
不包容指数[1]	−12	12	−2.4	4.24	老中产阶层	3.5
老中产阶层	−7	6	−1.9	3.46	新中产阶层	65.2
新中产阶层	−12	12	−2.6	4.29	边缘中产阶层	28.0
边缘中产阶层	−12	10	−1.7	4.12	企业主阶层	3.3
企业主阶层	−12	2	−4.8	4.09	政治身份（党员）	52.2
					所有制性质（国有部门）	56.0
					中产阶层认同（是）	29.8

说明：统计的是全样本的不包容指数得分，后续统计不同类别中产阶层的不包容指数得分。

四、分析结果

（一）嵌入社会结构、阶层认同与社会不包容

表 4–14 中计算得到的社会不包容指数的平均分值为 –2.4 分，显示整个调查样本的社会不包容性较低，但这只是中产阶层整体的态度，在其内部不同群体间，社会不包容性存在着差异，并且该差异受到嵌入社会结构和阶层认同的影响。所谓嵌入社会结构，是指从中产阶层产生的背景、来源和机制考虑，该群体在中国的出现受到特定历史条件和环境的影响，使得中国中产阶层表现出一定的特点，这种特点在历史上、在中国的周边都能找到类似的体现[①]。本研究关注的嵌入社会结构体现在政治经济层面，具体体现为中产阶层的政治身份和经济部门。

表 4–15 是分中产阶层类别、单位所有制性质、政治身份的社会不包容指数的评价分值。只从单位所有制性质单向嵌入来看，处于非国有部门的各类中产阶层要比处于国有部门的社会不包容性低。在非国有部门当中，从企业主阶层、新中产阶层、边缘中产阶层到老中产阶层的社会不包容性逐渐提高，而在国有部门中，新中产阶层的社会不包容性要低于边缘中产阶层。再加入政治身份构成双重嵌入，其中身处国有部门且为中共党员的中产阶层的嵌入程度最高，对这部分群体而言，新中产阶层的社会不包容性依然低于边缘中产阶层。企业主阶层和老中产阶层都处于非国有部门，但是政治身份差异的影响在社会不包容性方面有不同体现，身为中共党员的企业主阶层要比非中共党员的企业主阶层的社会不包容性高，但身为中共党员的老中产阶层要比非中共党员的老中产阶层的社会不包容性低。新中产阶层和边缘中产阶层的情况稍微复杂，他们同企业主阶层、老中产阶层是完全不同的阶层，用米尔斯的话来说，他们“要利用他人的财产为他人工作”[②]，他们更依赖于

① 刘长江：《国家的现代化路径与中产阶级的类型》，《江苏行政学院学报》2006 年第 4 期。

② C. 赖特 · 米尔斯：《白领：美国的中产阶级》，杨小东等译，浙江人民出版社，1987 年，第 91 页。

现行的政治经济体制，但是这种依赖的影响在新中产阶层和边缘中产阶层间是不同的。既是中共党员又身处国有部门的边缘中产阶层的社会不包容性最高，而且是否身处国有部门的影响要比是否身为中共党员的影响更大。而对新中产阶层而言，既非中共党员又不处在国有部门的其社会不包容性最低。

表 4-15　分中产阶层类别、单位所有制性质、政治身份的社会不包容指数

	中共党员		非中共党员		合计	
	国有部门	非国有	国有部门	非国有	国有部门	非国有
企业主阶层	—	−2.714	—	−5.846	—	−4.75
新中产阶层	−2.419	−1.969	−2.359	−3.662	−2.391	−2.877
边缘中产阶层	−0.868	−2.78	−1.267	−2	−1.012	−2.459
老中产阶层	—	−5	—	−1.389	—	−1.905

注：列联表内的数字为平均值，下同。

是否认同自己属于中产阶层对其社会不包容性有何影响？这种影响又会受到嵌入社会结构的何种影响？为了回答这两个问题，本研究分别计算出分中产阶层类别、阶层认同、政治身份的社会不包容指数以及分中产阶层类别、阶层认同、单位所有制性质的社会不包容指数的平均得分，具体结果分别见表 4-16、表 4-17。基本上，除了边缘中产阶层之外，其他各类中产阶层中认同自己属于中产阶层的要比不认同的社会不包容性高。从政治身份的角度来看，无论是否为中共党员，新中产阶层和老中产阶层中认同自己属于中产阶层的都要比不认同的社会不包容性高，但边缘中产阶层中认同自己属于中产阶层的要比不认同的社会不包容性低。而对企业主阶层来说，是否认同自己属于中产阶层对其社会不包容性的影响在不同政治身份上有不同的表现。对身为中共党员的企业主阶层来说，认同要比不认同的社会不包容性更高；而对非中共党员的企业主阶层而言，认同要比不认同的社会不包容性更低。是否为中共党员对企业主阶层的社会不包容性的影响还是较为明显的，无论其是否认同自己属于中产阶层，中共党员都要比非中共党员的社会不包容性高。表 4-17 中也得到了表 4-16 中相同的结果，即除了边缘中产阶层之外，其他各类中产阶层中认同自己属于中产阶层的要比不认同的社会不包容性高。但从是否处于国有部门的角度来看，无论其是否认同自己属于中产阶层，处于国有部门的要比非国有部门的社会不包容性高。可以认为政治身份、单位所有制性质对中产阶层社会不包容性的影响要比阶层认同的影响更明显，并且政治身份的影响同单位所有制性质的影响较为类似，但是两者的影响在不同类别的中产阶层中有不同的表现。需要说明的是，上述分析都是基于样本数据的分布差异，而不是经过统计检验的严格推断，但是从中我们也能得到一些启发。

表 4–16　分中产阶层类别、阶层认同、政治身份的社会不包容指数

	中共党员		非中共党员		合计	
	认同	不认同	认同	不认同	认同	不认同
企业主阶层	–1	–4	–6.2	–5.625	–4.25	–5.083
新中产阶层	–1.5	–2.674	–2.519	–2.993	–2.391	–2.877
边缘中产阶层	–2.462	–1.571	–3.667	–0.894	–2.955	–1.315
老中产阶层	–3	–6	–0.167	–2	–0.571	–2.571

表 4–17　分中产阶层类别、阶层认同、单位所有制性质的社会不包容指数

	国有部门		非国有部门		合计	
	认同	不认同	认同	不认同	认同	不认同
企业主阶层	—	—	–4.25	–5.083	–4.25	–5.083
新中产阶层	–1.694	–2.744	–2.543	–2.990	–1.942	–2.838
边缘中产阶层	–2.238	–0.597	–3.609	–2.032	–2.955	–1.315
老中产阶层	—	—	–0.571	–2.571	–0.572	–2.571

（二）中产阶层社会不包容性的影响因素分析

通过初步分析，我们发现中产阶层的嵌入社会结构和阶层认同对其社会不包容性是有影响的，但是确切的影响，特别是在控制干扰变量之后的影响，需要更严格的分析才能清晰体现。为此，我们将使用回归分析方法，而在模型拟合策略上，我们将首先建立一个只包含各类中产阶层作为自变量的回归模型，其次添加控制变量，最后再加入政治身份、所有制性质和阶层认同等解释变量，三个模型的拟合结果见于表 4–18。模型中的中产阶层分类变量以边缘中产阶层作为参照组，从模型 1 可以看出企业主阶层和新中产阶层的社会不包容性要比边缘中产阶层的低，并且企业主阶层的最低，而老中产阶层统计上不显著。模型 2 加入了年龄、性别、受教育年限及婚姻状况四个控制变量，模型拟合结果显示企业主阶层的社会不包容性依然是最低的，而且统计上达到显著，而新中产阶层、老中产阶层同边缘中产阶层的差异不显著。此外，性别和婚姻状况的影响也不显著。但是年龄对社会不包容性有显著的正向作用，年龄每提高一岁，社会不包容指数的得分增加 0.05 分。提高受教育年限则会显著地降低社会不包容性，每增加一年的教育经历，可以使社会不包容指数的得分减少 0.34 分。需要注意的是，同其他大多数社会现象一样，年龄对社会不包容性的作用是复杂的，并且包含社会意义。本研究没有在模型中加入年龄的高次项，但是我们做出了分中产阶层类别的不同年龄的社会不包容指数的平均得分的分布图。从图 4–1 可以看出，边缘中产阶层的年龄作用的趋势是相对平稳的，从 25 岁以后才缓慢地增加社会不包容性；新中产阶层在 20 ～ 35 岁阶段表现出的是缓慢降低的社会不包容性，但是从 35 岁到 55 岁，社会不包容性又有所提高，直到 55 岁之后开始降低；而企业主阶层和老中产阶层显现出类似的趋势，但是变化的速度相对更快。

表 4–18　中产阶层社会不包容指数得分的线性回归模型

	模型 1		模型 2		模型 3	
	系数	标准误	系数	标准误	系数	标准误
中产阶层分类[1]						
新中产阶层	–0.819**	0.389	–0.569	0.405	–0.532	0.408
企业主阶层	–3.006***	0.996	–3.263***	0.987	–2.710***	1.001
老中产阶层	–0.161	0.975	–0.474	0.972	0.206	0.990
年龄			0.049**	0.022	0.042*	0.022
性别（男性 =0）			–0.205	0.341	–0.058	0.346
受教育年限			–0.342***	0.104	–0.428***	0.107
婚姻状况（未婚 =0）			–0.434	0.502	–0.336	0.503
政治身份（非党员 =0）					0.795**	0.358
所有制性质（非国有 =0）					0.819**	0.371
中产阶层认同（不认同 =0）					0.112	0.376
常数项	–1.744***	0.325	2.213	1.977	2.717	1.975
R^2	0.018		0.057		0.074	

注：1. 中产阶层分类变量的参照组为边缘中产阶层。

2. *，p<0.1；**，p<0.05；***，p<0.01。

3. 模型样本量为 600。

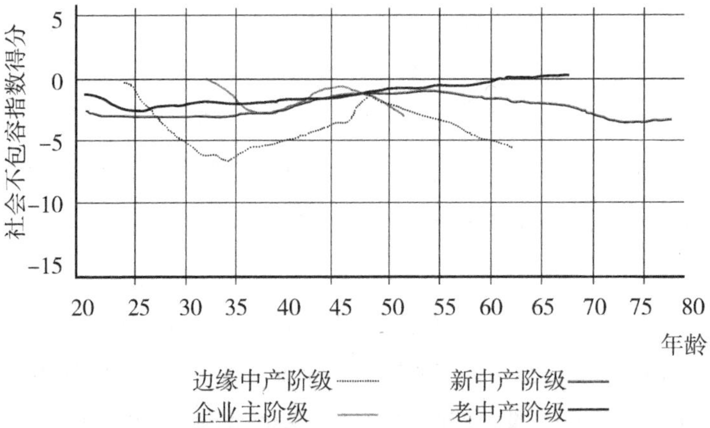

图 4-1　分中产阶级类别的不同年龄的社会不包容指数得分

模型 3 加入了政治身份、所有制性质和阶层认同三个解释变量，在该模型中，企业主阶层的社会不包容性依然是最低的，而且该阶层类别的效果在统计上依然显著。不一样的是，老中产阶层代替边缘中产阶层成为社会不包容性最高的中产阶层群体，但是统计上并未达到一定的显著性水平。而在控制变量上，年龄和受教育年限的影响效果未有显著变化。在解释变量上，身为党员的中产阶层要比非党员的中产阶层的社会不包容性显著地高，且高出 0.795 分，而身处国有部门的中产阶层要比非国有部门的中产阶层的社会不包容性显著地高，两者相差 0.819 分。嵌入社会结构的影响还是很明显的，而单位所有制性质的影响要比政治身份的影响略大一点[①]。阶层认同的影响在统计上不显著，可以认为无论是否认同属于中产阶层，其社会不包容指数得分是没有显著差异的。

五、结论和讨论

（一）结论

中产阶层的社会不包容性总体上较低，但是不同类别间的中产阶层的

① 政治身份变量的标准化回归系数为 0.094，而所有制性质的标准化回归系数为 0.096。

社会不包容性存在差异，边缘中产阶层的社会不包容性最高，其次是老中产阶层、新中产阶层，而企业主阶层的社会不包容性最低。相对而言，企业主阶层处于市场化程度最高的部门，也是参与市场竞争最激烈的群体，所以市场规则的遵从可能会导致社会成员更开放的社会心态，从而保持较低水平的社会不包容性。但同样是市场化程度较高的老中产阶层，其社会不包容性反而较高，这可能同它实际所处的社会阶层有关系。当今中国的老中产阶层以个体工商户和个体经营者为主，他们所占有的各方面资源不足，甚至是较为匮乏，所以不像企业主阶层那样具备相对丰富的资源来参与市场竞争，他们的社会阶层位置更易被其他人，特别是城市新移民所替代。所以老中产阶层参与的竞争与其说是市场竞争，不如说是社会阶层位置竞争，这也从侧面说明企业主阶层在社会阶层位置竞争中更易获胜，所以他们对城市新移民的社会不包容性较低。

如果说企业主阶层处于市场化程度最高的部门，同现行政治经济体制间的关系相对不紧密，所以其社会不包容性较低。那么同现行政治经济体制间的关系相对紧密的中产阶层的社会不包容性是不是就高了呢？回归分析的结果显示身为中共党员、处于国有部门的中产阶层对城市新移民表现出更高的社会不包容性，但是对不同类别的中产阶层来说，结论并不一致。本研究所区分的四类中产阶层，他们同政治、经济体制间的关系复杂，社会结构嵌入的程度不同，基于交互分类的分析发现，对那些身处国有部门且又是中共党员的新中产阶层和边缘中产阶层来说，前者对城市新移民的社会不包容性要低于后者。而且还发现既是中共党员又身处国有部门的边缘中产阶层的社会不包容性最高，而既非中共党员又不处在国有部门新中产阶层的社会不包容性最低。那么该如何理解这种现象呢？如果说企业主阶层是凭借更丰富的经济资本来参与社会阶层位置的竞争的话，那么新中产阶层则是凭借更丰富的人力资本、文化资本来参与竞争，这是他们的优势。而边缘中产阶层的人力资本、文化资本水平相对较低，所以在同城市新移民展开阶层位置竞争的时候，能感受到更多的竞争压力和地位恐慌。

如果说体现为嵌入社会结构的政治身份、所有制性质是从社会实在的角度形塑中产阶层的话，那么阶层认同则是从社会意识的角度形塑中产阶层，并且这两种形塑方式对社会不包容的影响效果可能并不一致。对全样本的回归分析的结果表明阶层认同对社会不包容性并没有什么作用，但是对新中产阶层和边缘中产阶层而言，阶层认同比党员身份更能影响其社会不包容性，而是否处于国有部门又比阶层认同更能影响其社会不包容性。由于政治、经济间复杂的交错关系，身处不同交错位置上的社会成员其阶层意识也不清晰，社会成员的自身阶层认同并不能排成一条明显有序的队列，所以从阶层认同的角度很难去观察中产阶层的社会不包容性。

（二）讨论

无论从世界现代化的历史经验还是当今中国的发展目标来看，我们已经经历并将继续经历大规模的人口流动，而且这种流动的总的趋势就是城市化。“先入为主”的市民如何看待有可能“后来居上”的新移民？本研究以备受瞩目的中产阶层为研究对象，分析其对城市新移民的社会态度，进而讨论其社会包容性，这一研究取向具有很强的现实意义。中产阶层从其产生和发展的历史来看，对建立成熟社会的政治经济制度具有重要意义，他们曾经并将继续发挥不可替代的政治社会功能。由于中产阶层在社会阶层中所处的位置，这个阶层应当是整个社会的中坚力量，它应当是开放、包容的，这一点应该在其社会态度上有所体现。中国的中产阶层虽然总体上对新移民的社会态度较为包容，但是在将不同类别的中产阶层条分缕析之后，我们发现社会包容相应地也会有不同表现，它受到社会政治经济结构的影响，而这也是中产阶层同现存体制的关联之处。从通用的阶层分类标准来看，企业主阶层严格来说已不能算作是中产阶层，但是它产生于市场化改革的进程，市场的力量部分地塑造了该阶层，这一点同历史上早期中产阶层的产生有相似之处，所以市场的力量可能促使市场经济部门的成员保持相对包容的社会心态。老中产阶层也来自市场经济部门，但是进入该部门的门槛不高，无论是市场竞争还是阶层位置竞争都是激烈的，所以不包容的心态是处于地位争夺最前线的直接反应。新中产阶层和边缘中产阶层同政治、经济体制保持不同强度的关联，能够发现联系越紧密，越倾向于不包容的共存现象，但是一旦拥有较高的资本水平则有可能打破这种“规律”。

我们不禁要问，同核心的政治经济体制联系越紧密为什么会导致不包容的社会心态？回答该问题需要我们追问社会心态形成的深层原因。从社会认同理论的角度来看，社会成员在心理上有社会归属的需要，这种需要不单单是外在的展示，更是深层自我安全的需要。为了强化自我安全的观念，需要有一个强有力的社会认同，而倾向于支配群体的认同就好过倾向于附属群体的认同，因为后者的功能是消极的，会导致社会成员较低的自尊[①]。如果身为附属群体的社会成员认同支配群体所强加的价值系统和意识形态，即相信社会流动会带来积极结果，他会转而偏好支配群体的社会认同[②]。但是当他们认为群体间的界限是僵硬的、不可改变和难以渗透的话，倾向于认同支配群体存在着很大的难度，但是他们可以采取一系列的社会创造策略使其社会认同变得相对更积极，从而也能实现一定水平的自我安全的需要。在这一系列的策略中，选择一个不同的比较群体是其中的一项。他们可以选择其他地位更低的附属群体进行比较，而这种比较的结果则是“低地位群体对其他的低地位群体表现出了比高地位群体更加明显和极端的歧视”[③]。中国的经验是如何的呢？计划经济体制下，城乡社会是分隔的，对城市居民而言，群体的界限是明显的，但又是封闭的，跨越群体的边界是困难的，但是在国家全方位的保障下，自我安全的需要被很好地满足。而在过去30多年的社会转型当中，城乡壁垒被不断打破，跨越阶层的边界也有了可能，也给社会成员的社会认同带来了许多选择，但是那个被广泛认同的支配群体是谁呢？在模糊且多变的身份体系中，有关最早的支配群体的社会印象仍是深刻的，成为执政党成员、进入国有部门

---

① 迈克尔·A. 豪格、多米尼克·阿布拉姆斯：《社会认同过程》，高明华译，中国人民大学出版社，2011年，第34页。

② 同上，第35页。

③ 同上，第36页。

是对成为支配群体一员的最基本的印象，这给身处变动社会中的成员的自我安全需要带来了一种满足的途径。中产阶层在其所处的阶层位置上，看到的图景可能更加模糊，对地位的需要会陷入地位的恐慌，他们将为“获得名望的象征而进行艰苦奋斗”①。

第四节 新型城镇化中城市居民与新移民的社会关系②

随着新移民数量的不断增长以及该群体在城市长期的工作和生活，他们与城市居民之间的社会关系越来越受到学术界的关注，曾经有学术会议以“城镇化背景下的‘土客矛盾’”为主题，来集中研讨城镇化过程中本地城市居民与外地流入本市的新移民之间的社会关系。然而在中国历史上，“土客矛盾”是一个有着特殊含义的历史现象，特别是从清朝以来，它往往跟所谓大战、大冲突、大械斗联系起来，充满了浓重的血腥之气，而它在某些具体历史事件中的显现，又令人讳莫如深。时过境迁，当今涌入城镇的人口规模已经今非昔比，而且现代化的力量所向披靡，在人口城镇化过程中已不见昔日的刀光剑影，城市居民和新移民之间的社会关系更加多元和复杂，无法也不可能通过冷兵器的较量得见分晓，所以有必要重新审视新型城镇化背景下的“土客关系”，应用社会学的理论和视角加以分析并重新阐释。

一、新型城镇化背景下的“土客关系”

（一）“土客关系”的实质

历史上的“土客矛盾”主要产生于资源的争夺和分配，特别是对土地、

---

① C. 赖特·米尔斯：《白领：美国的中产阶级》，杨小东等译，浙江人民出版社，1987 年，第 290 页。

② 本节曾以“新型城镇化背景下的‘土客关系’：兼论城市融入研究的理论和视角”为题，刊发于《上海城市管理》2017 年第 2 期，收入本书时略做修改。

水资源等重要的生产和生活资料的争夺[①]。对于土著而言，土地是祖先留下的遗产，不仅是赖以生存的食物之源，更象征了家族和族群的生生不息、绵延不绝。在生产水平不高、生产效率低下的封建社会里，越多的土地意味着越大的生存可能性，而客家人对这些土地的觊觎乃至争夺导致土客之间时常兵戎相见。除此之外，“土客矛盾”的产生并不全都是由资源争夺而起，文化差异是更深层次矛盾的表现，而且体现在生活中的诸多方面，如语言、丧葬之俗、建筑民俗等不一而足。可以看出，历史上的“土客矛盾”是结合了经济物质冲突和文化精神差异的产物，这种矛盾是全方位的矛盾，往往是牵一发而动全身。

清末民初，工业化初见端倪，并由工业化带动城市化。大量农民进入新兴口岸城市，这一方面促进了这些城市社会经济发展，另一方面直接构成了这些城市早期人口的雏形。1949 年 10 月，中华人民共和国成立以后，国民经济的全面振兴需要大量劳动者的参与，广大农村居民又一次大规模进入城市，直至 1958 年 1 月 9 日全国人民代表，大会常务委员会第九十一次会议通过《中华人民共和国户口登记条例》，中国开始了严格的人口迁移和流动的管理工作。为了配合好国民经济建设以及人口管理工作，以中华人民共和国《户口登记条例》为依据，以常住地为参照，中国的公民被划分为农业户口和非农业户口。这两个群体之间的公民权利存在着一系列的制度性差异，而这已经成为当代社会学研究的基础性知识，同时也是中国人的常识。1978 年 12 月，党的十一届三中全会召开，经济建设再一次成为党的工作中心，体制改革迫在眉睫。1980 年 8 月和 10 月，深圳和厦门经济特区先后设立，由于劳动密集型产业需要充足的劳动供给，所以农业转移人口再一次大规模地进入城镇地区。大量农业转移人口以及其他城镇地区人口进入大中城市是工业化的需要，同时也是城市化的必然。

这一次城市化进程覆盖人口之巨、持续时间之久是此次人口城市化的

---

① 刘平:《被遗忘的战争: 咸丰同治年间广东土客大械斗研究》，商务印书馆，2003 年，第 3–5 页。

鲜明特征，同时这些特征又对此次人口城市化产生深远影响。这些情况表明我国的城市化需要以新的理念来看待，并以新的理论政策加以指导，因而“新型城镇化”就在这种背景下顺势而生。新型城镇化以人的城镇化为核心，突出要求进行户籍制度改革，全面实行居住证制度，推进城镇基本公共服务覆盖常住人口。在这种背景下，新时期的“土客关系”包含了不同于以往的新内涵。首先，落实户籍制度改革政策，实行居住证制度，这一系列措施保障了新移民在大部分城镇地区常住的可能性和合法性。其次，基本公共服务向城镇常住人口覆盖，实现了基本公共福利的属地化分配和管理，从而确保了新移民的生存权，甚至部分的发展权。上述两个主要内容使得新时期的“土客关系”并不具备天然的矛盾性，本地城市居民和新移民之间不再是“你有我无”的零和关系。另一方面，现代化的深入持续导致城市居民和新移民需要在社会分工的基础上扩大社会合作，实现共赢发展，这就是新型城镇化背景下的“土客关系”的实质。不过这种关系状态是一种应然状态，现实情况离此尚有差距。

（二）“土客关系”的外在表现

从社会学的角度来说，“土客关系”是指发生在城市居民和新移民之间的一种社会交往的过程。从社会心理学的角度而言，则是指两个群体在接触过程中表现在心理上的关系，而这种关系可以通过心理上的距离加以体现。因此“土客关系”可以从交往行为以及心理态度两个角度加以界定和体现。社会交往的特征有很多，根据这些特征又可以对社会交往进行分类，而心理距离也有大小之分。以最简化的方式来看，可以根据是否有社会交往以及心理距离的大小区分出“土客关系”外在表现的四种类型，即有交往且心理距离大、有交往且心理距离小、无交往且心理距离大、无交往且心理距离小。关系的分类可以有很多选择，这里针对“土客关系”的外在表现进行了最简单的类型划分，其结果一方面有可能无法涵盖它的全部情形，另一方面有可能只是理论上的划分，无法在实践世界中找到对应的经验，而纯粹是一种“理想类型”。但是从社会交往和心理距离反映出的是社会距离，我们可以通过它来理解“土客关系”，这也比较符合费孝通使用差序格局来论述中国人的社会关系的情形①。

上述“土客关系”的外在表现的四种类型是一种简化的分类，每一种类型在经验世界中都可能体现出复杂且多元的面貌，在此我们只能尝试给出简单分析。首先，有交往且心理距离大可能突出体现为工具性交往，这种交往并不需要附有情感涉入，进行交往只是为了完成某种工作任务或者满足生活需要。因为心理距离较大，所以交往的一方或者双方并没有很强的交往意愿。其次，有交往且心理距离小的现实情形比较复杂，最有可能的是交往的一方或者双方有很强的情感涉入，而且这种情感状态还必须是积极的。另外一种可能是虽没有情感涉入，但是交往体验尚可，从而导致心理距离较小。不过现实确实太过复杂，像是心理距离影响社会交往还是社会交往影响心理距离这样的问题很难获得确定的答案，因为我们在经验世界中可以同时找到证明两个假设都成立的论据，而且也可以同时找到证明两个假设都不成立的证据。再次，无交往且心理距离大的情形可能突出体现为较强的偏见。负面的社会交往体验导致较差的印象从而拉长了心理距离，这种情形在逻辑上是容易理解的，在现实中也能找到例证。可是没有交往却有着较大的心理距离，这种距离更有可能是先入为主的结果，负面的刻板印象无疑发挥了重要作用。最后，无交往且心理距离小最有可能存在的情形是，没有交往的需要和必要，从而不会产生任何的交往体验，同时交往的一方或者双方不存在对彼此的负面的刻板印象。

（三）“土客关系”的层次

上面的论述说明，“土客关系”的实质是一种资源和利益的分配和再分配，其外在表现为社会交往和心理距离，因此“土客关系”有着层次之分。所谓层次是指“土客关系”在构成上的逻辑顺序，这里主要涉及全局和局部、群体和个人、客观和主观三类层次。

① 费孝通：《乡土中国》，北京出版社，2005 年，第 29–40 页。

第一，新型城镇化强调人的城镇化，突出发展成果由人民共享的理念，这就要求努力实现基本公共服务常住人口全覆盖，这里就存在着资源和利益分配的全局和局部的层次差别。所谓全局是从中央政府角度而言，为了新型城镇化的可持续进行，从制度层面调整“土客”之间的利益分配。为此，2014 年以来国务院陆续发布了《国务院关于进一步推进户籍制度改革的意见》《国务院关于深入推进新型城镇化建设的若干意见》以及《国务院办公厅关于印发推动 1 亿非户籍人口在城市落户方案的通知》等政策性文件来推动这项工作。所谓局部则是指省市地方政府贯彻落实这些政策的具体做法。事实上，截至 2016 年 1 月，已经有 27 个省份和直辖市出台了户籍制度改革方案，这些方案整体上体现出梯度化差异[①]，但是它们的落脚点都是通过积分入户制度加以实现，积分入户虽然可以推动新型城镇化向前发展，但是它所产生的风险也是不容忽视的[②]。

第二，“土客”之间的社会交往存在于每一次具体的互动当中，它给了个体直观的交往体验，这是“土客关系”在个体层次上的体现。而群体层次不仅仅是众多个体的汇聚，它具有个体所不具有的特质[③]，对于“土客关系”而言，它主要涉及“土客”之间的社会交往的结构，也就是人们在不同社会位置上的分布及其社会交往[④]，这是布劳所谓的社会结构，它的特征会影响到“土客关系”。

第三，“土客关系”在微观层面可以通过双方的交往以及彼此间的心理距离加以观察和研究，这就涉及社会交往的客观行为以及主观意愿，我们在上文提及“土客关系”的外在表现时对此有过简要的论述。需要说明

---

① 马福云：《2015 年户籍制度改革的省际对比及展望》，龚维斌主编，《中国社会体制改革报告（2016）》，社会科学文献出版社，2016 年，第 29–39 页。

② 侯慧丽：《积分入户制度：现状、风险与政策改进》，蔡昉、张车伟主编，《中国人口与劳动问题报告（No.17）》，社会科学文献出版社，2016 年，第 95–108 页。

③ ［法］E. 迪尔凯姆：《社会学方法的准则》，商务印书馆，1999，第 12–13 页。

④ ［美］彼特·布劳：《不平等和异质性》，王春光、谢圣赞译，中国社会科学出版社，1991 年，第 5–30 页。

的是，所谓客观行为并不是指行为是完全客观的，而是如布劳所言，社会交往不以人的意志为转移。

二、研究“土客关系”的理论和视角

（一）城市融入研究的理论和视角

从“土客关系”的实质、外在表现以及构成层次来看，可以有很多研究上的突破口和落脚点，因而也会有相应的理论。目前，国内比较多的研究关注城市融入，而且如《国务院关于深入推进新型城镇化建设的若干意见》这样的权威文件也强调“以促进农民工融入城镇为核心”。结合发达国家和地区的移民过程以及相关研究来看，移民的社会融入很长一段时间都是西方移民研究领域的经典议题，而我国学者在研究农业转移人口的市民化时也比较多地借鉴这些研究和理论，这些理论主要包括融合论、多元文化论以及区隔融合论三个流派[①]。融合论最早由芝加哥学派提出，其代表人物帕克认为融合是群体和个人相互渗透和融合的过程，即个人与群体从其他群体获得记忆、情感、态度，并且共享他们的经历和历史，逐渐融汇成共同的文化生活[②]。但是该理论随后也受到学界的批评以及来自现实世界的反驳，批评者提出不同于帕克的融合观，他们认为融合应当是界限的跨越、界限的模糊以及界限的重构。在此基础上，多元文化论应运而生，该观点认为个人与族群的关系取决于祖先、血缘和家族关系，是不可分割、不可改变的。当移入地具有更大的文化包容性时，新移民更有可能保持原有的文化价值观念，并且会在新的移入地重新形塑身份认同，从而有助于形成多元的社会和经济秩序。区隔融合论是在早期经典融合论及研究二代移民的基础上发展起来的，它除了关注移民与移入地的关系之外，还特别

① 李明欢：《20世纪西方国际移民理论》，《厦门大学学报（哲学社会科学版）》2000年第4期。

② R. E.Park. “Human Migration and the Marginal Man”. The American Journal of Sociology，1928（6）：881-893.

关注移民社会融合模式的代际差异。该理论认为二代移民的社会融合同其父辈有很大的不同，呈现出区隔融合的特征，而且有更多的模式可供选择。三个理论流派关注点不同，它们之间互相补充。但都较好地解释了不同历史时期移民的社会融合现状、过程及结果①。

国内学术界的研究比较多地参考了上述西方研究的理论框架，但是正如杨菊华所指出的，国内相关研究还存在着三个突出的局限，即基本概念尚未厘清，缺乏适合中国国情的流动人口的社会融入的理论分析框架以及缺乏具体的、系统的、可供实证检验的社会融入测量指标体系②。而这其中最突出的问题是基本概念的混乱，主要体现为融合和融入的混用，这反映了城市融入研究的视角差异。如果仔细分辨，融入意指一方认同并学习效仿另一方的经济、文化和行为等规范，这是一个单向度的过程，融合则是双方共同磨合、接受彼此的规范，而这是一个相互的过程。对于像美国这样的多民族、多种族的移民国家而言，虽然有一套主流的文化价值观，但是其他少数族裔特有的文化规范仍能得到保留，而且跟主文化之间有一定的相互交流，这就实现了文化以及更大领域的融合。对于中国而言，“土客”指涉的群体主要是城镇户籍居民和进入城镇的以农业转移人口为主的新移民，他们在文化根基上没有差异，但是中国幅员辽阔，地域文化鲜明，而且城市文化相比于农村文化更加强势，所以就城镇范围而言，经济发达地区的城市文化具有压倒性优势，从农村进入城镇的农业转移人口相比于美国的少数族裔可能要面临更大的文化压力，从这个角度来说，谈论和研究融入要比融合似乎更合适。

（二）“土客关系”研究中存在的问题

通过对现有城市融入研究的理论和视角的简要梳理，“土客关系”研

---

① 杨菊华：《从隔离、选择融入融合：流动人口社会融入问题的理论思考》，《人口研究》2009 年第 1 期。

② 杨菊华：《从隔离、选择融入融合：流动人口社会融入问题的理论思考》，《人口研究》2009 年第 1 期。

究中存在两个需要指出的问题，这两个问题源自研究视角的缺失，不同的视角导致不同的理论，而视角的缺失就使得我们缺少认识和解释完整世界的机会。“土客关系”的意涵意味着“土”和“客”之间的双向关系，也就是无论涉及社会交往还是心理距离，都应存在由“土”向“客”以及由“客”向“土”的相向过程。前文在说明融入和融合两个概念的差异时就指出了一个方向性的问题，中国国情下的“客”由于制度的关系，还不能向“主”施加文化上的影响力。在诸多方面，目前“客”的弱势地位是显而易见的，而且要改变这种弱势地位可能要花相当长的时间，这个时间或许要用几代人来衡量。从政策目标来看，新型城镇化在现阶段的首要任务是要完成1亿农业转移人口在城镇落户，而在落户过程中以及落户完成之后，由“客”转为“土”的新移民能否很好地融入城市，有没有可能存在同融入不同甚至相反的“融入”状态？鉴于西方国家存在的区隔融合状态，我们也有可能遇到不但不能很好融入，而且还反向强化原有文化的可能性，这样的研究视角不能缺失，我们必须对可能出现的情况进行前瞻性的研究。

关于另一个研究视角的缺失是指在“土客关系”的研究中缺少对“土”的关注。中华人民共和国成立以来的城镇化带有较强的行政色彩，政府设定了城镇化的目标以及实施措施，这对发展中国家而言较为常见，但是并不一定合理而且也未必能取得预想的效果，原因就在于忽视了市场和社会的作用。城镇化这样重大且深刻的人类社会变革需要合适且灵活的资源配置方式，除了传统的计划方式，市场的基础性功能也不能忽视。至于社会，它有着自己的运行逻辑，对此也不能忽视。所以，此次新型城镇化启动伊始，官方就强调了要发挥两者的作用，其中将市场主导、政府引导作为基本原则之一加以体现。对社会的重视也放在了突出位置，提出在新型城镇化进程中要加强和创新城市社会治理，鼓励和支持社会各方面参与，实现政府治理和社会自我调节、居民自治良性互动[①]。从“土客关系”的角度来看，城市居民构成的城市社会是一个相对进步和发达的社区形态，它是“客”

① 中共中央、国务院：《国家新型城镇化规划（2014—2020年）》，2014年。

将进入并试图融入的环境，这种进入和融入无论从何种领域和层次看都会影响原有城市生态，而原有城市居民对此会如何看待，又会做出怎样的反应，这些问题都极有必要加以研究。因此，从“土”的角度开展的对“土客关系”的研究不可或缺。

三、未来“土客关系”研究的方向

农村居民和城市居民曾经被户籍制度隔绝了几十年，这种隔绝既是制度层面的，同时也是空间距离层面的。改革开放使人们实现自由的空间流动，进入城镇的农业转移人口得以同城市居民共同工作和生活，面对面进行社会交往。新型城镇化则促使户籍制度进行深度改革，“土”和“客”前所未有地联系在了一起。我们需要关注新型城镇化进程中的“土客关系”，对它的研究还需进一步推进。

（一）从社会心理角度研究“土客关系”

随着新型城镇化不断推进，可以预见以农业转移人口为主的新移民同原来的城市居民可能将更加频繁地接触，这些接触可能是面对面的交往，也有可能是间接的，双方将如何看待这些交往甚至彼此？这需要从社会心理的角度加以研究和把握。地域偏见在各种社会里都存在，而且人们对“陌生人”有本能的恐惧，这些普遍的社会心理在新型城镇化进程中会否出现，又将以怎样的形式出现？这也是需要重点关注的研究问题。

（二）从社会交往角度研究“土客关系”

社会心理状态是否有可能影响社会交往，或者社会交往影响了彼此之间的社会态度？这二者之间的关系比较复杂，但是具有重要的研究意义。举例来说，如果一名城市居民对以农业转移人口为主的新移民充满偏见，他 / 她是否还会主动选择同后者进行交往？而如果是一名新移民对城市居民充满偏见，他 / 她又会怎样呢？根据布劳的观点，两个不同群体的成员的群际交往的概率是不一样的，而且概率只跟这两个群体的规模有关，如果是这样，两个群体的社会交往会呈现出什么样的特点？在新型城镇化进程中，这些特点会不会变动不居？这些问题及其表现需要我们经常地观察和研究。

（三）从文化相容角度研究“土客关系”

从城市化的角度来看，新移民的城市融入是主要方向，他们需要经历市民化的过程才能更好地在城市工作和生活下去。城市融入当然是新型城镇化的政策目标，但是在实践中，我们要注意到其他的可能。帕克认为美国是种族“熔炉”，不同的文化可以融为一体，但是众多的研究以及现实并不支持他的观点。中国的“土”和“客”虽不是来自不同的文化和种族，但是两个群体在现代化程度上的差异还是很大的，“客”相对于“土”处于社会经济地位劣势，而且这种劣势恐怕要持续一段比较长的时间，在此过程中，“客”能否主动地吸收并适应城市文化？他们有没有可能坚守原有的文化，如果是这样的话，那么文化相容而非文化相融才更能恰当地描述这种状态。进一步地说，我们是否要修正城市融入的政策目标，或者采取哪些更加有效的方式促进他们的城市融入？研究这个问题不仅具有重要的学术意义，而且也具有不可忽视的现实意义。

第五章　新移民和城市居民的社会交往

第一节　新移民和城市居民的社会交往意愿

一、新移民和城市居民的社会交往意愿现状

社会交往的一个重要特征就是相互性，也就是交往双方进行的是互动性的社会交流，因此，存在两个考察城市居民和新移民的社会交往的角度，一个即是从城市居民到新移民的角度，另一个则是从新移民到城市居民的角度。我们在前两章集中研究分析了城市居民和新移民的社会交往以及城市居民对新移民的社会态度，接下来我们将从新移民的角度出发，研究他们和城市居民的社会交往以及新移民对城市居民的社会态度。

（一）数据与变量

本章将使用2014年中国流动人口动态监测数据，该数据的基本情况我们已经在第一章中进行过说明，这里我们将就使用到的变量及相关信息给予具体说明。流动人口动态监测数据由国家卫生健康委员会流动人口司负责组织协调，具体由各省、自治区、直辖市的卫健委进行调查。我们具体使用的是“流动人口社会融合与心理健康专题调查”数据（以下简称社

会融合调查），该调查主要关注和收集有关流动人口的社会融合与心理健康信息。该调查主要在北京市朝阳区、浙江省嘉兴市、福建省厦门市、山东省青岛市、河南省郑州市、广东省深圳市和中山市以及四川省成都市共8个城市展开。该调查不仅调查了当地的流动人口，也调查了相应数量的当地户籍人口，本章我们只使用流动人口样本。

2014年的社会融合调查收集的资料较丰富，其中在新移民和城市居民的社会交往意愿方面，该调查询问了类似于中国综合社会调查（CGSS 2005）所问询的题目，具体是询问受访者是否同意以下一些说法：1. 我愿意与本地人共同居住在一个街区（社区）；2. 我愿意与本地人做同事；3. 我愿意与本地人做邻居；4. 我愿意与本地人交朋友；5. 我愿意自己或亲人与本地人通婚。受访者可以从以下答案中选择：完全不同意、不同意、基本同意、完全同意。可以看出，该调查的题目同CGSS 2005相比略有差别，比如把询问做同事的意愿放置在共同居住在一个社区的意愿之后，而在与本地人做邻居的意愿之前，说明问卷设计者认为在新移民和本地居民的社会距离当中，与本地人做同事是处于这样一个位置。

（二）新移民和城市居民的社会交往意愿的描述统计

在进行更复杂的分析之前，我们先对新移民和城市居民的社会交往意愿进行描述统计。同我们先前研究城市居民和新移民的社会交往意愿时的发现相比，可以说新移民有着更加强烈的交往意愿，而且这种意愿体现在所有的社会交往类型上。CGSS 2005中关于意愿的答案只有愿意和不愿意，而社会融合调查的答案更加细化，因此，如果将完全不同意与不同意合并，将基本同意和完全同意合并，从表5-1可以看出同意的比重在所有类型的社会交往意愿中都超过了90%，这是城市居民和新移民的社会交往意愿所不能企及的，双方在交往意愿上出现了差异。

表 5-1　新移民和城市居民的社会交往意愿分布（%）

社会交往意愿	完全不同意	不同意	基本同意	完全同意	合计
1. 与本地人共同居住在一个街区（社区）	1.01	1.31	46.35	51.33	100.00
2. 与本地人做同事	0.88	1.17	43.36	54.59	100.00
3. 与本地人做邻居	0.93	1.13	41.95	56.00	100.00
4. 与本地人交朋友	0.76	1.16	40.76	57.31	100.00
5. 自己或亲人与本地人通婚	1.68	5.80	48.40	44.12	100.00

资料来源：根据 2014 年流动人口社会融合与心理健康专题调查数据计算得到。

具体来看，在与本地人交朋友方面，受访者中完全同意的比重是最高的，达到 57.31%，其次是与本地人做邻居的意愿，其比例达到 56.0%，最低的则是自己或亲人与本地人通婚，其比例只有 44.12%。如果将基本同意和完全同意合并计算，与本地人交朋友的意愿比例仍然是最高的，可以达到 98.07%，其次是与本地人做同事和与本地人做邻居，两者愿意的比例都达到了 97.95%，而愿意自己或亲人与本地人通婚的比例仍然最低，但也达到了 92.52%。另一方面，不愿意与本地人进行各类社会交往的分布则呈现出不同的景象，如果我们将完全不同意与不同意合并计算的话，不愿意自己或亲人与本地人通婚的比例是最高的，达到 7.48%，其次是不愿意与本地人共同居住在一个街区（社区），其比例达到 2.32%，不愿意比例最低的是与本地人交朋友，其比例只有 1.92%，见表 5-1。

二、新移民和城市居民社会交往意愿的特征

本小节我们将分析新移民和城市居民社会交往意愿的特征，我们仍将使用卡方检验等方法研究具备不同特征的新移民和城市居民的社会交往意愿是否是相关的。在研究层次方面，我们也将从个人层次、家庭层次和社区层次展开分析，其中个人层次变量包括性别、年龄、受教育程度、户口性质、婚姻状况、流动范围、本次流动时长；家庭层次变量包括是否有子女、家庭在本地平均每月总收入、家庭恩格尔系数；社区层次变量包括居住社区类型、主要邻居构成，上述变量的操作处理方法及分布情况说明如下。

（一）不同个人层次类型的新移民和城市居民社会交往意愿的特征

1. 变量的操作化方法及其分布

依照性别、年龄、受教育程度、户口性质、婚姻状况、流动范围、本次流动时长变量上的不同分布，受访者被区分成了不同类型，从而成为具备不同特征的新移民。接下来先对个人层次变量的操作化方法进行说明。

（1）年龄。社会融合调查的对象年龄介于 15 ～ 60 岁之间，为了便于进行分析，我们将年龄从定量变量处理成定性变量，具体我们将 15 ～ 20 岁、21 ～ 30 岁、31 ～ 40 岁、41 ～ 50 岁、51 ～ 60 岁分成 5 个年龄段类别。

（2）受教育程度。社会融合调查设定的受教育程度包括未上过学、小学、初中、高中、大学专科、大学本科、研究生共 7 个教育程度。

（3）户口性质。具体类型有农业、非农业、农业转居民、非农业转居民 4 种情况。在本节分析中，我们将其视为不同的 4 种户口性质状况，而不将其合并。

（4）婚姻状况。社会融合调查设定的婚姻状况包括未婚、初婚、再婚、离婚和丧偶共 5 种情况。

（5）流动范围。所谓流动范围是指受访者的户籍地同现居住地之间的空间距离的范围，具体分为跨省流动、省内跨市和市内跨县 3 种。

（6）本次流动时长。该变量计算受访者从最近一次到该市 / 区 / 县开始生活、工作、居住的日期距调查日期的时长，计量单位为年。此外，为了便于进行更复杂的分析，我们还将时长操作成为定性变量，具体有不足 1 年、1 年、2 年、3 年、4 年、5 年、6 年及以上共 7 种情形。

从个人层次变量的分布来看，样本中男性所占比重较高，性别比达到 122.2。因为社会融合调查对年龄的限定，所以其最小值和最大值分别是 15 岁和 60 岁，样本的平均年龄为 32.7 岁，从年龄段来看，21 ～ 40 岁所占人口比重最大，达 73.09%。受教育程度方面，初中所占比重最大，达到 50.53%。受访者以农业户口为主，该户口性质样本占 86.0%。婚姻状况中以已婚者为主，初婚和再婚合计比例为 73.19%。流动范围方面以跨省流动为主，其比重为54.82%。本次流动时长有两头大、中间小的基本态势，即流动时间在1年及以下的合计占32.8%，6年及以上的占27.5%，变量的具体分布情况见表5-2。

表5-2　个人层次特征变量的频数分布

变量	频数	百分比	变量	频数	百分比
性别			**婚姻状况**		
男性	8799	55.00	未婚	4056	25.35
女性	7200	45.00	初婚	11540	72.13
年龄段			再婚	169	1.06
15～20岁	976	6.10	离婚	198	1.24
21～30岁	6349	39.68	丧偶	36	0.23
31～40岁	5346	33.41	**流动范围**		
41～50岁	2905	18.16	跨省流动	8771	54.82
51～60岁	423	2.64	省内跨市	6635	41.47
受教育程度			市内跨县	593	3.71
未上过学	133	0.83	**本次流动时长**		
小学	1372	8.58	不足1年	1904	11.90
初中	8085	50.53	1年	3344	20.90
高中	4051	25.32	2年	2437	15.23
大学专科	1585	9.91	3年	1481	9.26
大学本科	691	4.32	4年	1369	8.56
研究生	82	0.51	5年	1073	6.71
户口性质			6年及以上	4371	27.45
农业	13759	86.00			
非农业	2038	12.74			
农业转居民	168	1.05			
非农业转居民	34	0.21			

资料来源：根据2014年流动人口社会融合与心理健康专题调查数据计算得到。

2. 不同个人层次类型的新移民和城市居民社会交往意愿的特征

我们先通过列联分析对新移民的不同特征与各类社会交往意愿的关系有一个大体的掌握。表5-3报告了性别、年龄段、受教育程度、户口性质、婚姻状况、流动范围、本次流动时长的新移民分别与社区意愿、同事意愿、邻居意愿、朋友意愿、通婚意愿的卡方检验的P值。从中可以看出，性别同所有交往意愿之间都没有显著关联，说明男女新移民之间在上述交往意愿方面没有显著差异。除此之外，受教育程度与社区意愿之间没有显著关联；年龄段与朋友意愿之间没有显著关联；年龄段、婚姻状况与通婚意愿之间没有显著关联，见表 5–3。

表 5–3　不同个人层次类型的新移民和城市居民社会交往意愿的卡方检验

个人层次特征变量	社区意愿	同事意愿	邻居意愿	朋友意愿	通婚意愿
1. 性别	0.345	0.553	0.396	0.528	0.656
2. 年龄（分段）	0.000	0.001	0.012	0.090	0.124
3. 受教育程度	0.064	0.014	0.043	0.041	0.000
4. 户口性质	0.000	0.000	0.000	0.001	0.000
5. 婚姻状况	0.000	0.002	0.000	0.001	0.139
6. 流动范围	0.000	0.000	0.000	0.000	0.000
7. 本次流动时长（分段）	0.000	0.000	0.000	0.000	0.000

说明：表中报告的是卡方检验的 *P* 值。

资料来源：根据 2014 年流动人口社会融合与心理健康专题调查数据计算得到。

（二）不同家庭层次类型的新移民和城市居民社会交往意愿的特征

1. 变量的操作化方法及其分布

这里所使用的家庭层次变量包括是否有子女、家庭在本地平均每月总收入、家庭恩格尔系数，我们先对这些变量的操作化方法进行说明。

（1）是否有子女。对该变量的操作化是通过询问受访者生育子女数，凡是没有生育过的则为没有子女，凡是生育过 1 个及以上的则视为有子女，这是一个只包含是和否的虚拟变量。从该变量的分布来看，样本中有孩子的比重非常高，所占比例达到 64.84%，而没有孩子的则占 35.16%。

（2）家庭在本地平均每月总收入。该变量是询问受访者所有家庭成员在现居地的总收入，具体包括工资收入、经营收入、财产收入和转移收入，然后计算每月的平均数。该项数值分布悬殊，其中最低有效收入为 200 元，最高为 300 000 元，平均值为 6 430.7 元，标准差为 7 051.5。为了方便后面进行列联分析，我们将该变量值分组并转化为定类变量。此处我们基本按照 5 等份将收入分组，具体是 3 000 元及以下、3 001 ～ 4 900 元、4 901 ～ 5 900 元、5 901 ～ 7 999 元、8 000 元及以上，共 5 个收入组别。

（3）家庭恩格尔系数。该变量是按照恩格尔系数的计算公式得到的，即家庭在本地平均每月食品支出 / 家庭在本地平均每月总支出 ×100%，需要说明的是，此处的恩格尔系数是依受访者家庭在现居住地的支出情况而计算。在计算生成恩格尔系数后，我们也将其分组，具体是 20% 及以下、20.1% ～ 30%、30.1% ～ 40%、40.1% ～ 50%、50.1% ～ 60%、60% 以上，共 6 个档次水平，它们其实分别对应联合国划分的家庭富裕程度的标准，即极其富裕、富足、相对富裕、小康、温饱、贫穷。就本样本来看，其中达到小康及以上水平的家庭占 68.56%，温饱水平家庭占 13.27%，还有 18.16% 的家庭属于贫穷水平。在所有受访者中，家庭恩格尔系数最低的为 0.07%，最高的达到 100%，平均值为 45.3%，标准差是 17.4%，变量的具体分布情况见表 5–4。

表 5–4　家庭层次特征变量的频数分布

变量	频数	百分比	变量	频数	百分比
是否有子女			8000 元及以上	3663	22.90
是	10374	64.84			
否	5625	35.16	**家庭恩格尔系数**		
家庭在本地平均每月总收入			20% 及以下	1371	8.57
			20.1% ～ 30%	1976	12.35
3 000 元及以下	3306	20.66	30.1% ～ 40%	3725	23.28
3 001 ～ 4 900 元	3104	19.40	40.1% ～ 50%	3898	24.36
4 901 ～ 5 900 元	2541	15.88	50.1% ～ 60%	2123	13.27
5 901 ～ 7 999 元	3385	21.16	60% 以上	2906	18.16

资料来源：根据 2014 年流动人口社会融合与心理健康专题调查数据计算得到。

2. 不同家庭层次类型的新移民和城市居民社会交往意愿的特征

我们使用列联表分析检验了新移民是否有子女、家庭在本地平均每月总收入（分段）、家庭恩格尔系数（分段）同城市居民就各类型交往意愿的相关性。其中是否有子女、家庭在本地平均每月总收入（分段）同各类型的社会交往意愿均具有显著的相关性，显著性水平达到 0.05。另外，家庭恩格尔系数（分段）只在通婚意愿上达到了 0.01 的显著性水平，其他类型的交往意愿都不相关，见表 5–5。

表 5–5　不同家庭层次类型的新移民和城市居民社会交往意愿的卡方检验

个人层次特征变量	社区意愿	同事意愿	邻居意愿	朋友意愿	通婚意愿
1. 是否有子女	0.000	0.002	0.001	0.028	0.005
2. 家庭每月总收入（分段）	0.000	0.000	0.000	0.002	0.000
3. 家庭恩格尔系数（分段）	0.314	0.198	0.472	0.079	0.004

说明：表中报告的是卡方检验的 *P* 值。

资料来源：根据 2014 年流动人口社会融合与心理健康专题调查数据计算得到。

（三）不同社区层次类型的新移民和城市居民社会交往意愿的特征

1. 变量的操作化方法及其分布

在分析新移民和城市居民社会交往意愿方面，我们也纳入了社区层次变量，该层次变量提供了一个从宏观层次来考察两个群体的交往意愿的角度，它不同于个人的个人层次的影响因素，它是以交往机会结构的代理变量而出现的，其背后的假定是：无论新移民同城市居民的社会交往意愿如何，它都要受到潜在的交往机会结构的影响。此处的社区层次变量包括居住社区类型和主要邻居构成，其操作化方法如下：

（1）居住社区类型。这里直接使用了社会融合调查的变量处理方法，具体包括别墅区或商品房社区、经济适用房社区、机关事业单位社区、工矿企业社区、未经改造的老城区、城中村或棚户区、城郊接合部、农村社区和其他共 9 种社区类型。其中住在农村社区的受访者比重最大，占 28.19%，其他如别墅区或商品房社区、未经改造的老城区、城中村或棚户区以及城郊接合部的比重则比较接近。

（2）主要邻居构成。这里也直接使用了社会融合调查的变量处理方法，包括外地人、本地市民、外地人和本地人数量差不多和不清楚 4 种情形。可以看出，该变量是以邻居中本地人、外地人的比重来测量并分类的，但是这个比重不是客观的指标，而是受访者的主观判断。其中认为以外地人为主的占 43.46%，认为是本地市民为主的占 20.65%，认为外地人和本地市民数量差不多的则占 29.46%，还有 6.43% 的受访者不清楚其邻居构成，变量具体分布见表 5–6。

表 5–6　社区层次特征变量的频数分布

变量	频数	百分比	变量	频数	百分比
居住社区类型			农村社区	4509	28.19
别墅区或商品房社区	2740	17.13	其他	131	0.82
经济适用房社区	680	4.25	**邻居构成**		
机关事业单位社区	267	1.67	外地人	6953	43.46
工矿企业社区	487	3.04	本地市民	3303	20.65
未经改造的老城区	2438	15.24	外地人和本地人数量差不多	4712	29.46
城中村或棚户区	2146	13.42			
城郊接合部	2599	16.25	不清楚	1029	6.43

资料来源：根据 2014 年流动人口社会融合与心理健康专题调查数据计算得到。

2. 不同社区层次类型的新移民和城市居民社会交往意愿的特征

分别对居住社区类型、邻居构成同新移民和城市居民各类社会交往意愿进行卡方检验，发现社区层次的变量同交往意愿均有着显著的相关性，具体见表 5–7。

表 5–7　不同社区层次类型的新移民和城市居民社会交往意愿的卡方检验

社区层次特征变量	工作意愿	社区意愿	邻居意愿	做客意愿	恋爱意愿
1. 居住社区类型	0.000	0.000	0.000	0.000	0.000
2. 邻居构成	0.000	0.000	0.000	0.000	0.000

说明：表中报告的是卡方检验的 *P* 值。

资料来源：根据 2014 年流动人口社会融合与心理健康专题调查数据计算得到。

三、新移民和城市居民的社会交往意愿的影响因素分析

通过对新移民和城市居民的社会交往意愿进行描述统计分析和列联分析，我们可以初步确认新移民在个人、家庭和社区三个层次的特征均不同程度地影响其和城市居民的社会交往意愿，但是还不清楚更具体的影响程度和模式，因此，接下来将分别从个人、家庭和社区三个层次进行新移民和城市居民的社会交往意愿的影响因素分析。

（一）变量和方法

本小节将要使用的变量的操作化方法已在上一小节中给予说明，此处不再陈述，但原先被重新编码处理成定性变量的定量变量将以连续变量的形式参与分析。而对因变量来说，由于社会融合调查将各类型的社会交往意愿操作化为完全不同意、不同意、基本同意和完全同意 4 种，这就比中国综合社会调查（2005）对类似意愿的操作化方法更加接近于定序变量，为了充分利用定序变量相对于定类变量所包含的更丰富的信息，在分析方法上，我们将采用一般的定序回归方法（ordered logistic regression），并使用稳健估计。同之前的分析策略一样，我们将逐个分析不同类型的交往意愿，而且同样是从个人、家庭和社区三个层次展开。

（二）分析结果

1. 个人层次变量的影响

在分析结果之前，首先对结果报告做一个简短的说明，由于篇幅限制，回归分析表格中没有加入各自变量的参照组，在此说明如下：性别变量的参照组为“男性”，年龄和年龄平方项为连续变量，受教育程度变量的参照组为“未上过学”，户口性质变量的参照组为“农业”，婚姻状况变量的参照组为“未婚”，流动范围变量的参照组为“跨省流动”，本次流动时长为连续变量。此外，定序回归的分析结果中还包含切点参数信息（cut off points），但本小节只分析自变量对各类交往意愿的影响，所以分析表格中也不报告这部分的结果，分析结果可见表 5-8。

在与本地人共同居住在一个街区（社区）的意愿强度方面，性别、年龄、受教育程度对因变量没有显著影响。户口性质变量中的非农业和农业转居民两类对因变量有显著的正向影响，说明他们相比于农业户口的新移民来说更有可能有较高的意愿与本地人居住在一个街区（社区）。婚姻状况变量中除了丧偶的情形外，其他三类都对因变量有显著影响，说明他们相对于未婚的新移民也有着更高的居住意愿。流动范围变量方面，省内跨市和市内跨县的要比跨省流动的有更强的意愿，其中又属省内跨市的意愿最强。本次流动时长对因变量有显著正向影响，基本上每增加 1 年的流动时长，完全同意相对于基本同意的可能性增加 2.8%［exp（0.0278）-1］。

在与本地人做同事的意愿强度方面，性别、年龄、受教育程度对因变量也没有显著影响。户口性质变量中只有非农业类型对因变量有显著的正向影响，其相比于农业户口的新移民来说有较高意愿与本地人做同事的可能性增加了 23.5%［exp（0.0278）-1］。婚姻状况变量中的初婚和再婚两类情形对因变量有显著正向影响。流动范围变量中的省内跨市和市内跨县两类新移民要比跨省流动的新移民有更强的与本地人做同事的意愿，其中又属省内跨市的意愿最强。本次流动时长对因变量有显著的正向影响。

在与本地人做邻居的意愿强度方面，性别、年龄、受教育程度对因变量依然没有显著影响。户口性质变量中的非农业和农业转居民两类情形对因变量有显著的正向影响。婚姻状况变量中的初婚、再婚和离婚等三类情形对因变量有显著的正向影响。流动范围变量中的省内跨市和市内跨县两类新移民要比跨省流动的有更强的与本地人做邻居的意愿，其中又属省内跨市的意愿最强。本次流动时长对因变量有显著的正向影响。

在与本地人交朋友的意愿强度方面，性别、年龄、受教育程度对因变量没有显著影响。户口性质变量中的非农业和农业转居民两类情形对因变量有显著的正向影响。婚姻状况变量中的初婚、再婚和离婚等三类情形对因变量有显著的正向影响。流动范围变量中的省内跨市和市内跨县两类新移民要比跨省流动的有更强的与本地人交朋友的意愿，其中以省内跨市的意愿最强烈。本次流动时长对因变量有显著的正向影响。

在与本地人通婚的意愿强度方面，性别和年龄对因变量没有显著影响。受教育程度变量中的高中、大学专科、大学本科和研究生对因变量有显著影响，它们这四类教育程度相对于未上过学的来说有更高的可能性倾向于更强的通婚意愿。户口性质变量中只有非农业户口对因变量有显著的正向影响。婚姻状况变量中只有丧偶对因变量有显著的正向影响，而且显著性水平刚达到0.1。流动范围变量中的省内跨市和市内跨县两类要比跨省流动的有更强的与本地人通婚的意愿。本次流动时长对因变量有显著的正向影响。简单总结一下新移民和城市居民的社会交往意愿的影响模式，可以看出，在与本地人共住一个社区、做邻居、交朋友的意愿强度上，它们的影响模式都是一致的，而在与本地人做同事和通婚的意愿强度上，则各有各的影响模式，见表 5–8。

表 5–8 新移民和城市居民的社会交往意愿的定序逻辑回归分析：个人层次

自变量	社区意愿	同事意愿	邻居意愿	朋友意愿	通婚意愿
性别	−0.0516 （0.0321）	−0.0250 （0.0323）	−0.0457 （0.0325）	−0.0457 （0.0325）	0.000288 （0.0316）
年龄	−0.00187 （0.0149）	−0.00714 （0.0150）	−0.0117 （0.0152）	−0.0117 （0.0152）	−0.000163 （0.0149）
年龄平方 /100	0.00173 （0.0203）	0.00226 （0.0203）	0.00792 （0.0208）	0.00792 （0.0208）	0.00194 （0.0204）
小学	−0.146 （0.184）	−0.209 （0.186）	−0.0833 （0.188）	−0.0833 （0.188）	0.0570 （0.185）
初中	−0.108 （0.179）	−0.197 （0.181）	−0.0903 （0.183）	−0.0903 （0.183）	0.207 （0.179）
高中	−0.0950 （0.181）	−0.218 （0.183）	−0.104 （0.185）	−0.104 （0.185）	0.316* （0.181）
大学专科	−0.0284 （0.187）	−0.100 （0.189）	−0.0843 （0.191）	−0.0843 （0.191）	0.392** （0.186）
大学本科	0.0530 （0.197）	0.00422 （0.200）	0.0996 （0.202）	0.0996 （0.202）	0.623*** （0.196）
研究生	0.0169 （0.285）	−0.0976 （0.294）	0.141 （0.290）	0.141 （0.290）	0.711** （0.277）
非农业	0.182*** （0.0539）	0.211*** （0.0546）	0.209*** （0.0550）	0.209*** （0.0550）	0.266*** （0.0545）
农业转居民	0.414** （0.163）	0.260 （0.163）	0.348** （0.163）	0.348** （0.163）	−0.0147 （0.150）
非农业转居民	0.267 （0.340）	0.390 （0.348）	0.219 （0.346）	0.219 （0.346）	0.447 （0.332）
初婚	0.139*** （0.0518）	0.156*** （0.0524）	0.207*** （0.0527）	0.207*** （0.0527）	0.0418 （0.0514）
再婚	0.473*** （0.166）	0.495*** （0.170）	0.591*** （0.173）	0.591*** （0.173）	0.188 （0.161）

续表

自变量	社区意愿	同事意愿	邻居意愿	朋友意愿	通婚意愿
离婚	0.320** （0.153）	0.234 （0.155）	0.331** （0.154）	0.331** （0.154）	0.228 （0.147）
丧偶	0.350 （0.318）	0.386 （0.322）	0.488 （0.321）	0.488 （0.321）	0.504* （0.276）
省内跨市	0.383*** （0.0329）	0.399*** （0.0332）	0.402*** （0.0333）	0.402*** （0.0333）	0.563*** （0.0322）
市内跨县	0.845*** （0.0897）	0.843*** （0.0915）	0.887*** （0.0925）	0.887*** （0.0925）	0.934*** （0.0866）
本次流动时长	0.0278*** （0.00394）	0.0313*** （0.00396）	0.0311*** （0.00398）	0.0311*** （0.00398）	0.0258*** （0.00381）
个案数	15997	15997	15997	15997	15997

注释：1. 括号中为稳健标准误。2.*，p<0.1；**，p<0.05；***，p<0.01。

2. 家庭层次变量的影响

我们将是否有子女、家庭每月总收入和家庭在本地恩格尔系数作为家庭层次变量放入定序回归方程，拟合结果见表 5–9。在与本地人共同居住在一个街区（社区）的意愿强度方面，是否有子女和家庭每月总收入对因变量有显著的正向影响。在与本地人做同事的意愿强度方面，只有家庭每月总收入有显著的正向影响。在与本地人做邻居的意愿强度方面，是否有子女和家庭每月总收入对因变量有显著的正向影响。在与本地人交朋友的意愿强度方面，也是是否有子女和家庭每月总收入对因变量有显著的正向影响。在与本地人通婚的意愿强度方面，是否有子女和家庭在本地恩格尔系数对因变量有显著的负向影响，而家庭每月总收入有显著的正向影响。

表 5–9　新移民和城市居民的社会交往意愿的定序逻辑回归分析：家庭层次

自变量	社区意愿	同事意愿	邻居意愿	朋友意愿	通婚意愿
是否有子女（否 =0）					
有	0.0682** （0.0334）	0.0530 （0.0337）	0.0910*** （0.0338）	0.0683** （0.0338）	–0.078^{7**} （0.0326）
家庭每月总收入	7.64e–06** （3.03e–06）	8.14e–06*** （3.16e–06）	6.49e–06** （3.06e–06）	4.80e–06* （2.84e–06）	7.52e–06*** （2.74e–06）
家庭恩格尔系数	–0.000595 （0.000921）	0.000172 （0.000927）	–0.000553 （0.000925）	–0.000897 （0.000931）	–0.00170* （0.000897）

续表

自变量	社区意愿	同事意愿	邻居意愿	朋友意愿	通婚意愿
切点 1	-4.518^{***}	-4.637^{***}	-4.600^{***}	-4.835^{***}	-4.150^{***}
	(0.0904)	(0.0962)	(0.0945)	(0.102)	(0.0786)
切点 2	-3.676^{***}	-3.777^{***}	-3.793^{***}	-3.898^{***}	-2.596^{***}
	(0.0709)	(0.0736)	(0.0743)	(0.0757)	(0.0564)
切点 3	0.0130	-0.0902^{*}	-0.166^{***}	-0.260^{***}	0.157^{***}
	(0.0521)	(0.0526)	(0.0525)	(0.0522)	(0.0503)
个案数	15997	15997	15997	15997	15997

注释：1. 括号中为稳健标准误。2.*，p<0.1；**，p<0.05；***，p<0.01。

3. 社区层次变量的影响

同上一小节中的列联分析一样，我们将居住社区类型、邻居构成作为社区层次自变量参与各类交往意愿的定序回归分析，上述两个变量使用的是初始编码，其中居住社区类型以别墅区或商品房社区作为参照组，邻居构成以外地人（居多）作为参照组，所有5类交往意愿的回归分析见表5-10。在与本地人共同居住在一个街区（社区）的意愿强度方面，经济适用房社区、工矿企业社区、城中村或棚户区、城郊接合部和农村社区的新移民相对于居住在别墅区或商品房社区的更有可能倾向于不太强烈的意愿强度。而对邻居主要构成变量而言，本地市民、本地外地差不多相对于参照组更有可能倾向于较强烈的意愿强度，而回答不清楚的则有相反的可能。

在与本地人做同事的意愿强度方面，只有城中村或棚户区、城郊接合部和农村社区等居住类型对因变量有显著的负向影响。以本地市民和本地外地差不多为邻居构成的情形则对因变量有显著的正向影响，回答不清楚的有显著的负向影响。在与本地人做邻居的意愿强度方面，经济适用房社区、工矿企业社区、城中村或棚户区、城郊接合部和农村社区对因变量有显著的负向影响。而邻居构成对因变量的影响模式同其在与本地人做同事的意愿强度方面的影响模式一样。

在与本地人交朋友的意愿强度方面，经济适用房社区、城中村或棚户区、城郊接合部和农村社区等社区类型对因变量有显著的负向影响，邻居构成对因变量的影响模式同前。在与本地人通婚的意愿强度方面，经济适用房社区、工矿企业社区、未经改造的老城区、城中村或棚户区、城郊接合部、农村社区等社区类型对因变量有显著的负向影响。邻居构成方面则是本地市民和本地外地差不多两种情形对因变量有显著的正向影响，见表5–10。

表 5–10　新移民和城市居民的社会交往意愿的定序逻辑回归分析：社区层次

自变量	社区意愿	同事意愿	邻居意愿	朋友意愿	通婚意愿
居住社区类型[1]					
经济适用房社区	−0.214**	−0.135	−0.224**	−0.205**	−0.178**
	(0.0847)	(0.0869)	(0.0873)	(0.0875)	(0.0855)
机关事业单位社区	−0.0459	0.102	0.00738	−0.0349	−0.207
	(0.129)	(0.134)	(0.135)	(0.137)	(0.126)
工矿企业社区	−0.344***	−0.117	−0.328***	−0.162	−0.443***
	(0.0964)	(0.0981)	(0.0968)	(0.0986)	(0.0903)
未经改造的老城区	−0.0938	−0.0671	−0.0534	−0.0486	−0.151***
	(0.0571)	(0.0575)	(0.0575)	(0.0577)	(0.0550)
城中村或棚户区	−0.474***	−0.403***	−0.448***	−0.383***	−0.417***
	(0.0601)	(0.0598)	(0.0603)	(0.0604)	(0.0573)
城郊接合部	−0.261***	−0.142**	−0.184***	−0.117**	−0.423***
	(0.0551)	(0.0556)	(0.0559)	(0.0564)	(0.0543)
农村社区	−0.301***	−0.246***	−0.299***	−0.230***	−0.494***
	(0.0495)	(0.0496)	(0.0500)	(0.0502)	(0.0474)
其他	0.0580	0.160	−0.135	0.104	0.00168
	(0.189)	(0.193)	(0.194)	(0.192)	(0.175)
邻居构成[2]					
本地市民	0.558***	0.548***	0.522***	0.530***	0.482***
	(0.0442)	(0.0445)	(0.0451)	(0.0452)	(0.0438)
本地外地差不多	0.296***	0.268***	0.283***	0.252***	0.265***
	(0.0378)	(0.0381)	(0.0383)	(0.0384)	(0.0368)
不清楚	−0.248***	−0.128*	−0.211***	−0.200***	−0.0494
	(0.0690)	(0.0678)	(0.0682)	(0.0683)	(0.0658)
切点 1	−4.666***	−4.747***	−4.740***	−4.889***	−4.244***
	(0.0912)	(0.0965)	(0.0935)	(0.101)	(0.0747)
切点 2	−3.822***	−3.886***	−3.932***	−3.950***	−2.686***
	(0.0688)	(0.0713)	(0.0707)	(0.0733)	(0.0509)
切点 3	−0.0926**	−0.167***	−0.272***	−0.285***	0.103**
	(0.0457)	(0.0457)	(0.0460)	(0.0463)	(0.0441)
个案数	15997	15997	15997	15997	15997

注释：1. 参照组为别墅区或商品房社区。2. 参照组为外地人。3. 括号中为稳健标准误。4.*，$p<0.1$；**，$p<0.05$；***，$p<0.01$。

四、小结

（一）结论

在本节中，我们分别从个人、家庭和社区层次对新移民和城市居民的5个方面的社会交往意愿进行了列联分析和回归分析，接下来我们简要总结这些分析的发现，然后再论述这些发现的现实意义。

在个人层次变量上，性别、年龄和受教育程度几乎对所有交往类型的意愿都没有显著影响，但是在通婚意愿上，高中教育程度以上的新移民有着不断增强的与本地人通婚的意愿。非农业户口的新移民相对于农业户口的也有着较强的交往意愿，而且这种交往意愿是贯穿所有5类。初婚、再婚和离婚等婚姻状况的新移民要比未婚的有更强的交往意愿，但是通婚意愿除外，只有丧偶情形才会比未婚的有更强烈的通婚意愿。本次流动范围和流动时长对因变量有显著的正向影响，流动跨越的行政区划级别越小则越有可能有更强烈的交往意愿，而流动时间越长的新移民也有着更加强烈的同本地居民进行各类交往的意愿。

在家庭层次变量上，是否有子女决定了家庭的结构、规模乃至生命历程阶段，在社区意愿、邻居意愿和朋友意愿上，有孩子的要比没孩子的新移民有更强的交往意愿；而在通婚意愿上，有孩子的新移民反而不如没有孩子的交往意愿更强烈。家庭每月总收入越高，则新移民同城市居民的各类交往意愿越强烈。家庭恩格尔系数没有影响，只有在通婚意愿方面，有轻微的抑制作用。在社区层次变量上，居住社区类型的影响颇为复杂，因为我们使用的是社会融合调查的原始编码，所以社区类型多样，基本上住在机关事业单位社区的新移民同居住在商品房社区的新移民在各类交往意愿上没有显著差异。而居住在城中村或棚户区、城郊接合部和农村社区的新移民相比于住在商品房社区的新移民则有着更不强烈的交往意愿，或者说是更强烈的不交往意愿。在邻居主要构成方面，只要是本地市民为主或者本地外地数量差不多的，新移民的交往意愿都要强于以外地人为主的情形。

（二）讨论

社会交往至少是两个主体之间的互动，同样的一次交往对于不同的交往主体来说，可能包含着不同的意味。而就交往意愿而言，某一特定交往的双方可能也存在着差异。从对社会融合调查数据的描述统计来看，新移民同城市居民的社会交往意愿要强于城市居民同新移民的社会交往意愿，至少从交往意愿来看，两个群体是不对等的。这体现出一方强烈的接近和融入的动机及愿望，而另一方则动机不强。我们可以将新移民同城市居民的社会交往意愿置于城市融入的框架下来分析。同城市居民相比，新移民的受教育程度整体较低，这导致该群体无论是就文化程度本身还是就文化程度所代表的现代性水平来说，都同城市居民有着较大的差距，从而在此方面存在着异质性。但是当受教育程度继续提高，达到高中及以上时，这时两个群体在受教育程度上的差异开始缩小，从而导致文化异质性的减小，而这对新移民同城市居民的通婚意愿有着较强的促进作用，毕竟相对于社区意愿、同事意愿、邻居意愿和朋友意愿来说，群际通婚意愿体现出更强的主动性和选择性，这不是居住于同一社区、做同事和做邻居等意愿所能比拟的。

文化异质性不仅仅体现在受教育程度方面，在最基本的方面，它体现为语言和风俗的差异性。在这方面，流动范围是很好的观察角度，同时也是文化异质性的最佳注脚之一。因为流动所要跨越的行政区划层级越低[①]，说明其语言和风俗更加接近。所以省内跨市和市内跨县的新移民就要比跨省流动的有可能更加熟悉现居地的语言和风俗，而这对新移民在现居地的融入至关重要，而这也促进了他们同这些层级的行政区划内的城市居民的交往意愿。流动时长也有类似的效果，在现居地居留时间越长，越

① 这里要注意流动范围所指的并不是地理空间距离的远近，从社会融合调查设置的选项来看，它更接近于因为流动需要跨越的行政区划层级，比如从村里到县城是跨越了乡镇一级，从本县到临近县则是跨越了县一级，虽然空间上跨越的距离可能并不是很远。

有可能熟悉本地的语言和风俗，而这也会促进新移民和本地居民的社会交往意愿，而且是所有类型的交往意愿。

新移民越来越倾向于以家庭为单位的流动和居留，而对家庭来说，它的社会经济地位是其重要的特征，社会经济地位不同的新移民家庭对其家庭成员同城市居民的交往意愿有不同影响。新移民与本地居民间不仅存在文化异质性，在社会经济地位方面也存在一定的不平等，这种不平等会影响新移民同本地居民的交往意愿。正像新移民的受教育程度相比于城市居民整体较低，前者在家庭社会经济地位方面同城市居民家庭也有不小的差距，所以当家庭每月总收入增高时，可以看作是缩小了两个群体的家庭社会经济地位差距，而这确实促进了新移民同城市居民的社会交往意愿。但与此同时，当我们以家庭恩格尔系数为家庭富裕程度的测量指标的话，却看不出它的作用，反而是收入的作用更显著。

居住社区类型和邻居主要构成是测量新移民和城市居民社会交往机会结构的很好的指标，如果居住社区有相当数量的本地居民的话，那新移民同他们进行交往的可能性就比较大，而实际的交往可能促进他们同城市居民的社会交往意愿。通过数据拟合可以发现，居住在城中村或棚户区、城郊接合部和农村社区的新移民有着相当更强烈的不交往意愿，这可能是因为这些社区中的居民多以新移民或者本地农业户口居民为主，而这可能压缩了新移民和城市居民的交往机会。所以我们可以看到，在邻居构成以本地市民为主或者本地居民和外地人数量差不多的情况下，新移民同城市居民的交往意愿都要更加强烈。群际接触机会的增多是有可能提高群体间的交往意愿的，而且是贯穿所有交往类型。

第二节　新移民和城市居民的社会交往行为

一、新移民和城市居民的社会交往行为现状

（一）数据与变量

按照布劳的假设，如果两个大小规模不等的群体进行群际交往的话，两个群体发生跨群体交往的概率是其规模倒数的函数，也就是说小群体的群际交往率要超过大群体的群际交往率[①]。如果将该假设套用到新移民和城市居民两个群体的群际交往方面，我们可以说新移民应该有更多的可能性和机会同城市居民进行交往，而且我们在上一节进行的新移民和城市居民的社会交往意愿的分析似乎也说明了这一点，即新移民有着相比于城市居民更强的同对方进行交往的意愿。而实际情况如何呢？按照我们在第三章的分析内容和步骤，接下来我们应该检视新移民和城市居民的主要的社会交往行为现状。

遗憾的是，本书目前并没有收集到有关这方面最直接有力的实证资料，如现实中新移民是否与本地人共同居住在一个街区（社区），是否与本地人做同事，是否与本地人做邻居，是否与本地人交朋友，是否与本地人通婚等。在尽可能收集有关主题的二手数据的基础上，我们发现还是 2014 年的流动人口动态监测调查中的“社会融合专项调查”询问了相对最符合的问题（以下简称社会融合调查），即您觉得自己或家人与本地人相处得好不好，其答案有：很融洽、比较融洽、一般、不融洽、来往很少 5 种情形，我们将以该问题作为主要的测量新移民和城市居民的社会交往行为的方式。该问题是就新移民同城市居民的交往的整体状况进行询问，严格来看，它并不直接涉及具体的交往行为，而是就交往

① ［美］彼特·布劳：《不平等和异质性》，王春光、谢圣赞译，中国社会科学出版社，1991，第 33 页。

行为的和谐状态进行调查，但这是我们能找到的相对最有关联的数据资料了。

为了弥补数据资料的不足，我们也连同其他课题组一起进行了有关调查，收集了部分一手数据，其中本书第一章提到的“城市融入与社会参与社工服务示范项目”课题调查数据就是重要的组成部分（以下简称城市融入调查）。但是这个数据也存在一些问题，比如它的调查地点只有福建省厦门市，而且使用非概率抽样方法，因此，其样本代表性可能会受到一定的质疑。此外，由于调查主题的原因，该调查也没有直接收集新移民同城市居民间具体的社会交往行为方面的资料。但是它询问受访者是否有在本地（厦门）遭受过其认为不公正的待遇，而且还进一步询问该不公正待遇主要来自何方，其中前一个问题的选项有：没有、偶尔、较多、经常 ，后一个问题的选项有：用人单位、政府、本地人、同事、其他。可以看出，这两个问题涉及新移民和城市居民间的负面的社会交往，所谓不公正的待遇，我们可以将其理解为歧视，一般起于一个群体对另一个群体的优越感，并进而通过排斥性的制度安排加以确定[①]。

（二）新移民和城市居民的社会交往行为的描述统计

接下来，我们将依次就上述两个数据中的有关调查问题进行描述统计，首先是社会融合调查的数据资料。从问题的选项设置来看，在询问新移民同本地人相处得好不好时，受访者除了回答很融洽、比较融洽、一般、不融洽之外就是来往很少，由此我们可以认为回答来往很少的新移民几乎同城市居民没有什么社会交往，那这部分人的比重是多少呢？从表 5-11 可以看出，大概有 3.85% 的受访者。除此之外，回答很融洽的有 28.65%，比较融洽的有 42.87%，这两项合计就有 71.52%，回答一般的有 24.32%，而回答不融洽的仅有 0.3%。从这些数字似乎可以说明，新移民同城市居民有

---

① 黄家亮：《论社会歧视的社会心理根源及其消除方式：社会心理学视野下的社会歧视》，《思想战线》2005 年第 5 期。

交往的比例较高，而且交往的状况是比较融洽的。

表 5–11　新移民同城市居民相处融洽程度的分布

融洽程度	频数	百分比（%）	累积百分比（%）
很融洽	4584	28.65	28.65
比较融洽	6858	42.87	71.52
一般	3891	24.32	95.84
不融洽	48	0.30	96.14
来往很少	616	3.85	99.99
合 计	15997	100.00	100.00

资料来源：根据 2014 年流动人口社会融合与心理健康专题调查数据计算得到。

但是当我们将这种交往限定在消极性的社会交往，比如不公正的待遇等歧视行为时，具体情形又是怎样的呢？通过在厦门采集的“城市融入与社会参与社工服务示范项目”课题调查数据，我们发现有 41.65% 的受访者没有经历过歧视性的社会交往行为，偶尔经历过的比例则是 48.94%，回答较多的比例是 5.97%，还有 3.44% 的受访者回答经常遭受。基本可以认为不到 10% 的受访者较多地经历歧视性的社会交往，不过该数据并不具有较强的代表性，仅供我们参考。

表 5–12　新移民是否遭受不公正的待遇的分布

频 率	频数	百分比（%）	累积百分比（%）
没有	509	41.65	41.65
偶尔	598	48.94	90.59
较多	73	5.97	96.56
经常	42	3.44	100.00
合 计	1222	100.00	100.00

资料来源：根据 2014 年城市融入与社会参与社工服务示范项目课题调查数据计算得到。

城市融入调查还进一步追问了不公正待遇的施与方，其中来自用人单位的最多，达到 41.30%，其次则是本地人，达到 28.57%，比重最少的是来自同事的不公正待遇，比例为 3.72%，见表 5–13。

表 5-13　新移民遭受不公正待遇的来源分布

来源	频数	百分比（%）	累积百分比（%）
用人单位	344	41.30	41.30
政府	127	15.25	56.54
本地人	238	28.57	85.11
同事	31	3.72	88.84
其他	93	11.16	100.00
合 计	833	100.00	100.00

资料来源：根据 2014 年城市融入与社会参与社工服务示范项目课题调查数据计算得到。

二、新移民和城市居民社会交往行为的特征

在了解了新移民同城市居民相处融洽程度和新移民是否遭受不公正待遇的基本情况后，我们想进一步了解如果从个人、家庭和社区层次来考察分析的话，上述新移民和城市居民社会交往行为是否有不同的表现。因为本节使用了两个不同来源的数据，其中对 2014 年流动人口社会融合与心理健康专题调查数据和变量的说明，可以参见本章第一节。而对 2014 年城市融入与社会参与社工服务示范项目课题调查数据，我们在此也做一个基本说明。首先，城市融入调查不具备社会融合调查中所有要使用的变量，我们只能尽量选择测量含义相近的变量。其次，使用城市融入调查数据所做的分析也将从个人、家庭和社区等层次展开。

（一）不同个人层次类型的新移民和城市居民社会交往行为的特征

1. 变量处理方法及其分布

城市融入调查中个人层次的变量包括性别、年龄、受教育程度、户口性质、婚姻状况、户口所在地、在本地（厦门）工作生活的时长，这些变量基本对应社会融合调查中的变量，其中户口所在地可以经过处理变为流动范围变量，而在本地（厦门）工作生活的时长也基本对应本次流动时长变量，变量处理方法如下：

（1）年龄。城市融入调查的对象年龄介于15～88岁之间，为了便于处理和分析，我们将年龄分组转换为离散变量，分组具体结果是15～30岁、31～35岁、36～40岁、41～45岁、46岁及以上5个年龄段类别。该数据的样本年龄偏低，大多集中在31～40岁之间，上述年龄分组结果可以较好地均衡分配。

（2）受教育程度。城市融入调查设定的受教育程度包括没有受过任何教育、小学、初中、中专、技校、职业高中、普通高中、大学专科、大学本科和其他共10个教育类型，为了简化资料，我们将其中程度相近的归为一类并重新分组，结果是没有受过任何教育、小学、初中、中专/技校/职业高中/普通高中、大学专科及以上共5个教育类型。

（3）户口性质。具体类型有城镇常住户口、当地有效城镇户口、农业户口和其他4种情况。

（4）婚姻状况。城市融入调查设定的婚姻状况包括未婚、已婚一起住、已婚分开住、离婚、丧偶、离婚再婚和其他共7种情况，分类略复杂，因此我们也对其重新归类分组，结果是未婚、已婚、离婚、丧偶共4组。

（5）流动范围。这里同样是指跨省流动、省内跨市和市内跨县3种。

（6）本次流动时长。该变量通过计算调查时点距开始在本地工作生活的年份而得到，单位以年为计。此外，我们也将其分组转换为离散变量，具体有不到1年、1～5年、6～9年、10～14年、15年及以上共5种情形。个人层次特征变量的频数分布见表5-14。

表5-14　个人层次特征变量的频数分布

变量	频数	百分比	变量	频数	百分比
性别			**婚姻状况**		
男性	583	46.75	未婚	56	4.49
女性	664	53.25	已婚	1151	92.30
年龄段			离婚	20	1.60
15～30岁	236	18.93	丧偶	20	1.60
31～35岁	362	29.03	**流动范围**		
36～40岁	370	29.07	市内跨区	49	3.94
41～45岁	195	15.64	省内跨市	342	27.47
46岁及以上	84	6.74	跨省流动	854	68.59

续表

变量	频数	百分比	变量	频数	百分比
受教育程度					
未上过学	42	3.37	**本次流动时长**		
小学	254	20.37	不足1年	17	1.38
初中	612	49.08	1～5年	266	21.64
高中及相近	272	21.81	6～9年	291	23.68
大学专科及以上	67	5.37	10～14年	353	28.72
户口性质			15年及以上	302	24.57
城镇常住户口	69	5.53			
当地有效城镇户口	21	1.68			
农业户口	1144	91.74			
其他	13	1.04			

资料来源：根据2014年城市融入与社会参与社工服务示范项目课题调查数据计算得到。

2. 不同个人层次类型的新移民和城市居民社会交往行为的特征

由于本节使用了两个数据中的关键变量，因此我们将分别分析它们在不同个人层次类型的新移民中的差异。从表5-15可以看出，在同本地人相处的融洽程度方面，除了男女之间没有显著差异之外，在不同年龄段、受教育程度、户口性质、婚姻状况、流动范围、本次流动时长（分段）的新移民之间，其与本地人相处的融洽程度没有显著差别。在是否遭受不公正待遇方面，不同性别和不同户口性质的新移民之间没有显著差异，而其他个人层次特征之间均有显著差异。如果进一步询问是否遭受本地人的不公正待遇，则只有不同年龄段和受教育程度的新移民之间存在显著差异，这说明年龄段和受教育程度有可能影响新移民是否遭受本地人的不公正待遇，但是受教育程度只达到0.1的显著性水平，见表5-15。

表5-15　不同个人层次类型的新移民和城市居民社会交往行为的卡方检验

个人层次特征变量	相处融洽程度①	不公正遭遇②	是否来自本地人②
1. 性别	0.346	0.718	0.365
2. 年龄（分段）	0.000	0.000	0.011
3. 受教育程度	0.000	0.053	0.054
4. 户口性质	0.000	0.105	0.267
5. 婚姻状况	0.000	0.003	0.171
6. 流动范围	0.000	0.020	0.472
7. 本次流动时长（分段）	0.000	0.002	0.626

说明：表中报告的是卡方检验的 P 值。

资料来源：① 根据 2014 年流动人口社会融合与心理健康专题调查数据计算得到。

② 根据 2014 年城市融入与社会参与社工服务示范项目课题调查数据计算得到。

（二）不同家庭层次类型的新移民和城市居民社会交往行为的特征

在家庭层次，两个数据很难找出相同的变量，也很难使用相同的操作化方法，因此我们接下来的分析主要从社会融合调查数据的变量出发，而城市融入调查数据中只有是否有孩子是最接近前一个数据的测量和操作化方法的，家庭每月总收入（分段）和家庭恩格尔系数（分段）两个变量则缺失，无法进行相应的分析。表 5-16 报告了不同家庭层次类型的新移民和城市居民社会交往行为的卡方检验结果，我们可以发现：首先，就新移民同本地居民相处的融洽程度来说，有子女和没子女之间、不同家庭每月总收入（分段）之间、不同家庭恩格尔系数（分段）之间存在着显著差异，显著性水平达到了 0.01，说明这 3 个家庭层次的变量均有可能影响新移民同本地居民相处的融洽程度。其次，就是否遭受不公正待遇和不公正待遇是否来自本地人来说，是否有子女对前者有显著影响，对后者则没有显著影响，而且前者的显著性水平达到 0.05，具体见表 5-16。

表 5-16　不同家庭层次类型的新移民和城市居民社会交往行为的卡方检验

个人层次特征变量	相处融洽程度①	不公正遭遇②	是否来自本地人②
1. 是否有子女	0.000	0.026	0.321
2. 家庭每月总收入（分段）	0.000	—	—
3. 家庭恩格尔系数（分段）	0.001	—	—

说明：表中报告的是卡方检验的 P 值。

资料来源：① 根据 2014 年流动人口社会融合与心理健康专题调查数据计算得到。

② 根据 2014 年城市融入与社会参与社工服务示范项目课题调查数据计算得到。

（三）不同社区层次类型的新移民和城市居民社会交往行为的特征

基于同样原因，我们将只使用社会融合调查的数据来考察分析社区层次类型的城市居民和新移民社会交往意愿的特征，因为只涉及新移民同城市居民的相处融洽程度的卡方检验，因此，此处不再报告分析表格，而直接报告结果。卡方检验发现，不同居住社区类型和不同邻居构成的新移民之间，其与城市居民的相处融洽程度存在显著差异，说明这两个社区层次变量均影响两个群体的相处融洽程度。

三、新移民和城市居民的社会交往行为的影响因素分析

本小节我们将对新移民和城市居民之间的社会交往行为进行影响因素分析，具体来说就是对新移民与城市居民的相处融洽程度、新移民是否遭受不公正待遇以及不公正待遇是否来自本地居民进行影响因素分析。

（一）变量和方法

影响因素分析部分也将依次对两个数据中的不同因变量展开，两个数据中的自变量的操作化方法已在本章第一节给予说明了，唯一不同的就是在卡方分析中原本是定量变量而被处理成定性变量的自变量仍将以定量变量的形式参与分析。在因变量的处理方法上，其中社会融合调查中与本地人相处融洽程度的取值有很融洽、比较融洽、一般、不融洽和来往很少，严格来看，来往很少是形容新移民和城市居民的社会交往的频率非常低，而不是描述相处融洽程度的，所以在对该因变量进行分析时，我们将剔除掉回答来往很少的案例。在具体分析方法上，考虑到 3 个因变量的情况，我们将分别使用定序逻辑斯蒂回归（ordered logistic regression）和一般二项逻辑斯蒂回归（binary logistic regression）。另外还需说明的是，对社会融合调查数据仍将从个人、家庭和社区三个层次分别分析并报告分析结果，而定序逻辑斯蒂回归所特有的切点参数信息将因篇幅原因不在表格中报告；对城市融入调查数据，则将把个人和家庭层次分析结果汇总在一起报告。

（二）社会融合调查数据的分析结果

1. 个人层次变量的影响

由于该数据的因变量只有 1 个，因此我们在进行模型拟合时采取逐步加入解释变量的方法，我们一共拟合了 5 个方程，每个方程都比前一个方程增加了一个自变量。从表 5–17 中的模型 1 和模型 2 可以看出，性别对因变量有显著影响，女性相比于男性更接近于不融洽，但是性别变量在余下的模型中不显著。年龄在模型 1 和 2 模型中也分别达到了 0.05 和 0.1 的显著性水平，并且对因变量有负向影响，但是到模型 4 和模型 5 中，年龄的作用已变为正向影响，而且显著性水平达到了 0.01，从模型 5 中还可以看到，年龄平方项也达到了 0.01 的显著性水平，说明年龄整体对因变量发挥了非线性影响，具体是先促使新移民和城市居民的交往不融洽，尔后又促进两者间的交往倾向于融洽。

在受教育程度变量方面，只有大学本科一直保持了对因变量显著的负向影响，也就意味着该教育程度的新移民相比于未受过教育的更有可能同本地居民相处融洽。在户口性质变量方面，非农业的新移民要比农业户口的更有可能同本地居民相处融洽，其他如农业转居民、非农业转居民对因变量都不显著。婚姻状况变量方面，初婚、再婚和离婚的新移民都要比未婚的显著地更有可能同本地居民相处融洽，而丧偶没有显著影响。在流动范围变量方面，省内跨市和市内跨县对因变量有显著的负向影响，说明流动所跨越的距离越大，越有可能同新移民相处得不融洽。在流动时长变量方面，此次流动时间越长的新移民，则越有可能倾向于同城市居民相处得更融洽，基本上流动时间每增加 1 年，相对于相处融洽的、相处比较融洽的发生比为 97.1%［exp（–0.0291）］，即减少了 2.95% 的概率。表 5–17 中各模型的自变量的参照组同表 5–8 中的一样。

表 5-17　新移民和城市居民的社会交往行为的定序逻辑回归分析：个人层次

自变量	模型 1	模型 2	模型 3	模型 4	模型 5
性别	−0.0517*	−0.0512*	−0.0398	−0.0360	−0.0426
	（0.0304）	（0.0304）	（0.0305）	（0.0306）	（0.0307）
年龄	−0.0250**	−0.0239*	0.0224	0.0266*	0.0407***
	（0.0123）	（0.0123）	（0.0148）	（0.0149）	（0.0150）
年龄平方 /100	0.0112	0.0105	−0.0447**	−0.0468**	−0.0601***
	（0.0177）	（0.0176）	（0.0203）	（0.0204）	（0.0205）
小学	0.00365	0.00805	0.00364	0.0234	0.0387
	（0.171）	（0.171）	（0.171）	（0.173）	（0.172）
初中	−0.0935	−0.0834	−0.0805	−0.0188	−0.0117
	（0.167）	（0.166）	（0.167）	（0.168）	（0.167）
高中	−0.275	−0.252	−0.272	−0.170	−0.154
	（0.169）	（0.169）	（0.169）	（0.171）	（0.170）
大学专科	−0.407**	−0.360**	−0.404**	−0.274	−0.266
	（0.174）	（0.174）	（0.174）	（0.176）	（0.175）
大学本科	−0.705***	−0.626***	−0.675***	−0.620***	−0.618***
	（0.181）	（0.184）	（0.184）	（0.185）	（0.185）
研究生	−0.331	−0.224	−0.276	−0.361	−0.360
	（0.277）	（0.280）	（0.278）	（0.288）	（0.288）
非农业		−0.121**	−0.110**	−0.169***	−0.157***
		（0.0509）	（0.0510）	（0.0514）	（0.0514）
农业转居民		−0.158	−0.143	−0.0677	−0.0650
		（0.168）	（0.168）	（0.164）	（0.165）
非农业转居民		0.355	0.342	0.293	0.317
		（0.267）	（0.269）	（0.269）	（0.271）
初婚			−0.288***	−0.363***	−0.350***
			（0.0507）	（0.0510）	（0.0512）
再婚			−0.380***	−0.414***	−0.411***
			（0.142）	（0.141）	（0.142）
离婚			−0.332**	−0.317**	−0.318**
			（0.154）	（0.156）	（0.157）
丧偶			−0.0749	−0.171	−0.181
			（0.381）	（0.381）	（0.384）
省内跨市				−0.518***	−0.524***
				（0.0317）	（0.0317）
市内跨县				−1.210***	−1.228***
				（0.0783）	（0.0786）
本次流动时长					−0.0291***
					（0.00374）
Pseudo R^2	0.0049	0.0051	0.0061	0.0187	0.0206
个案数	15381	15381	15381	15381	15381

注释：1. 括号中为稳健标准误。2.*，p<0.1；**，p<0.05；***，p<0.01。

2. 家庭层次变量的影响

在表 5–18 中，是否有子女、家庭每月总收入和家庭恩格尔系数等 3 个变量被依次加入模型 1、模型 2、模型 3 中。可以看出，是否有子女对因变量有显著的负向影响，有子女的新移民要比没有子女的更有可能同城市居民相处融洽。家庭每月总收入对因变量也有显著的负向影响，收入越高，越有可能倾向于更高的相处融洽程度。家庭恩格尔系数对因变量没有显著影响，见表 5–18。

表 5–18　新移民和城市居民的社会交往行为的定序逻辑回归分析：家庭层次

自变量	模型 1	模型 2	模型 3
是否有子女（否 =0）			
有	–0.163***	–0.137***	–0.141***
	（0.0318）	（0.0326）	（0.0327）
家庭每月总收入		–1.23e–05***	–1.18e–05***
		（3.44e–06）	（3.43e–06）
家庭恩格尔系数			0.00122
			（0.000899）
切点 1	–0.965***	–1.028***	–0.973***
	（0.0278）	（0.0329）	（0.0530）
切点 2	0.961***	0.901***	0.956***
	（0.0278）	（0.0324）	（0.0529）
切点 3	5.663***	5.605***	5.660***
	（0.147）	（0.147）	（0.154）
Pseudo R^2	0.0008	0.0016	0.0017
个案数	15997	15997	15997

注释：1. 括号中为稳健标准误。2.*，p<0.1；**，p<0.05；***，p<0.01。

3. 社区层次变量的影响

社区层次的变量只有 2 个，即居住社区类型和邻居主要构成，从表 5–19 中的拟合结果来看，在模型 1 中，除了机关事业单位社区以外，居住在经济适用房社区、工矿企业社区、未经改造的老城区、城中村或棚户区、城郊接合部、农村社区、其他类型社区中的新移民都要比居住在别墅区或商品房社区中的更有可能同城市居民相处得不融洽。而在模型 2 中，该变量的影响模式却变成除了居住在工矿企业社区的新移民之外，居住在其余社区类型的都要比参照组更有可能同城市居民相处得不融洽。对邻居主要构成变量而言，当邻居是本地市民为主或者本地外地差不多时，要比参照组更有可能同本地居民相处融洽，而且当邻居是本地市民为主时，这种可能性更大，见表 5-19。

表 5-19　新移民和城市居民的社会交往行为的定序逻辑回归分析：社区层次

自变量	模型 1	模型 2
居住社区类型 [1]		
经济适用房社区	0.254***	0.249***
	(0.0835)	(0.0836)
机关事业单位社区	0.163	0.218*
	(0.121)	(0.126)
工矿企业社区	0.219**	0.117
	(0.0951)	(0.0943)
未经改造的老城区	0.234***	0.186***
	(0.0519)	(0.0522)
城中村或棚户区	0.757***	0.561***
	(0.0583)	(0.0603)
城郊接合部	0.392***	0.337***
	(0.0516)	(0.0522)
农村社区	0.398***	0.349***
	(0.0455)	(0.0463)
其他	0.616***	0.678***
	(0.167)	(0.164)
邻居构成 [2]		
本地市民		–0.709***
		(0.0426)
本地外地差不多		–0.340***
		(0.0360)
不清楚		0.247***
		(0.0684)
切点 1	–0.532***	–0.846***
	(0.0368)	(0.0448)
切点 2	1.411***	1.135***
	(0.0384)	(0.0451)
切点 3	6.126***	5.870***
	(0.148)	(0.150)
Pseudo R^2	0.0061	0.0171
个案数	15997	15997

注释：1. 参照组为别墅区或商品房社区。2. 参照组为外地人。3. 括号中为稳健标准误。4.*，p<0.1；**，p<0.05；***，p<0.01。

（三）城市融入调查数据的分析结果

1. 是否遭受不公正待遇的分析

城市融入调查对遭受不公正待遇变量的测量结果为没有、偶尔、较多和经常 4 类，这是一个以频率为测量内容的定序变量，这里我们将没有单独看作一类，而其他情形合并为一类，这样就将其转化为虚拟变量。表 5-20 是对是否遭受不公正待遇的逻辑斯蒂回归分析结果，从中可以看出，性别对因变量没有显著影响。年龄对因变量有显著影响，而且是非线性影响，根据年龄项和年龄平方项的系数，可知随着年龄的增长，遭受不公正待遇的可能性相对于没遭受不公正待遇的可能性的发生比在下降，当年龄继续增长到一定阶段，发生比又开始增加，遭受不公正待遇的可能性也在增加。在受教育程度变量方面，高中及相近教育程度的要比未上过学的更有可能遭受不公正待遇，而其他教育程度的作用不显著。

户口性质和流动范围均对因变量没有显著影响，该发现同社会融合调查数据的分析结果不同，可能是由于数据代表性原因导致。从模型 2 可以看到，当未加入是否有孩子的变量时，婚姻状况变量对因变量有显著的正向影响，已婚、离婚和丧偶 3 种情况都要比未婚的更有可能遭受不公正待遇，但是当加入是否有孩子变量时，婚姻状况的作用消失了，在模型 3 和模型 4 中都是如此。但与此同时，是否有孩子对因变量有显著影响，同样是在模型 3 和模型 4 中，有孩子的新移民要比没有孩子的更有可能遭受不公正待遇。流动时长对因变量也有显著正向影响，在本地工作生活时间每增加 1 年，则遭受不公正待遇的可能性相对于没遭受的可能性的发生比增加 2.83%［exp（0.0282）−1］，见表 5-20。由于城市融入调查数据只在福建省厦门市采集相关信息，而且样本又是通过非概率抽样方法获得，所以本小节的分析结果可以做参考，待有更合适数据时再行验证。

表 5–20　新移民遭受不公正待遇的二项逻辑回归分析

自变量	模型 1	模型 2	模型 3	模型 4
性别（男性 =0）	–0.0451	–0.0704	–0.0678	–0.0346
	（0.122）	（0.123）	（0.123）	（0.125）
年龄	–0.0256	–0.0880**	–0.111***	–0.142***
	（0.0378）	（0.0387）	（0.0401）	（0.0427）
年龄平方 /100	0.0185	0.0839*	0.108**	0.141***
	（0.0456）	（0.0450）	（0.0466）	（0.0503）
小学（未上过学 =0）	0.295	0.322	0.328	0.209
	（0.348）	（0.358）	（0.355）	（0.360）
初中	0.630*	0.638*	0.642*	0.507
	（0.343）	（0.353）	（0.350）	（0.355）
高中及相近	0.841**	0.847**	0.862**	0.750**
	（0.358）	（0.368）	（0.365）	（0.371）
大学专科及以上	0.505	0.681	0.732*	0.630
	（0.426）	（0.431）	（0.433）	（0.440）
当地有效城镇户口（城镇户口 =0）	–0.621	–0.671	–0.709	–0.794
	（0.498）	（0.496）	（0.497）	（0.495）
农业户口	–0.0315	–0.0314	–0.0467	–0.0490
	（0.264）	（0.265）	（0.263）	（0.266）
其他	–0.762	–0.692	–0.772	–0.951
	（0.611）	（0.599）	（0.601）	（0.637）
省内跨市（市内跨区 =0）	0.305	0.265	0.247	0.281
	（0.330）	（0.329）	（0.331）	（0.336）
跨省流动	0.320	0.282	0.283	0.322
	（0.318）	（0.317）	（0.318）	（0.324）
已婚（未婚 =0）		1.263***	0.406	0.370
		（0.338）	（0.441）	（0.457）
离婚		1.548***	0.765	0.733
		（0.588）	（0.636）	（0.664）
丧偶		1.255**	0.433	0.446
		（0.593）	（0.647）	（0.666）
是否有孩子（没有 =0）			1.219***	1.318***
			（0.435）	（0.453）
流动时长				0.0282**
				（0.0116）
常数项	0.195	0.409	–0.649	–0.395
	（0.984）	（0.937）	（1.014）	（1.042）
Pseudo R^2	0.0139	0.0234	0.0275	0.0342
个案数	1245	1245	1245	1227

注释：1. 括号中为稳健标准误。2.*，p<0.1；**，p<0.05；***，p<0.01。

2. 是否遭受本地人的不公正待遇的分析

接下来，我们将新移民遭受的不公正待遇限定于来自本地人，然后对是否遭受本地人的不公正待遇进行影响因素分析，表 5-21 报告的是相应的回归分析结果。从中可以看出，性别对因变量没有显著影响。年龄对因变量有显著的负向影响，而且其二次项也达到了 0.1 的显著性水平，说明年龄对因变量存在非线性影响。受教育程度、户口性质和流动范围等 3 个自变量对因变量均没有显著影响。婚姻状况变量方面，当没有加入是否有孩子变量时，已婚和离婚尚对因变量有显著的正向影响，而待加入是否有孩子变量时，婚姻状况对因变量没有显著影响。从表中可以发现，是否有孩子和流动时长对因变量均没有显著影响，见表 5-21。

表 5-21　新移民遭受本地人不公正待遇的二项逻辑回归分析

自变量	模型 1	模型 2	模型 3	模型 4
性别（男性 =0）	0.142	0.147	0.151	0.164
	（0.153）	（0.155）	（0.155）	（0.155）
年龄	–0.0542	–0.114**	–0.126**	–0.141**
	（0.0550）	（0.0576）	（0.0575）	（0.0599）
年龄平方 /100	0.0387	0.109	0.121*	0.137*
	（0.0732）	（0.0724）	（0.0717）	（0.0746）
小学（未上过学 =0）	–0.501	–0.579	–0.585	–0.600
	（0.408）	（0.412）	（0.413）	（0.416）
初中	–0.468	–0.561	–0.568	–0.621
	（0.399）	（0.402）	（0.402）	（0.408）
高中及相近	0.0188	–0.0678	–0.0670	–0.113
	（0.412）	（0.415）	（0.415）	（0.422）
大学专科及以上	–0.218	–0.183	–0.163	–0.222
	（0.507）	（0.509）	（0.512）	（0.512）
当地有效城镇户口（城镇户口 =0）	0.627	0.610	0.588	0.559
	（0.538）	（0.540）	（0.540）	（0.541）
农业户口	–0.0673	–0.0599	–0.0718	–0.0506
	（0.327）	（0.332）	（0.332）	（0.333）
其他	–1.206	–1.192	–1.236	–1.112
	（1.084）	（1.077）	（1.075）	（1.079）
省内跨市（市内跨区 =0）	0.0338	0.0114	0.00101	–0.0260
	（0.457）	（0.438）	（0.439）	（0.443）
跨省流动	0.306	0.294	0.296	0.282
	（0.440）	（0.419）	（0.419）	（0.426）
已婚（未婚 =0）		0.922**	0.284	0.361

续表

自变量	模型 1	模型 2	模型 3	模型 4
		（0.470）	（0.540）	（0.558）
离婚		1.764**	1.169	1.333*
		（0.711）	（0.740）	（0.762）
丧偶		–0.672	–1.312	–1.278
		（0.938）	（0.932）	（0.934）
是否有孩子（没有 =0）			0.847	0.741
			（0.551）	（0.569）
流动时长				0.0108
				（0.0147）
常数项	–0.0812	0.333	–0.453	–0.0858
	（1.241）	（1.237）	（1.296）	（1.309）
Pseudo R^2	0.0186	0.0272	0.0288	0.0294
个案数	1245	1245	1245	1227

注释：1. 括号中为稳健标准误。2.*，p<0.1；**，p<0.05；***，p<0.01。

四、小结

（一）结论

对于一个具体的交往行为及过程，交往双方的认识可能不同，所以在分析完城市居民和新移民的社会交往意愿和行为之后，本章对新移民和城市居民的社会交往意愿及行为进行了相关分析和回归分析，从而让我们对该问题有了新的发现和认识。本章第一节重点关注新移民和城市居民的社会交往意愿，我们已经在上一节末尾进行了总结，接下来我们将对新移民和城市居民的社会交往行为分析的发现进行总结。

首先，在考察新移民和城市居民的社会交往的融洽程度时，在个人层面，年龄对因变量有复杂的影响，较高的受教育程度，特别是大学本科级对因变量有显著的负向影响，非农业户口对因变量有显著的负向影响，婚姻状况中的初婚、再婚和离婚对因变量有显著的负向影响。除此之外，流动范围和流动时长对因变量也有显著的负向影响。这些发现说明当受访者是大学本科文化、户口为非农业、已婚、流动范围小、流动时间长，也就是满足上述条件的话，这样的新移民更有可能同本地居民相处融洽程度较高。在家庭层面，受访者有子女的，而且家庭每月总收入越高的越有可能同本地居民相处融洽程度较高。在社区层面，同居住在商品房社区的新移民相比，居住在经济适用房社区、工矿企业社区、未经改造的老城区、城中村或棚户区、城郊接合部、农村社区和其他类型社区的新移民更有可能同本地居民相处融洽程度较低，而如果邻居是以外地人为主的话，新移民同城市居民的相处融洽程度也会比较低。

其次，在考察新移民是否遭受不公正待遇时，年龄对因变量有显著的非线性影响，高中及相近教育程度的更有可能遭受不公正待遇。已婚或者有孩子的新移民更有可能遭受不公正待遇，而在本地工作生活时间越长的新移民也越有可能遭受不公正待遇。

最后，在考察新移民是否遭受来自本地人的不公正待遇时，年龄对因变量有稳定的非线性影响，具体呈正 U 形曲线。以上就是基于社会融合调查和城市融入调查数据所做的分析的发现，其中后者由于数据质量的原因，有一些发现需要提醒读者注意其适用性。

（二）讨论

本章特别是最后一节使用了两个数据集进行分析，而且其中一个的质量并不尽如人意，但是有些发现仍然是稳定且富有意义的。这一节的发现说明文化异质性和地位不平等两条逻辑主线确实在发挥一定作用。如果新移民是大学本科文化、户口为非农业、已婚、流动范围小、流动时间长，那么他 / 她或者在文化上同城市居民保持较低的文化异质性，或者同城市居民保持相近的社会地位，而这些无疑都会促进新移民同城市居民的社会交往，而且交往还是融洽的。满足上述条件的新移民主要是接受过高等教育并且在非户籍地城市工作的人，也就是学界所谓的“外来白领”群体[①]，他们其实已经非常接近本地居民的社会经济地位了。另一方面，对于数量更多的农业户籍、受教育程度较低的新移民而言，他们同本地居民

---

① 李若建：《广州市外来白领群体现状分析》，《中国人口科学》2009 年第 2 期。

的社会距离较远，从而影响了交往融洽程度的提升。

我们使用一手数据分析了新移民是否遭受不公正待遇的情况，由于是否不公正是由受访者自己判断，所以考察的不仅是实际的遭遇，而且还是主观上的判断。分析发现高中及相近教育程度的更有可能遭受不公正待遇，我们认为有可能这就是主观感知差异的结果。一方面，初中及以下教育程度的新移民，他们的主观感知可能较高中的更低一些，具体说就是他们的心理预期本身就比较低，所以对于可能的不公正遭遇并没有太强烈的态度，或者说是他们相对更能忍受不公正待遇；另一方面，大学教育程度的更有可能接近城市居民的文化背景和社会经济地位，所以遭受不公正待遇的可能性比较低。因此，反倒是高中教育程度的新移民，他们同城市居民的社会地位仍有一定距离，但是又有一定的文化程度，使得他们能够更容易地判断所遭受的一些待遇是不公正的，但这并不是说他们遭受的待遇不是不公正的，而是说他们这个群体更易感知到不公正。同样的道理，当有了孩子后，家庭生命周期进入新的阶段，遇到的问题更多，而同本地居民相比后更有可能判断是不公正的。因此，在文化异质性和地位不平等的逻辑主线上，可能还存在心理感知这条次要影响路径，或者它也可能是作为一个心理层面的中介在发挥作用。

第六章　新移民对城市居民的社会态度

第一节　新移民对城市居民的反身性态度

一、新移民对城市居民的反身性态度的现状

借助较为合适的一手数据，本书第四章系统考察了城市居民对新移民的情感性态度和认知性态度，使我们得以从城市居民角度了解该群体是如何看待新移民的。本章将调转一下方向，试图从新移民角度来考察他们又是如何看待城市居民的。但是本章将使用 2014 年流动人口社会融合与心理健康专题调查数据，该数据虽然采集质量较好，包含的变量信息也比较丰富，但是作为一个二手数据，它没有我们一手数据所有的那些较为系统的态度量表，因此，我们在本章不再考察新移民对城市居民的情感性态度和认知性态度，而是专注于研究新移民眼中的城市居民对新移民的态度。

（一）数据与变量

本节使用 2014 年流动人口动态监测数据中的流动人口社会融合与心理健康专题调查数据，我们已经在本书的多个地方较为详细地介绍了该数

据，接下来我们将就使用的变量情况进行说明。本节最核心的变量是基于以下问题获得的，这些问题是：1. 我觉得本地人愿意接受我成为其中一员；2. 我感觉本地人不愿与我做邻居；3. 我感觉本地人不喜欢我；4. 我感觉本地人看不起我。上述问题的选项皆为：1. 完全不同意；2. 不同意；3. 基本同意；4. 完全同意。上述 4 个问题如果都没有“我感觉”这个前缀的话，就变成了城市居民如何看待新移民，而有了这个前缀后，就转变成从新移民自身的角度来判断城市居民是如何看待自己的，其实质就是新移民眼中的城市居民对新移民的态度。这样一种观察角度和由此生成的社会态度，我们不妨称其为“反身性态度”，所谓反身性是借用了科学社会学中反身性理论的概念①，但是与其本意又不完全相同。具体到新移民对城市居民的态度，其实就是前者想象中的后者对前者的认知。除了由上述 4 个问题所产生的变量以外，本节将要使用的其他变量，具体包括个人、家庭和社区层次变量及其操作化方法同本书第五章第一节中的一样，这里也不再赘述。

（二）新移民对城市居民的反身性态度的描述统计

如果仔细审视上述 4 个问题，可以发现第 1 个问题“我觉得本地人愿意接受我成为其中一员”是一个正面的判断，而其他 3 个问题“我感觉本地人不愿与我做邻居”“我感觉本地人不喜欢我”“我感觉本地人看不起我”则是一个负面的判断，这一点需要我们注意。我们先就样本中反身性态度的现状进行描述统计，作为我们后续分析的基础。

首先，就“我觉得本地人愿意接受我成为其中一员”来说，样本中基本同意此判断的占 55.68%，完全同意的占 34.99%，两者合计占 90.67%，而完全不同意和不同意的合计占 9.33%，可以说绝大多数的受访者都认为本地人愿意接受自己成为其中一员。其次，就“我感觉本地人不愿与我做邻居”而言，基本同意的占 12.13%，完全同意的只占 3.21%，而完全不同意和不同意的合计占比为 84.66%，这说明大部分的受访者认为本地人愿意

---

① 肖瑛：《“反身性”研究的若干问题辨析》，《国外社会科学》2005 年第 2 期。

与其做邻居。再次，就“我感觉本地人不喜欢我”来说，基本同意的占 8.44%，完全同意的占 2.30%，而完全不同意和不同意的合计占比则为 89.26%，说明大部分新移民受访者并不认为本地人不喜欢自己。最后，就“我感觉本地人看不起我”来说，基本同意的占 8.30%，完全同意的占 2.36%，而完全不同意和不同意的合计占比则为 89.34%，这可以说明大部分受访者认为本地人并没有看不起自己。

上述发现说明新移民受访者整体上认为本地人对自己的态度是正向的，感觉他们是愿意接受其成为本地人一员、愿意与其做邻居、感觉本地人喜欢自己、感觉本地人看得起自己。这里我们且不论现实中本地人对新移民的实际态度，只就新移民自身判断而言，其对城市居民的反身性态度是趋向正面和积极的。当然，上述 4 个问题的内涵不全然一致，就不同意程度的分布比例来看，“感觉本地人看不起我”的完全不同意比例最高，“感觉本地人不喜欢我”的不同意比例最高。就同意程度的分布比例来看，“感觉本地人不愿与我做邻居”的基本同意的比例最高，而完全同意的比例最高的也是“感觉本地人不愿与我做邻居”，见表 6–1。

表 6–1　新移民对城市居民的反身性态度分布（%）

反身性态度	完全不同意	不同意	基本同意	完全同意	合计
1. 我觉得本地人愿意接受我成为其中一员	1.71	7.62	55.68	34.99	100.00
2. 我感觉本地人不愿与我做邻居	26.07	58.59	12.13	3.21	100.00
3. 我感觉本地人不喜欢我	28.93	60.33	8.44	2.30	100.00
4. 我感觉本地人看不起我	32.04	57.30	8.30	2.36	100.00

资料来源：根据 2014 年流动人口社会融合与心理健康专题调查数据计算得到。

二、新移民对城市居民的反身性态度特征

新移民对城市居民的反身性态度可能同哪些因素有关联，具体又会有怎样的特征？回答这些问题需要我们通过卡方检验的方法。可能的关联因素来自个人、家庭和社区三个层次，每个层次包含的具体因素同第五章第一节中的一样，即个人层次变量包括性别、年龄、受教育程度、户口性质、

婚姻状况、流动范围、本次流动时长；家庭层次变量包括是否有子女、家庭在本地平均每月总收入、家庭恩格尔系数；社区层次变量包括居住社区类型、主要邻居构成，上述变量的操作化方法可见第五章第一节，本节不再具体说明。

（一）不同个人层次类型的新移民对城市居民反身性态度的特征

我们首先分析个人层次的变量同新移民对城市居民反身性态度之间的相关性，通过卡方检验可以判断它们之间是否独立。表 6–2 报告了一系列卡方检验的 P 值，由该表可见，在“我觉得本地人愿意接受我成为其中一员”方面，年龄（分段）、受教育程度、户口性质、流动范围和本次流动时长（分段）可能都对其有影响，婚姻状况可能对其有影响，但 P 值只达到 0.1 的显著性水平，而性别同其没有显著关联。在“我感觉本地人不愿与我做邻居”方面，受教育程度、户口性质、流动范围和本次流动时长（分段）对其有影响，性别和年龄（分段）可能对其有影响，但 P 值只达到 0.1 的显著性水平，而婚姻状况同其没有显著关联。在“我感觉本地人不喜欢我”方面，除性别对其没有影响外，其他个人层次变量均对其有显著影响。在“我感觉本地人看不起我”方面，年龄和婚姻状况对其没有影响，而性别、受教育程度、户口性质、流动范围和本次流动时长（分段）均对其有显著影响，检验结果见表 6–2。

表 6–2　不同个人层次类型的新移民对城市居民的反身性态度的卡方检验

个人层次特征变量	本地人接受我成为一员	本地人不愿与我做邻居	本地人不喜欢我	本地人看不起我
1. 性别	0.808	0.057	0.196	0.048
2. 年龄（分段）	0.000	0.057	0.007	0.200
3. 受教育程度	0.001	0.000	0.000	0.000
4. 户口性质	0.000	0.000	0.000	0.000
5. 婚姻状况	0.081	0.463	0.029	0.765
6. 流动范围	0.000	0.000	0.000	0.000
7. 本次流动时长（分段）	0.000	0.002	0.000	0.011

说明：表中报告的是卡方检验的 P 值。

资料来源：根据 2014 年流动人口社会融合与心理健康专题调查数据计算得到。

（二）不同家庭层次类型的新移民对城市居民反身性态度的特征

家庭层次的 3 个变量对新移民对城市居民反身性态度的影响不尽相同，是否有子女和家庭恩格尔系数（分段）与反身性态度的 4 个方面均没有显著的关联，因此，可以认为它们之间是独立的。而家庭每月总收入（分段）则同反身性态度的 4 个方面有显著关联，其中“本地人看不起我”的卡方检验的 P 值达到了 0.05 的显著性水平，其他 3 个方面的则达到了 0.01 的显著性水平，具体见表 6–3。

表 6–3　不同家庭层次类型的新移民对城市居民的反身性态度的卡方检验

家庭层次特征变量	本地人接受我成为一员	本地人不愿与我做邻居	本地人不喜欢我	本地人看不起我
1. 是否有子女	0.533	0.670	0.171	0.859
2. 家庭每月总收入（分段）	0.000	0.001	0.001	0.023
3. 家庭恩格尔系数（分段）	0.085	0.129	0.868	0.931

说明：表中报告的是卡方检验的 P 值。

资料来源：根据 2014 年流动人口社会融合与心理健康专题调查数据计算得到。

（三）不同社区层次类型的新移民对城市居民反身性态度的特征

社区层次的 2 个变量，即居住社区类型和邻居构成同新移民对城市居民反身性态度都有显著关联，而且它们同反身性态度的 4 个方面的卡方检验的 P 值都到了 0.01 的显著性水平，意味着它们之间有很强的关联，具体结果见表 6–4。

表 6–4　不同社区层次类型的新移民对城市居民的反身性态度的卡方检验

社区层次特征变量	本地人接受我成为一员	本地人不愿与我做邻居	本地人不喜欢我	本地人看不起我
1. 居住社区类型	0.000	0.000	0.000	0.000
2. 邻居构成	0.000	0.000	0.000	0.000

说明：表中报告的是卡方检验的 P 值。

资料来源：根据 2014 年流动人口社会融合与心理健康专题调查数据计算得到。

三、新移民对城市居民的反身性态度的影响因素分析

从个人、家庭和社区层次展开的列联分析让我们注意到某些因素可能会影响移民对城市居民的反身性态度，或者是影响“本地人接受我成为一员”，或者是影响其他方面。但是由于列联分析将部分连续变量处理成离散变量，而且是单独考察一个因素同反身性态度的某个方面的关联，因此它们之间可能存在更复杂的关系暂时还不可知。本小节将延续上一章的分析思路，将继续从个人、家庭和社区层次进行影响因素分析，以从中发现可能的影响模式。

（一）变量和方法

由于使用同样的分析框架，所以个人、家庭和社区层次的变量及其操作化方法同第五章第一节一样。而对因变量来说，这里将要被分析的反身性态度的 4 个方面的测量结果是完全不同意、不同意、基本同意和完全同意 4 种，对此我们将使用定序回归方法（ordered logistic regression），并且通过稳健估计方法获得拟合结果。在分析策略上，我们将从个人、家庭和社区 3 个层次逐个分析反身性态度的 4 个方面。

（二）分析结果

1. 个人层次变量的影响

由于篇幅原因，分析结果的报告表格中没有直接写明各自变量的参照组，其中性别的参照组是男性，受教育程度的参照组是未上过学，户口性质的参照组是农业，婚姻状况的参照组是未婚，流动范围的参照组是跨省流动，其他自变量则为连续变量。表 6–5 报告的是回归拟合结果，由该表可以看出，在“我觉得本地人愿意接受我成为其中一员”方面，性别、年龄和受教育程度对因变量没有显著影响，户口性质变量中的非农业户口

相比于农业户口的新移民更有可能有较高的同意程度。婚姻状况变量中初婚和离婚的新移民相比于未婚的更有可能有较高的同意程度。流动范围变量对因变量有正向影响，其中省内跨市和市内跨县的新移民要比跨省的新移民更有可能更加同意。本次流动时长变量对因变量有正向影响，具体每增加 1 年的流动时长，完全同意相对于基本同意的可能性增加 2.3%［exp（0.0224）–1］。

在“我感觉本地人不愿与我做邻居”方面，性别对因变量有显著的负向影响，说明女性相比于男性更有可能倾向于较高的不同意态度。年龄对因变量有显著影响，确切说是呈倒 U 形的非线性影响，受教育程度变量中只有大学本科程度的要比未上过学的更有可能倾向于较高的不同意态度。户口性质变量对因变量有显著的负向影响。婚姻状况中的初婚和再婚对因变量有显著的负向影响。流动范围和流动时长变量对因变量有显著的负向影响。

在“我感觉本地人不喜欢我”方面，自变量对因变量的影响模式同表 6–5 中的第 2 个模型基本一致，唯一不同的是受教育程度变量，该变量除了研究生等级之外所有的教育等级都要比未受过教育的更有可能倾向于较高的不同意态度，而非像模型 2 中只有大学本科才对因变量有显著影响。还有一点不同的是，户口性质变量中只有非农业户口和农业转居民户口两种情况的要比农业户口更有可能倾向于较高的不同意态度，而在模型 2 中还有非农业转居民户口类型。

表 6–5　新移民对城市居民的反身性态度的定序逻辑回归分析：个人层次

自变量	本地人接受我成为一员	本地人不愿与我做邻居	本地人不喜欢我	本地人看不起我
性别	0.00561	–0.0742**	–0.0682**	–0.0368
	（0.0316）	（0.0316）	（0.0322）	（0.0317）
年龄	–0.0237	0.0427***	0.0376**	0.0291**
	（0.0148）	（0.0148）	（0.0149）	（0.0148）
年龄平方 /100	0.0364*	–0.0574***	–0.0510**	–0.0398**
	（0.0202）	（0.0201）	（0.0202）	（0.0202）
小学	–0.0262	–0.0296	–0.388**	–0.432**
	（0.182）	（0.180）	（0.192）	（0.172）
初中	0.0266	–0.0264	–0.331*	–0.429**
	（0.176）	（0.175）	（0.188）	（0.167）

续表

自变量	本地人接受我成为一员	本地人不愿与我做邻居	本地人不喜欢我	本地人看不起我
高中	0.0635	−0.0704	−0.356*	−0.412**
	（0.178）	（0.178）	（0.191）	（0.169）
大学专科	0.133	−0.273	−0.565***	−0.625***
	（0.183）	（0.183）	（0.196）	（0.175）
大学本科	0.287	−0.503***	−0.772***	−0.867***
	（0.195）	（0.194）	（0.206）	（0.185）
研究生	0.324	−0.232	−0.309	−0.430
	（0.285）	（0.299）	（0.308）	（0.296）
非农业	0.239***	−0.153***	−0.171***	−0.123**
	（0.0540）	（0.0523）	（0.0542）	（0.0537）
农业转居民	0.179	−0.419***	−0.358**	−0.211
	（0.151）	（0.160）	（0.161）	（0.162）
非农业转居民	−0.235	−0.600*	−0.480	−0.528
	（0.279）	（0.357）	（0.359）	（0.334）
初婚	0.131**	−0.187***	−0.221***	−0.124**
	（0.0518）	（0.0512）	（0.0530）	（0.0517）
再婚	0.243	−0.334**	−0.304*	−0.234
	（0.166）	（0.153）	（0.162）	（0.162）
离婚	0.325**	−0.0839	−0.130	−0.194
	（0.145）	（0.148）	（0.143）	（0.146）
丧偶	0.303	−0.152	−0.110	0.0426
	（0.307）	（0.336）	（0.329）	（0.314）
省内跨市	0.569***	−0.443***	−0.421***	−0.417***
	（0.0328）	（0.0325）	（0.0329）	（0.0324）
市内跨县	1.046***	−0.906***	−0.879***	−0.907***
	（0.0883）	（0.0828）	（0.0841）	（0.0829）
本次流动时长	0.0224***	−0.0150***	−0.0158***	−0.0142***
	（0.00379）	（0.00396）	（0.00395）	（0.00389）
Pseudo R^2	0.0166	0.0115	0.0115	0.0107
个案数	15997	15997	15997	15997

注释：1. 括号中为稳健标准误。2.*，p<0.1；**，p<0.05；***，p<0.01。

在“我感觉本地人看不起我”方面，性别对因变量没有显著影响。年龄对因变量有显著的非线性影响，具体也是呈现倒U形曲线。受教育程度变量除研究生教育等级外，皆对因变量有显著的负向影响。户口性质变量中只有非农业户口的呈现出对因变量显著的负向影响。婚姻状况变量中也是只有初婚的才对因变量有显著的负向影响。流动范围和流动时长变量对因变量有显著负向影响，见表 6–5。

2. 家庭层次变量的影响

家庭层次变量即是否有子女、家庭每月总收入和家庭在本地恩格尔系数对因变量的拟合结果见表 6–6。其中是否有子女对新移民对城市居民的反身性态度的 4 个方面都没有显著影响。家庭每月总收入对因变量有显著影响，但影响程度微弱。其中对“我觉得本地人愿意接受我成为其中一员”为显著的正向影响，而对其他三个方面的反身性态度则是显著的负向影响。家庭恩格尔系数也只对“我觉得本地人愿意接受我成为其中一员”有显著的负向影响且显著性水平只达到 0.1，对其他三个方面的反身性态度则没有显著影响。

表 6–6　新移民对城市居民的反身性态度的定序逻辑回归分析：家庭层次

自变量	本地人接受我成为一员	本地人不愿与我做邻居	本地人不喜欢我	本地人看不起我
是否有子女（否 =0）				
有	0.0247	−0.00434	−0.0470	0.00835
	（0.0329）	（0.0331）	（0.0339）	（0.0333）
家庭每月总收入	5.90e−06**	−6.24e−06**	−6.94e−06**	−7.27e−06**
	（2.37e−06）	（2.57e−06）	（2.78e−06）	（2.83e−06）
家庭恩格尔系数	−0.00161*	0.00114	−0.000358	−0.000629
	（0.000910）	（0.000919）	（0.000927）	（0.000914）
切点 1	−4.074***	−1.034***	−0.991***	−0.822***
	（0.0773）	（0.0514）	（0.0527）	（0.0518）
切点 2	−2.294***	1.717***	2.028***	2.057***
	（0.0552）	（0.0529）	（0.0555）	（0.0549）
切点 3	0.601***	3.415***	3.659***	3.655***
	（0.0506）	（0.0650）	（0.0714）	（0.0706）
Pseudo R^2	0.0004	0.0003	0.0004	0.0003
个案数	15997	15997	15997	15997

注释：1. 括号中为稳健标准误。2.*，p<0.1；**，p<0.05；***，p<0.01。

3. 社区层次变量的影响

社区层次变量包括社区类型和邻居主要构成，它们对反身性态度的定序逻辑回归分析结果见表 6–7。在“我觉得本地人愿意接受我成为其中一员”

方面，居住在社区类型为经济适用房社区、机关事业单位社区、工矿企业社区、未经改造的老城区、城中村或棚户区、城郊接合部和农村社区的新移民要相比于居住在别墅区或商品房社区的有可能倾向于更高程度的不同意态度，而邻居主要构成变量中的本地市民为主和本地外地差不多则对因变量有显著的正向影响，即相比于参照组有可能倾向于更高程度的同意态度。在“我感觉本地人不愿与我做邻居”方面，居住在机关事业单位社区、城中村或棚户区、城郊接合部以及农村社区的新移民要比参照组的有可能倾向于更高程度的同意态度。而邻居构成以本地市民为主和本地外地差不多的对因变量有显著的负向影响。

在“我感觉本地人不喜欢我”方面，居住社区类型是机关事业单位社区、城中村或棚户区、城郊接合部、农村社区和其他类型社区的对因变量有显著的正向影响。邻居构成变量则除了不清楚选项外，以本地市民为主和本地外地差不多的对因变量有显著的负向影响。在“我感觉本地人看不起我”方面，居住社区类型为经济适用房社区、城中村或棚户区和农村社区的对因变量有显著的正向影响。而邻居构成变量也是除了不清楚选项外，其余以本地市民为主和本地外地差不多的对因变量有显著的负向影响，见表 6–7。

表 6–7　新移民对城市居民的反身性态度的定序逻辑回归分析：社区层次

自变量	本地人接受我成为一员	本地人不愿与我做邻居	本地人不喜欢我	本地人看不起我
居住社区类型①				
经济适用房社区	–0.211**	0.0853	0.112	0.173**
	（0.0860）	（0.0816）	（0.0859）	（0.0805）
机关事业单位社区	–0.228*	0.326**	0.227*	0.123
	（0.129）	（0.129）	（0.135）	（0.143）
工矿企业社区	–0.346***	–0.0225	0.0115	–0.138
	（0.0999）	（0.0947）	（0.0948）	（0.0936）
未经改造的老城区	–0.275***	0.0449	0.0236	0.0745
	（0.0552）	（0.0529）	（0.0543）	（0.0534）
城中村或棚户区	–0.578***	0.329***	0.308***	0.361***
	（0.0604）	（0.0593）	（0.0615）	（0.0606）
城郊接合部	–0.419***	0.129**	0.148***	0.0473
	（0.0563）	（0.0544）	（0.0551）	（0.0537）

续表

自变量	本地人接受我成为一员	本地人不愿与我做邻居	本地人不喜欢我	本地人看不起我
农村社区	–0.492***	0.278***	0.201***	0.183***
	（0.0485）	（0.0475）	（0.0484）	（0.0475）
其他	–0.226	0.233	0.306*	0.147
	（0.207）	（0.176）	（0.183）	（0.179）
邻居构成②				
本地市民	0.677***	–0.535***	–0.536***	–0.507***
	（0.0433）	（0.0441）	（0.0442）	（0.0433）
本地外地差不多	0.265***	–0.310***	–0.312***	–0.304***
	（0.0374）	（0.0374）	（0.0380）	（0.0372）
不清楚	0.0462	0.175***	0.201***	0.156**
	（0.0679）	（0.0650）	（0.0679）	（0.0685）
切点 1	–4.239***	–1.090***	–0.968***	–0.825***
	（0.0754）	（0.0450）	（0.0459）	（0.0444）
切点 2	–2.453***	1.705***	2.092***	2.093***
	（0.0519）	（0.0461）	（0.0493）	（0.0480）
切点 3	0.504***	3.411***	3.730***	3.698***
	（0.0459）	（0.0602）	（0.0672）	（0.0659）
Pseudo R^2	0.0161	0.0094	0.0093	0.0092
个案数	15997	15997	15997	15997

注释：① 参照组为别墅区或商品房社区。② 参照组为外地人。③ 括号中为稳健标准误。④ *，$p<0.1$；**，$p<0.05$；***，$p<0.01$。

四、小结

（一）结论

利用有限可得的二手数据资料，我们对新移民对城市居民的反身性态度进行了统计描述、列联分析和影响因素分析，并且在分析的时候我们注意到区分反身性态度的 4 个不同方面。基于上述的分析，我们有以下初步的发现，即就新移民自身判断而言，他们对城市居民的反身性态度是趋向正面和积极的，他们更倾向于同意：城市居民愿意接受其成为本地人一员、城市居民愿意与其做邻居、城市居民喜欢自己以及城市居民看得起自己。至于新移民对城市居民的反身性态度受到何种因素的影响，我们也尝试从个人、家庭和社区层次寻找答案，当然这样的分析思路也是沿用了本书前几章的做法，通过定序逻辑回归分析，我们也得到了一些有意义的发现。

从个人层次来看，年龄对新移民对城市居民的反身性态度有显著影响，而且这种影响基本上都呈现出非线性影响，说明年龄的作用比较复杂。大学本科教育程度的新移民更有可能持较高程度的不同意态度。非农业户口的影响也是显而易见的，这部分新移民相较其他户口类型的新移民整体也呈现出对城市居民更积极的反身性态度，说明在非农业户口新移民的意识中，他们对城市居民的感觉和评价不错。初婚的新移民要比未婚的对城市居民有着更加积极的反身性态度。流动范围会影响新移民的态度，流动范围越小的新移民越有可能对城市居民持有正面和积极的反身性态度。在流动时长时间方面，流动越久的新移民越有可能对城市居民持有正面和积极的反身性态度。

从家庭层次来看，只有家庭每月总收入表现出对新移民对城市居民的反身性态度的积极影响，收入越高的新移民越有可能更加积极地看待城市居民对前者的态度。

从社区层次来看，城中村或棚户区、城郊接合部和农村社区 3 种社区类型对因变量有比较稳定的影响作用，但是居住在这几类社区的新移民却对城市居民有着更加负面和消极的反身性态度。此外，如果邻居构成是以本地市民为主，或者至少是本地外地差不多的话，那这类新移民也会对城市居民有着更加积极的态度，无论是就主观接纳还是主观情感方面而言。

（二）讨论

在无法直接测量新移民对城市居民的社会态度，特别是情感性态度和认知性态度的情况下，使用 2014 年流动人口社会融合与心理健康专题调查数据中的相关变量信息，我们试图从新移民的角度来分析他们眼中的城市居民是如何看待新移民这个群体的，这样的角度及研究对象非常接近美国社会学家 C. 库利（C. H. Cooley）提出的“镜中我”概念[①]，所以我们不

① ［美］查尔斯·霍顿·库利：《人类本性与社会秩序》，包凡一等译，华夏出版社，1999 年，第 131 页。

仅是在考察新移民对城市居民的社会态度，也是在考察新移民是如何看待自身的，而这种看待的方式和角度则是通过他们与城市居民的交往来实现的。这个角度的考察还有更重要的意义，就是从中观察和分析新移民在城市融入过程中的状况、特征及其影响因素，这是一个很有意思的研究问题，我们将在下一节对其进行研究。

前文总结的本节的研究发现，我们认为仍然可以从本书提出的文化异质性和地位不平等两个角度加以解释。正像刚才所说，所谓新移民对城市居民的社会态度，其实也是新移民心目中别人对自己的印象和认识。试图与城市居民积极交往，并积极融入所在城市的新移民仍然面临着两个制度和文化上的障碍，即文化上与城市居民较大的差异以及社会经济地位上与城市居民较大的差距，当然这种差异和差距并不是不可以缩小的，但是其难度比较大，而且两者的难度也不完全一致。对于文化上的差异来说，通过主动接近和模仿是有可能得以缩小的。我们看到年龄的作用呈现出非线性影响，也就是对年龄较小的新移民来说，他们对城市居民更多的是消极和负面的态度及认知，而对年龄较大的新移民来说，其态度又转而倾向于积极和正面。我们认为这背后的逻辑正是新移民和城市居民之间的社会交往的作用，特别是前者主动靠近后者的交往，交往的时间越久，越有可能形成对城市居民更积极的态度，关于这一点，流动时长变量的影响效果也可以作为一个例证。除此之外，文化差异的缩小还表现在教育程度的接近、语言的相通和风俗习惯的模仿，凡此种种都有利于新移民更好地学习、了解并适应城市居民的文化特性。另外，还需要注意文化上的差异可能还体现于新移民和城市居民在所谓现代性上的差异，在城市生活工作得越久，越熟稔于城市中待人接物的一套规则和方式，所以那些大学本科教育程度以及非农业户口的新移民，他们可能是所有新移民中最熟悉和最习惯所在城市的文化的群体了。

相对于减小与城市居民间的文化异质性来说，试图缩小与城市居民的社会经济地位的差距可能难度更大一些，占有同样社会地位的人之间更有可能发生社会交往，形式社会学的研究已经告诉了我们这一点。对那些居住在商品房社区的新移民来说，他们在那里可能碰到更多的本地城市居民，或者说他们的邻居中有更多的本地城市居民，这不仅意味着他们之间潜在的相对更多的交往机会，而且本身就暗示他们之间更加接近的社会经济地位，如果我们在这里把社会经济地位仅限于市场上的经济地位来说的话。对那些居住在城中村或棚户区、城郊接合部和农村社区的新移民来说，他们的邻居乃至整个社区更有可能也是新移民，这从机会结构上就限制了他们和城市居民的交往。而且这种居住模式还有可能形成一种封闭、隔绝、独立的社区交往模式，缺少了与城市居民进行交往的机会，也就缺少了了解和认识城市居民及其所代表的城市文化的机会，因而就更少可能将城市居民作为其参照群体，从而无法在城市融入过程中将其作为榜样加以效仿，“镜中我”失去了焦点，态度也变得模糊。

第二节 新移民的城市融入感及其影响因素

一、新移民的城市融入感现状

本书第五章关于新移民和城市居民的社会交往的研究，以及本章第一节有关新移民对城市居民的反身性态度的研究，虽然其研究主题分别关乎交往的意愿、行为和态度，但它们都可以置入一个更大的研究主题——城市融入，只要新移民处于城市融入的过程或者状态，由此与其相关的现象都可以作为城市融入的研究对象。我们可以进一步将此类研究对象细分为客观和主观两个层面，所谓客观主要指融入的状态及实际过程等内容，而主观是指对融入所在城市的主观感受，是一种心理层面的主观感知[①]，主观和客观缺一不可。以往较多研究更多关注新移民在所在城市获取基本公共服务、就业和义务教育的机会，从而研究其城市融入的质量和效果，随

① 王春超、张呈磊：《子女随迁与农民工的城市融入感》，《社会学研究》2017 年第 2 期。

着新移民在城市生活工作时间的推移，特别是新型城镇化战略的实施，主观层面的城市融入即城市融入感也开始受到越来越多的关注[①]，因此，本节将就新移民的城市融入感进行研究，首先了解融入感的现状，然后从个人、家庭和社区层次考察融入感的相关特征，最后再从上述3个层次来分析融入感的影响因素。

（一）数据与变量

本节仍然使用2014年中国流动人口动态监测调查中的“流动人口社会融合与心理健康专题调查”数据，该专题的调查主旨就包含了对新移民融入状态及主观感受的测量。该数据的基本情况及相关变量的测量方法已经在本书的多个地方加以介绍，因此本节不再对其展开说明，仅就城市融入感的测量及相关变量的操作化方法进行说明。我们从“流动人口社会融合与心理健康专题调查”问卷中的第五部分“社会融合”中选择对以下说法的同意程度作为城市融入感的测量指标，这些问题是：1. 我感觉自己是属于这个城市的；2. 我觉得我是这个城市的成员；3. 我把自己看作是这个城市的一部分；4. 我愿意融入社区 / 单位，成为其中的一员。具体的同意程度有完全不同意、不同意、基本同意、完全同意4种。上述4个问题中的每一个都可以看作是城市融入感的测量指标，其中问题1、问题2和问题3之间非常接近，它们更侧重于融入状况的主观感受；相比较而言，问题4则侧重于融入的意愿。由于它们之间的细微差别，我们不打算把它们合并分析，而是作为独立的测量方式给予单独分析。

（二）新移民的城市融入感现状的描述统计

我们首先对新移民的城市融入感现状做一整体了解，表6-8列出了新移民城市融入感现状的分布，从中我们可以看到新移民受访者对不同测量

---

① 杨菊华：《从隔离、选择融入到融合：流动人口社会融入问题的理论思考》，《人口研究》2009年第1期

维度的同意程度。在“我感觉自己是属于这个城市的”方面，对此持基本同意态度的受访者占总体的53.00%，完全同意的占32.72%，两者合计共占85.72%，而完全不同意和不同意的合计占14.28%。在“我觉得我是这个城市的成员”方面，对此持基本同意态度的受访者占总体的53.60%，完全同意的占34.43%，两者合计共占88.03%，而完全不同意和不同意的合计占11.97%。在“我把自己看作是这个城市的一部分”方面，对此持基本同意态度的受访者占总体的54.89%，完全同意的占35.79%，两者合计共占90.68%，而完全不同意和不同意的合计占9.32%。在“我愿意融入社区/单位，成为其中的一员”方面，对此持基本同意态度的受访者占总体的52.47%，完全同意的占43.16%，两者合计占比高达95.63%，而完全不同意和不同意的合计占比仅为4.37%，见表6-8。

表6-8　新移民城市融入感现状的分布（%）

反身性态度	完全不同意	不同意	基本同意	完全同意	合计
1. 我感觉自己是属于这个城市的	1.68	12.60	53.00	32.72	100.00
2. 我觉得我是这个城市的成员	1.43	10.54	53.60	34.43	100.00
3. 我把自己看作是这个城市的一部分	1.24	8.09	54.89	35.79	100.00
4. 我愿意融入社区/单位，成为其中的一员	0.80	3.57	52.47	43.16	100.00

资料来源：根据2014年流动人口社会融合与心理健康专题调查数据计算得到。

从新移民城市融入感现状的分布可以看出，首先，总体上同意比率最高的就是对“我愿意融入社区/单位，成为其中的一员”的态度，这也说明受访新移民的融入意愿非常之高，这一点从其只有0.8%的完全不同意比例也可以看出。其次，总体上同意比率最低的则是对“我感觉自己是属于这个城市的”态度，这一点所代表的是对是否属于所在城市的主观感受，其实更接近于城市融入感的含义。再次，“我觉得我是这个城市的成员”和“我把自己看作是这个城市的一部分”的测量内涵是受访者主观上认为自己同所在城市的关系，对这两个陈述的同意程度比例位于中间。最后，按照表6-8所表述的顺序，其同意的分布比例不断升高，这或许可以说明新移民的融入意愿要高于其对融入状态的主观感受。

二、新移民城市融入感的特征

新移民的城市融入感代表其个人对城市融入的感受、意愿和主观判断，它有可能受到诸多因素的影响，从而在不同特征的新移民中体现出差异。因此，本小节将从个人层次、家庭层次和社区层次来分析具备不同特征的新移民在城市融入感等方面是否存在差别。分析方法仍采用列联分析，个人层次、家庭层次和社区层次的相关变量仍然分别是性别、年龄、受教育程度、户口性质、婚姻状况、流动范围、本次流动时长；是否有子女、家庭在本地平均每月总收入、家庭恩格尔系数；居住社区类型、主要邻居构成。这些变量的操作化方法及分布情况已在第五章给予说明，具体可参见该部分。

（一）不同个人层次类型的新移民的城市融入感特征

表 6–9 报告的是不同个人层次类型的新移民的城市融入感的卡方检验的 P 值，由此我们可以判断具备不同特征的新移民在城市融入感方面是否存在差异。分析结果显示：首先，性别和所有城市融入感的 4 个测量维度均不存在相关性，这说明受访的男女新移民之间在城市融入感的 4 个维度上不存在显著差异。其次，样本的婚姻状况同其对“我愿意融入社区 / 单位，成为其中的一员”的同意程度之间不存在相关性，具体意味着婚姻状况是未婚、初婚、再婚、离婚和丧偶的新移民之间，其中至少有两类在融入社区 / 单位的意愿上没有显著差别。最后，除上述特征之外，其他个人层次的变量同城市融入感的 4 个维度之间均存在显著的关联，说明这些变量有可能影响新移民的城市融入感，见表 6–9。

表 6–9　不同个人层次类型的新移民的城市融入感的卡方检验

个人层次特征变量	感觉自己属于这个城市	觉得是这个城市的成员	自己是城市的一部分	愿意融入社区 / 单位
1. 性别	0.798	0.384	0.199	0.310
2. 年龄（分段）	0.000	0.000	0.000	0.006
3. 受教育程度	0.000	0.000	0.000	0.000
4. 户口性质	0.000	0.000	0.000	0.000
5. 婚姻状况	0.000	0.000	0.001	0.201
6. 流动范围	0.000	0.000	0.000	0.000
7. 本次流动时长（分段）	0.000	0.000	0.000	0.000

说明：表中报告的是卡方检验的 P 值。

资料来源：根据 2014 年流动人口社会融合与心理健康专题调查数据计算得到。

（二）不同家庭层次类型的新移民的城市融入感特征

表 6–10 报告的是不同家庭层次类型的新移民的城市融入感的卡方检验的 P 值，分析结果显示：首先，除了“我愿意融入社区 / 单位，成为其中的一员”之外，是否有子女同城市融入感的其他 3 个维度均存在显著的相关性。其次，家庭每月总收入（分段）同城市融入感的所有 4 个维度均有显著的关联。最后，同样是除了“我愿意融入社区 / 单位，成为其中的一员”这一维度之外，家庭恩格尔系数（分段）同城市融入感的其他 3 个维度均存在显著的相关性，见表 6–10。

表 6–10　不同家庭层次类型的新移民的城市融入感的卡方检验

家庭层次特征变量	感觉自己属于这个城市	觉得是这个城市的成员	自己是城市的一部分	愿意融入社区 / 单位
1. 是否有子女	0.006	0.013	0.029	0.727
2. 家庭每月总收入（分段）	0.000	0.000	0.000	0.000
3. 家庭恩格尔系数（分段）	0.000	0.000	0.001	0.394

说明：表中报告的是卡方检验的 P 值。

资料来源：根据 2014 年流动人口社会融合与心理健康专题调查数据计算得到。

（三）不同社区层次类型的新移民的城市融入感特征

表 6–11 报告的是不同家庭层次类型的新移民的城市融入感的卡方检验的 P 值，分析结果显示居住社区类型和邻居主要构成两个变量同城市融入感的 4 个测量维度均存在显著的相关性，我们有理由认为社区层次变量有可能影响新移民的城市融入感，见表 6–11。

表 6–11　不同社区层次类型的新移民的城市融入感的卡方检验

社区层次特征变量	感觉自己属于这个城市	觉得是这个城市的成员	自己是城市的一部分	愿意融入社区 / 单位
1. 居住社区类型	0.000	0.000	0.000	0.000
2. 邻居构成	0.000	0.000	0.000	0.000

说明：表中报告的是卡方检验的 P 值。

资料来源：根据 2014 年流动人口社会融合与心理健康专题调查数据计算得到。

三、新移民城市融入感的影响因素分析

在分析完不同个人、家庭和社区层次特征的新移民的城市融入感是否存在显著差异之后，本小节将要通过影响因素分析方法来探究到底有哪些因素会影响新移民的城市融入感，包括融入感的不同维度，而且也会研究和分析其具体的影响模式。

（一）变量和方法

影响因素分析将要使用的自变量的操作处理方法同本章第一节中对新移民对城市居民的反身性态度的影响因素分析中的完全一样，须知相关信息可参看第一节部分。至于因变量，它包括城市融入感的 4 个测量维度，具体是对每个维度陈述的同意程度，其具体选项为完全不同意、不同意、基本同意和完全同意 4 种，这是一个定序层次的变量，因此，在统计分析方法上我们仍将使用定序回归分析（ordered logistic regression），同时使用稳健估计方法来求得参数值。在分析策略方面，我们将从个人、家庭和社区 3 个层次的自变量入手，并依次分析城市融入感的不同测量维度。

（二）分析结果

1. 个人层次变量的影响

表 6–12 报告了新移民城市融入感的定序逻辑回归分析结果，这一分析只从个人层次展开，由于篇幅原因，部分定类变量的参照组没有在报告表格中说明，其具体信息同本章第一节中的一致。我们首先来看城市融入感的第 1 个测量维度，即对“我感觉自己是属于这个城市的”影响因素分析结果。首先，性别和年龄对因变量没有显著影响，包括年龄的平方项对

因变量的作用也不显著。其次，受教育程度中的小学和研究生这两个等级对因变量有显著影响，但前者是负向影响，而后者是正向影响。再次，户口性质变量中的非农业户口对因变量有显著的正向影响。婚姻状况变量中的初婚和离婚对因变量有显著的正向影响，但离婚对因变量的影响的显著性检验只达到 0.1 的水平。最后，流动范围和流动时长对因变量有显著的正向影响。

在对“我觉得我是这个城市的成员”的影响因素分析中，即从表 6–12 中的模型 2 可以看出性别、年龄和受教育程度对因变量没有显著影响。户口性质变量中只有非农业户口对因变量有显著的正向影响。婚姻状况变量中也只有初婚一类对因变量有显著的正向影响。此外，流动范围和流动时长对因变量有显著的正向影响。

在对“我把自己看作是这个城市的一部分”的分析中，可以看出对该陈述的同意程度的影响模式同模型 2 的非常接近，但是还是有两处差别。首先，在户口性质变量中，除了非农业户口对因变量有显著的正向影响之外，户口性质为农业转居民的对因变量也有显著的正向影响，但对它的显著性检验只达到 0.1 的水平。其次，婚姻状况变量除初婚对因变量有显著的正向影响之外，再婚也对因变量有显著的正向影响，但显著性检验也只达到 0.1 的水平。

在对“我愿意融入社区 / 单位，成为其中的一员”的影响因素分析中，从表 6–12 中的模型 4 可以得到以下结果。首先，性别和年龄对因变量没有显著影响。其次，受教育程度中的大学专科、大学本科和研究生 3 类对因变量有显著的正向影响，但除了大学本科的显著性检验达到 0.05 的显著性水平之外，其他两类只达到 0.1 的显著性水平。再次，户口性质变量中的非农业户口对因变量有显著的正向影响。婚姻状况变量中的初婚对因变量有显著的正向影响。最后，流动范围和流动时长对因变量有显著的正向影响，见表 6–12。

表 6-12　新移民城市融入感的定序逻辑回归分析：个人层次

自变量	感觉自己属于这个城市	觉得是这个城市的成员	自己是城市的一部分	愿意融入社区 / 单位
性别	0.0200	0.0298	0.0137	0.0393
	(0.0311)	(0.0313)	(0.0316)	(0.0320)
年龄	0.00144	–0.00723	–0.0148	–0.0185
	(0.0147)	(0.0149)	(0.0152)	(0.0152)
年龄平方 /100	0.00588	0.0127	0.0278	0.0311
	(0.0202)	(0.0204)	(0.0208)	(0.0206)
小学	–0.314*	–0.236	–0.198	0.0154
	(0.187)	(0.193)	(0.191)	(0.171)
初中	–0.0477	–0.00419	0.0338	0.170
	(0.181)	(0.187)	(0.186)	(0.166)
高中	0.0840	0.104	0.129	0.217
	(0.183)	(0.189)	(0.188)	(0.168)
大学专科	0.0757	0.160	0.190	0.298*
	(0.188)	(0.194)	(0.193)	(0.174)
大学本科	0.191	0.279	0.331	0.468**
	(0.198)	(0.203)	(0.202)	(0.185)
研究生	0.632**	0.262	0.457	0.464*
	(0.285)	(0.291)	(0.295)	(0.277)
非农业	0.283***	0.251***	0.216***	0.237***
	(0.0533)	(0.0521)	(0.0536)	(0.0541)
农业转居民	0.0193	0.158	0.292*	0.243
	(0.157)	(0.156)	(0.157)	(0.153)
非农业转居民	0.0552	0.403	0.00845	0.0913
	(0.304)	(0.276)	(0.277)	(0.303)
初婚	0.183***	0.195***	0.158***	0.112**
	(0.0495)	(0.0504)	(0.0516)	(0.0523)
再婚	0.0576	0.0399	0.265*	0.143
	(0.156)	(0.152)	(0.161)	(0.159)
离婚	0.283*	0.214	0.229	0.166
	(0.149)	(0.149)	(0.152)	(0.149)
丧偶	0.260	0.0103	–0.206	0.264
	(0.342)	(0.380)	(0.356)	(0.322)
省内跨市	0.635***	0.550***	0.553***	0.528***
	(0.0321)	(0.0322)	(0.0325)	(0.0329)
市内跨县	1.206***	1.166***	1.226***	1.059***
	(0.0822)	(0.0846)	(0.0876)	(0.0885)
本次流动时长	0.0295***	0.0259***	0.0289***	0.0304***
Pseudo R^2	0.0229	0.0188	0.0203	0.0188
个案数	15997	15997	15997	15997

注释：1. 括号中为稳健标准误。2.*，p<0.1；**，p<0.05；***，p<0.01。

2. 家庭层次变量的影响

表 6–13 报告了家庭层次的自变量对新移民城市融入感的定序逻辑回归分析结果，我们可以看到：首先，是否有子女对城市融入感的 3 个测量维度有显著的正向影响，而对“我愿意融入社区 / 单位，成为其中的一员”没有显著影响。其次，作为连续变量的家庭每月总收入对城市融入感的 4 个测量维度均有显著的正向影响。最后，作为连续变量的家庭恩格尔系数对除“我愿意融入社区 / 单位，成为其中的一员”之外的城市融入感的其他 3 个测量维度有显著的负向影响，见表 6–13。

表 6–13 新移民城市融入感的定序逻辑回归分析：家庭层次

自变量	感觉自己属于这个城市	觉得是这个城市的成员	自己是城市的一部分	愿意融入社区 / 单位
是否有子女（否 =0）				
有	0.0830**	0.0574*	0.0795**	0.0244
	（0.0326）	（0.0327）	（0.0331）	（0.0332）
家庭每月总收入	1.20e–05***	1.08e–05***	8.91e–06***	6.63e–06**
	（3.10e–06）	（3.17e–06）	（3.08e–06）	（2.72e–06）
家庭恩格尔系数	–0.00215**	–0.00177*	–0.00214**	–0.00124
	（0.000907）	（0.000906）	（0.000916）	（0.000909）
切点 1	–4.044***	–4.209***	–4.371***	–4.819***
	（0.0780）	（0.0820）	（0.0861）	（0.100）
切点 2	–1.763***	–1.972***	–2.265***	–3.085***
	（0.0540）	（0.0548）	（0.0566）	（0.0622）
切点 3	0.756***	0.671***	0.597***	0.278***
	（0.0518）	（0.0520）	（0.0524）	（0.0512）
Pseudo R^2	0.0014	0.0011	0.0010	0.0005
个案数	15997	15997	15997	15997

注释：1. 括号中为稳健标准误。2.*，p<0.1；**，p<0.05；***，p<0.01。

3. 社区层次变量的影响

对社区层次的自变量对新移民城市融入感的定序逻辑回归分析结果可见于表 6–14，由该表中的模型拟合结果可知：第一，除其他社区类型之外，居住社区类型变量中的经济适用房社区、机关事业单位社区、工矿企业社区、未经改造的老城区、城中村或棚户区和城郊接合部等社区类型均对城市融入感 4 个维度有显著的负向影响。第二，邻居主要构成变量中的本地市民为主和本地外地差不多两种情形均对城市融入感 4 个维度有显著的正向影响，其中本地市民为主的构成相对于参照组更有可能对 4 个维度的陈述持有较高的同意程度，见表 6–14。

表 6–14　新移民城市融入感的定序逻辑回归分析：社区层次

自变量	感觉自己属于这个城市	觉得是这个城市的成员	自己是城市的一部分	愿意融入社区 / 单位
居住社区类型①				
经济适用房社区	−0.230***	−0.254***	−0.253***	−0.314***
	（0.0816）	（0.0798）	（0.0815）	（0.0858）
机关事业单位社区	−0.571***	−0.360***	−0.453***	−0.453***
	（0.132）	（0.120）	（0.124）	（0.135）
工矿企业社区	−0.435***	−0.441***	−0.415***	−0.297***
	（0.0915）	（0.0953）	（0.0927）	（0.0928）
未经改造的老城区	−0.412***	−0.406***	−0.390***	−0.263***
	（0.0545）	（0.0547）	（0.0563）	（0.0561）
城中村或棚户区	−0.731***	−0.659***	−0.727***	−0.567***
	（0.0583）	（0.0591）	（0.0602）	（0.0591）
城郊接合部	−0.542***	−0.515***	−0.496***	−0.465***
	（0.0543）	（0.0549）	（0.0545）	（0.0555）
农村社区	−0.722***	−0.699***	−0.671***	−0.587***
	（0.0476）	（0.0484）	（0.0487）	（0.0485）
其他	−0.189	−0.0442	0.00254	−0.0826
	（0.184）	（0.186）	（0.187）	（0.188）
邻居构成②				
本地市民	0.601***	0.559***	0.578***	0.590***
	（0.0433）	（0.0430）	（0.0432）	（0.0435）
本地外地差不多	0.268***	0.242***	0.259***	0.255***
	（0.0366）	（0.0368）	（0.0372）	（0.0377）
不清楚	−0.113*	−0.0828	−0.0801	−0.0952
	（0.0679）	（0.0688）	（0.0695）	（0.0693）
切点 1	−4.427***	−4.568***	−4.707***	−5.069***
	（0.0748）	（0.0795）	（0.0830）	（0.0992）
切点 2	−2.132***	−2.320***	−2.592***	−3.331***
	（0.0484）	（0.0501）	（0.0520）	（0.0583）
切点 3	0.453***	0.382***	0.335***	0.0841*
	（0.0449）	（0.0454）	（0.0457）	（0.0452）
Pseudo R^2	0.0185	0.0165	0.0179	0.0168
个案数	15997	15997	15997	15997

注释：① 参照组为别墅区或商品房社区。② 参照组为外地人。③ 括号中为稳健

标准误。4.*，$p<0.1$；**，$p<0.05$；***，$p<0.01$。

四、小结

（一）结论

通过对新移民的城市融入感的描述统计、列联分析和影响因素分析，我们大体了解了新移民的城市融入感的现状及其影响因素。就 2014 年流动人口社会融合与心理健康专题调查的样本而言，他们整体上想融入所在城市的意愿相当强烈，而且城市融入的主观感受也比较强烈，他们以比较高的同意程度认为自己属于所在的城市。从其内涵来看，新移民的主观融入感必然受到多种因素的影响，我们通过卡方检验的方法，发现个人、家庭和社区层次的变量将新移民区分成不同类型，而不同特征的新移民在城市融入感方面存在一定程度的差异。而进一步的影响因素分析让我们得到更多的发现。

在个人层次上，性别和年龄对城市融入感的不同测量维度都没有影响。受教育程度的不同类型对城市融入感的不同维度起着不同的作用，较低的教育程度对感觉自己属于这个城市的同意程度起到抑制作用，而较高的教育程度则对城市融入意愿起到促进作用。非农业户口的新移民有着相较于农业户口的新移民更强的城市融入感，无论是就主观感受还是融入意愿而言。对于初婚的新移民来说，他们相对于未婚的新移民表现出更加强劲的城市融入感受和融入意愿。流动的空间和时间距离都会影响新移民的城市融入感，但是影响效果却皆然不同，空间距离越近越会有更强的城市融入感和融入意愿，而时间距离则是越长越会有更强的城市融入感和融入意愿。

在家庭层次上，有子女的新移民其家庭结构必然不同于没有子女的，而这决定了他 / 她的城市融入感，有子女的相较于没有子女的会有更强的融入感，但是未必有更强的城市融入意愿。而家庭每月总收入会毫无疑问地促进新移民的城市融入感，也就是获得的收入越高越有可能有较强的城市融入感和融入意愿。作为测量家庭富裕程度的家庭恩格尔系数对新移民的城市融入感发挥着抑制作用，当恩格尔系数越高，也就是家庭相对越贫困的时候，新移民越表现出较低强度的城市融入感，但是它对新移民的城市融入意愿没有影响。

在社区层次上，居住社区类型和邻居主要构成对新移民的城市融入感有着不可忽视的影响，特别是邻居主要构成，它其实要比居住社区类型更能体现出新移民居住环境背后所隐藏的文化异质性和地位不平等。而且邻居中如果有较多的本地居民的话，至少直观地给人以融入所在城市的感觉，而不会像是在城中村或者城乡接合部这样的地方，因为这里会有相对更多的新移民，这样无论是就主观感受还是客观的交往机会结构而言，居住在这种社区的新移民都不会有太强烈的城市融入感和融入意愿。

（二）讨论

同新移民的城市融入现状相比，他们的城市融入感是我们在观察和分析新移民的城市融入过程中不可缺少的另一重要角度。虽然我们也从个人、家庭和社区层次来分析新移民的城市融入感，但是具体来看，无论是就现有融入状况的主观感受还是融入意愿而言，新移民所表现出的较强意愿皆受到较强的结构性影响，而这种结构性影响集中体现为本书所提出的地位不平等和文化异质性。我们在本书前几章提到文化不平等时，更多地是以受教育程度和城市的地域性文化习惯为切入点，但是从更大的视野来看，新移民和城市居民所代表的是两种不同的文化，简而言之，一种是乡土文化，另一种则是城市文化，而它们又分别代表了传统与现代，只有在城市生活得越久，越有可能熟悉和习得城市所特有的一套文化。所以从文化适应的角度来看，新移民的城市融入感不仅仅是主观上认为自己属于这个城市，或者认为自己是这个城市的成员，又或者把自己看作是这个城市的一部分，而更应该是对城市文化的认同和接纳，将这一套城市文化内化并作为自己在城市进行交往时所遵从的规则，这样一来，新移民则会有更切实的城市融入感。

另一方面，地位不平等也不仅仅是新移民和城市居民之间在社会经济地位上的差异，我们更应该关注地位不平等背后的制度和结构性因素。比如户籍制度作为城乡分割、地域分割的制度原因发挥了关键性的作用，此类制度在历史上可能发挥过所谓积极的作用，但是当经济体制发生重大变化，国家公民对公共福利有了新的要求时，户籍制度就开始发挥歧视性的作用，而这极端阻碍了新移民的城市融入，而且也恶化了他们在主观上的融入感受。户籍制度作为根本性的制度因素，对不同新移民的城市融入又发挥着不同程度的作用，那些文化程度较高和较低的、未婚和已婚的、流动距离近和流动距离远的、有子女和没有子女的新移民在户籍制度面前肯定会感受到不同的影响，而这种影响更多地体现为阻碍性的影响。因此，当我们提及地位不平等时，我们需要挖掘和分析其背后的结构性因素。

第七章　结论与讨论

第一节　主要研究发现

一、对社会制度、社会结构与社会交往的关系的总结

本书对城市居民和新移民的社会交往及社会态度进行了实证研究并获得了一些具体发现，在本书的最后，我们将按照具体研究主题进行系统性总结。本书第二章对中国的社会制度及其变迁、中国的社会结构及其变迁进行了回顾和理论上的阐述，由此认为社会制度和社会结构是形塑和影响城市居民和新移民的社会交往以及两个群体间的社会态度的重要外部因素，它们分别起到了制度性和结构性的作用。具体来看，布劳提出的不平等和异质性两种社会分化形式是影响城市居民和新移民（同时也包括新移民和城市居民）间的社会交往的具体机制。户籍制度同其他相关制度对中国的城乡二元社会的形成发挥了关键作用，它从制度层面导致城乡间的差别，进而促使不平等和异质性特别是地位不平等和文化异质性的出现，这又导致城市和农村的居民在制度身份和地理空间上都保持隔绝状态，从而形成影响城市居民和新移民的社会交往的外部制度性和结构性背景。

在城市居民和新移民的社会态度方面，由制度性因素所促成的两个社

会群体的社会交往的机会结构及背景，牢牢地锁定了两个社会群体在社会保障、医疗保障和教育机会等权益方面的差别性格局，而这种差别性格局可能促使两个社会群体的社会心理和社会预期也发生分化，进而导致两个社会群体间出现社会隔膜，即社会距离过大。因此，在城市地区，城市居民和新移民对他们两个社会群体间的社会距离变化的感受、相互间的理解程度以及交往感受等方面存在差别，从而影响两个社会群体对彼此的社会态度。

二、对城市居民和新移民的社会交往的总结

在对社会制度、社会结构与社会交往进行回顾和理论阐述之后，本书第三章使用中国综合社会调查数据首先对城市居民和新移民的社会交往意愿和行为进行了实证研究，我们发现当社会交往由工具性交往向情感性交往转变时，城市居民和新移民的交往意愿开始趋于弱化，这其中表现出的是由短变长的社会距离。继续对城市居民和新移民的社会交往意愿进行影响因素分析，又可以发现个人、家庭和社区三个层次的影响因素对不同类型的社会交往意愿均有显著性影响，具体结论有：性别对不同交往类型的意愿都发挥了显著的影响作用，并且普遍是男性更强而女性更弱的交往意愿。年龄对不同交往类型的意愿有着复杂的影响，即年龄先抑制不同交往类型的意愿，然后再强化各交往类型的意愿。户口性质和户口所在地对绝大多数社会交往类型的意愿发挥显著影响作用。经济地理带和居住社区类型变量从社区或曰宏观层次对城市居民和新移民的不同交往类型的意愿发挥显著的影响作用。

在城市居民和新移民的社会交往行为方面，与新移民同住一个社区的比例最高，其次是与新移民共同工作，然后依次是有新移民居住在隔壁、邀请新移民到家做客以及有子女或亲属与新移民谈恋爱。除此以外，我们还发现性别对城市居民是否与新移民一起工作，是否有新移民居住在城市居民家隔壁发挥显著影响作用。年龄对是否邀请新移民到城市居

民家中做客发挥显著影响作用，但该作用是非线性的，即它先降低了邀请到家做客的可能性，进而又增加了该种交往的可能性。受教育程度对城市居民是否与新移民一起工作，是否有新移民租住在城市居民所居住的社区，是否有新移民邻居发挥正向影响作用，但对是否邀请过新移民到家做客发挥负向影响。户口性质只对城市居民是否与新移民一起工作有正向影响，同时对是否有新移民租住在城市居民所居住的社区发挥负向影响。户口所在地、个人全年总收入和家庭全年总收入对所有类型的社会交往行为产生显著的正向影响。个人的生活幸福感对是否有新移民租住在城市居民所居住的社区以及是否有新移民邻居产生负向影响。经济地理带对所有类型的交往行为均有显著影响，但实际的影响效果存在差异。

除了使用中国综合社会调查数据对所有城市居民和新移民的社会交往意愿和行为进行分析之外，本章最后一节还使用一手数据对城市中产阶层居民和新移民的社会交往意愿和行为进行实证分析。我们首先发现城市中产阶层居民整体上在各类型的交往意愿上都呈现出更加积极的态度，其中单就和新移民交朋友的意愿比例就相当高。至于在影响城市中产阶层居民和新移民的社会交往意愿的因素方面，男性相对于女性有着更高的交往意愿，特别是在是否愿意有新移民租住在您所居住的社区、是否愿意和新移民交朋友以及是否愿意其子女或亲属与新移民谈恋爱等方面。年龄几乎对所有交往类型的意愿都发挥负向影响，但是对是否愿意自己的子女或亲属与新移民谈恋爱没有显著影响。受教育程度对不同交往类型的意愿发挥不同的影响作用，其中高中、大学及以上的城市中产阶层居民有着相对更低的交往意愿，这主要体现在是否愿意有新移民租住在自己所居住的社区，是否愿意让新移民居住在自己家隔壁，是否愿意邀请新移民到自己家中做客；而初中和高中的城市中产阶层居民则在是否愿意自己的子女或亲属与新移民谈恋爱方面有着更低的意愿。在私有制单位工作的中产阶层居民相对于在其他类型单位的更有可能倾向于愿意有新移民租住在自己所居住的社区，愿意让新移民居住在自己家隔壁，愿意和新移民交朋友，愿意自己的子女或亲属与新移民谈恋爱。

在和新移民的社会交往行为方面，城市中产阶层居民也有着相对其他阶层群体较高的发生比例，其中有新移民租住在自己所居住的社区的比例最高，其次是有新移民朋友的比例，再次是有邀请过新移民到自己家中做客。在影响城市中产阶层居民和新移民的社会交往行为的因素方面，其中性别的影响很小，只有在是否有新移民居住在自己家隔壁方面，女性相对于男性中产阶层居民有显著差异。年龄只对是否有新移民朋友，是否有子女或亲属与新移民谈恋爱有显著的负向影响，但对其他类型的交往行为没有影响。受教育程度只对是否有新移民租住在自己所居住的社区有显著影响，对其他类型的交往行为则没有影响。婚姻状况对各类交往行为都有显著的正面影响。在私有制单位工作的新移民在有新移民朋友和有子女或亲属与新移民谈恋爱方面相对于在其他所有制单位工作的更有优势。主观社会阶层对是否有子女或亲属与新移民谈恋爱有显著的负向影响。

三、对城市居民对新移民的社会态度的总结

城市居民对新移民的社会态度是研究城市居民和新移民的社会关系的偏向于主观层面的重要内容，本书主要分析了城市居民对新移民的情感性态度和认知性态度。通过使用本研究收集的一手数据，我们发现在对新移民的情感性态度方面，城市居民整体上倾向于认为新移民是贡献非常大的、善良的和令人喜欢的社会群体。在影响城市居民对新移民的情感性态度的因素方面，年龄、大学教育程度、政治面貌和单位所有制性质对恶的—善的态度有影响作用。年龄、大学教育程度、单位所有制性质和主观阶层认同状况对社会地位低—社会地位高的态度有影响作用。年龄、受教育程度、婚姻状况、单位所有制性质和主观阶层认同状况对综合素质低—综合素质高的态度有影响作用。年龄、大学教育程度、政治面貌、单位所有制性质和主观阶层认同状况对贡献非常小—贡献非常大的态度有影响作用。婚姻

状况、单位所有制性质和主观阶层认同状况对令人厌恶的—令人喜欢的态度有影响作用。综合而言，单位所有制性质和主观阶层认同状况对情感性态度整体有显著的影响作用。

在对新移民的认知性态度方面，城市居民更倾向于认为新移民导致治安状况恶化，但更不倾向于认为新移民不应该获得自己所在这个城市的户口，也有数目不少的受访者的认知性态度不够明确，比较模糊。在影响城市居民对新移民的认知性态度的因素方面，年龄、婚姻状况和主观阶层认同状况对新移民抢占了市民的工作机会的认知态度有显著影响。年龄、高中和大学及以上教育程度和主观阶层认同状况对新移民导致治安状况恶化的认知态度有显著影响。年龄、高中和大学及以上教育程度和工作单位的私有制对新移民导致城市环境变差的认知态度有显著影响。婚姻状况、政治面貌、工作单位的其他类型的所有制和主观阶层认同状况对新移民最终应该返回其家乡的认知态度有显著影响。年龄和主观阶层认同状况对新移民不应该获得这个城市的户口的认知态度有显著影响。年龄、大学及以上教育程度和主观阶层认同状况对新移民及其家庭成员不应该获得本地居民所享有的权益的认知态度有显著影响。

除了研究分析城市居民对新移民的情感性态度和认知性态度之外，本章也专门关注了城市中产阶层居民对新移民的社会态度，特别是包容性的社会态度。首先，城市中产阶层居民的社会包容性总体上较高，但是不同类别间的城市中产阶层居民的社会包容性存在差异，其中边缘中产阶层的社会包容性最底，而企业主阶层的社会包容性最高。进一步的影响因素分析显示，如果城市中产阶层居民同时还是中共党员、工作于国有部门的话，那么他将表现出更低的社会包容性。具体来看，对工作在国有部门而且还是中共党员的新中产阶层城市居民和边缘中产阶层城市居民来说，前者对新移民的社会包容性要高于后者，既是中共党员又工作在国有部门的边缘中产阶层城市居民的社会包容性最低，而既不是中共党员又不在国有部门工作的新中产阶层城市居民的社会包容性最高。

四、对新移民和城市居民的社会交往的总结

本书的一大特色就是对社会交往双方进行了双向研究，从本书第五章开始，我们又以新移民的视角为参照点，对新移民和城市居民的社会交往意愿和行为进行实证研究。通过对2014年中国流动人口动态监测数据的分析，我们发现新移民有着更加强烈的与城市居民进行社会交往的意愿，这与城市居民和新移民的社会交往意愿形成了明显的差异。其中意愿最强的是与本地人交朋友，其次是与本地人做邻居，最低的则是自己或亲人与本地人通婚。在影响新移民和城市居民的社会交往意愿的因素方面，我们尝试搭建了一个覆盖个人、家庭和社区三个层次的分析框架。

我们发现，在个人层次变量上，新移民的性别、年龄和受教育程度几乎对所有交往类型的意愿都没有显著影响，但是在与城市居民通婚的意愿上，高中教育程度以上的新移民有着不断增强的意愿。非农业户口的新移民相对于农业户口的也有着较强的同城市居民交往的意愿。初婚、再婚和离婚等婚姻状况的新移民要比未婚的有更强的同城市居民交往的意愿。流动范围和流动时长对各交往类型的意愿有显著的正向影响，而且流动跨越的行政区划级别越小则越有可能有更强烈的交往意愿，而流动时间越长的新移民也有着更强的同本地城市居民进行各类社会交往的意愿。

在家庭层次变量上，有孩子的要比没孩子的新移民有更强的与本地城市居民共同居住在一个社区的意愿、更强的与本地城市居民做邻居的意愿以及更强的与本地城市居民交朋友的意愿。而没有孩子的新移民要比有孩子的新移民有更强的与本地城市居民通婚的意愿。家庭每月总收入越高的新移民同城市居民的各类交往的意愿都更强烈。在社区层次变量上，居住在城中村或棚户区、城郊接合部和农村社区的新移民相比于住在商品房社区的新移民有着更强烈的不与城市居民进行社会交往的意愿。而邻居以本地市民为主或者本地外地数量差不多的新移民要比邻居主要是外地人的有更强的同本地城市居民进行交往的意愿。

在研究新移民和城市居民的社会交往行为时，本书同时使用了2014

年中国流动人口动态监测数据和本研究收集的一手数据。分析发现，绝大部分的受访者认为自己同城市居民的社会交往很融洽或者比较融洽，而认为不融洽的比重非常低。同时我们还发现，大部分的新移民受访者没有经历或者偶尔经历不公正的待遇，而极少的新移民受访者较多或者经常经历不公正的待遇，并且所经历的不公正待遇主要来自用人单位，其次才是本地城市居民。

在新移民和城市居民的社会交往行为的影响因素方面，个人层次的年龄、较高的受教育程度特别是大学本科程度、非农业户口、婚姻状况中的初婚、再婚和离婚以及流动范围和流动时长对提高新移民和城市居民的社会交往行为的融洽程度有正向影响。家庭层次中有子女的而且家庭每月总收入越高的新移民越有可能同本地居民相处得更加融洽。社区层次中居住在经济适用房社区、工矿企业社区、未经改造的老城区、城中村或棚户区、城郊接合部、农村社区和其他类型社区的新移民更有可能同本地居民相处得更加不融洽，而如果邻居是以本地居民为主或者本地居民和外地人差不多的话，新移民同城市居民的相处融洽程度会比较高。除此之外，在新移民是否遭受不公正待遇方面，年龄对其有比较复杂的非线性影响，其中高中及相近教育程度的、已婚或者有孩子的新移民更有可能遭受不公正待遇，而在本地工作生活时间越长的新移民也有较大可能遭受不公正待遇。

五、对新移民对城市居民的社会态度的总结

本章没有像前面章节一样来研究新移民对城市居民的情感性态度和认知性态度，而是以库利的“镜中我”为启发提出了反身性态度，并进而研究新移民对城市居民的反身性态度。我们首先发现新移民整体上认为本地城市居民对自己的态度是正向的，感觉城市居民愿意接受自己成为他们的一员、愿意与自己做邻居、感觉本地城市居民喜欢自己并且看得起自己。在新移民对城市居民的反身性态度的影响因素方面，从个人层次来看，年龄对新移民对城市居民的反身性态度有显著影响，而且这种影响是非线性

的。大学本科教育程度的新移民相比于未上过学的新移民更有可能有较高程度的反身性态度，而非农业户口的新移民则相较其他户口类型的新移民对城市居民有更积极的反身性态度。初婚的新移民要比未婚的对城市居民有更积极的反身性态度。流动范围越小和流动时间越长的新移民越有可能对城市居民持有正面和积极的反身性态度。从家庭层次来看，家庭每月总收入对新移民对城市居民的反身性态度有正向影响。从社区层次来看，居住在城中村或棚户区、城郊接合部和农村社区的新移民相对于居住在其他社区类型的新移民对城市居民有着更加负面和消极的反身性态度。邻居构成以本地市民为主或者本地人和外地人差不多的新移民对城市居民有着更加积极的反身性态度。

本章最后我们转而研究新移民的城市融入感及其影响因素，试图从主观层面来了解和掌握新移民的城市融入状态。这里我们又用回 2014 年中国流动人口动态监测调查数据，分析发现新移民对愿意融入社区或单位并成为其中一员的比例最高，对感觉自己属于这个城市的同意比例最低，而且新移民的融入意愿要高于其对融入状态的主观感受。

对新移民城市融入感的影响因素方面，在个人层次上，不同等级的受教育程度对城市融入感发挥着不同的作用，其中较低的教育程度对感觉自己属于这个城市的同意程度发挥负向影响，而较高的教育程度则对城市融入意愿发挥正向影响。在城市融入的主观感受和融入意愿两个方面，非农业户口的新移民相比于农业户口的新移民有着更加强烈的感受。初婚的新移民相比于未婚的新移民要有更加强烈的城市融入感受和融入意愿。流动范围越小、流动时间越长的新移民会有更强的城市融入感和融入意愿。

在家庭层次上，有子女的新移民相较于没有子女的会有更强的融入感，但是却有更弱的城市融入意愿，家庭每月总收入越高的新移民越有可能有较强的城市融入感和融入意愿。家庭恩格尔系数越高的新移民越有可能表现出较低强度的城市融入感。在社区层次上，邻居中有较多本地居民的新移民会有更强的城市融入感，而居住在城中村或者城乡结合部社区的新移民则不会有太强烈的城市融入感和融入意愿。

第二节 讨论及问题对策

一、对城市居民和新移民的社会交往的反思

（一）对城市居民和新移民的社会交往意愿的反思

意愿和行为的导向有时一致，有时相反，也可能毫无关联。所以当人们探讨是意愿影响了行为还是行为影响了意愿时，经常可以得到不同的答案。我们认为由意愿转向行动以及由行动转向意愿都有可能的理论逻辑加以解释，而且也都能在实证研究中找到支持的证据。所以比较保险（也可以视作保守）的做法是分别考察意愿的现状及其影响因素以及行为的现状及其影响因素，至于两者间的关系则要审慎地对待。

在研究城市居民和新移民的社会交往的意愿时，我们主要从微观和宏观角度着手分析，特别是城市居民的个人特征及其所在社区的特征。在个人特征方面，性别间的差异是显而易见的，男性城市居民相对于女性城市居民有着更高程度的包容性和开放性，这一点在对不同主题的研究中都有体现，这或许说明男女在对社会环境的安全的感受上是不同的，或许新移民代表的是从未谋面的陌生人，而这加强了女性的不安全感。在一般的印象中，年轻人相对于年长的人会表现出更加开放的态度，我们可以料想年轻的城市居民要比年长的城市居民有更强的同新移民进行社会交往的意愿，但实际情况却较为复杂，本书认为这可能同社会资源的竞争有关。年轻的城市居民和新移民主要在职业机会等稀缺社会资源方面可能存在竞争，而当所在城市的整体就业环境和经济景气不佳时，竞争的激烈程度可能更高，这会抑制年轻的城市居民和新移民社会交往的意愿。另一方面，年纪稍长的城市居民则表现出相对更高的同新移民社会交往的意愿，这或许是年长居民同新移民竞争工作机会的可能性已经下降，而且前者相对于后者已经获取更稳定的社会资源，由此促使竞争状况向和谐状态转变，从

而促进年长的城市居民同新移民的社会交往的意愿开始增强，甚至不断增强。

性别和年龄对城市居民和新移民的社会交往意愿的影响确实展现出城市居民微观层次的个人特征的影响，但这并不是说作为个人态度的意愿完全只受个人特征的影响，来自宏观层次的制度性和结构性的影响至关重要，其中尤属户籍制度的影响。在本书中，我们将户籍制度的体现直接操作化为户口性质和户口所在地，并间接操作化为流动的空间范围。众所周知，中国的户籍制度对中国人的影响非常大，对城市居民和新移民的社会交往也不例外。户籍制度不仅令城乡居民区分出农业户口和非农业户口（目前中国部分省市已经将这两类户口统一为居民户口进行登记），也衍生出其他有特色的户口类型，如当地有效城镇户口等。分析发现，除了同新移民一起工作之外，登记为城镇户口的城市居民都要比登记为当地有效城镇户口的城市居民有着更强烈的同新移民交往的意愿。上述两类户口虽然都是城镇户口，但还是有不小的差异，登记为城镇户口的城市居民可以视作是这个城市的“土著”，他们是地地道道的本地人，而登记为当地有效城镇户口的城市居民则是通过购房或者人才照顾政策等方式获得当地的城镇户口，但这种户口还不是正式的本地城镇户口，因为持有此类户口的市民的权益同城镇户口居民相比还是存在差异，所以在户口梯度上，只有城镇户口才站在最高端。这种绝对和相对的户籍制度身份优势可能令持有城镇户口的居民拥有比持有有效城镇户口的居民更大的社会包容性，从而有着更强的同新移民进行社会交往的意愿。

如果说户籍制度代表了宏观层次的制度性影响，那么城市居民居住的社区环境则代表了结构性影响，也会影响城市居民和新移民的社会交往的意愿。城市居民居住的社区类型实际上代表了居住者的社会地位，比如居住在普通商品房小区和集镇社区等社区类型的居民拥有同新移民相对更接近的社会地位，因此，此类小区可能也有相对更多的新移民居住在此，这无形中增加了城市居民和新移民的实际交往的机会，这就有可能提高前者同后者的交往意愿。此外，城市居民所居住的城市位置（在本书相应章节被处理成为经济地理带）代表其城市化和工业化水平，综合而言也就是现代化水平。现代化水平越高的城市，其市民的现代性水平可能也比较高，从而更加开放和包容，因此，对待新移民及其异质性文化都比较宽容。

（二）对城市居民和新移民的社会交往行为的反思

对中国综合社会调查数据中的交往意愿和行为进行列联分析，确实可以发现两者间存在关联，意愿越强烈的越有可能发生交往行为，这似乎说明受访者的交往意愿基本反映了其自身的意志。而与此同时，发生交往行为的受访者的交往意愿也相对更强烈。但是按照布劳的观点来看，结构性条件对社会交往的影响并不取决于心理因素[①]，或者并不仅仅取决于心理因素，实际的社会交往机会结构发挥了更关键的作用。在本书中，社会交往机会结构主要体现为经济地理带和居住社区类型，这两个社区层次的特征会影响交往机会结构。比如在划分经济地理带之后，本书发现东北地区的城市居民在各类交往行为上都要比其他经济地理带地区显著得少，而这正是社会交往机会结构的作用。具体来看，东北地区本身就面临大量本地人口流出的现实，而外地人口流入相对可以忽略不计，因此导致社会交往双方的人口规模悬殊，按照布劳的假定，城市居民同新移民社会交往的概率要大大小于新移民同城市居民社会交往的概率。经济地理带从总体上以结构性条件影响了城市居民和新移民的社会交往，而城市居民居住的社区则是社会交往发生的第一现场，如果社区能够代表或者反映城市居民的社会位置的话，则特定的社区类型能够代表社区内本地市民和新移民不同的比例分布，比如有的社区是本地市民多而新移民少，有的是本地市民少而新移民多，或者两者差不多，我们可以想到，这样的构成比例会给城市居民和新移民制造不同的社会交往机会结构，从而促使不同类型的社会交往行为呈现差异化分布。

---

① ［美］彼特·布劳：《不平等和异质性》，王春光、谢圣赞译，中国社会科学出版社，1991年，第13页。

二、对城市居民对新移民的社会态度的反思

本书从一开始提出地位不平等和文化异质性的分析框架，而且实证分析结果可以同该框架很好地结合。首先从地位不平等的角度来看，作为社会地位（位置）代表的单位所有制性质和主观阶层认同状况非常适合当下的社情，分析发现，在私有制单位工作的城市居民几乎在情感性态度的所有维度上都要比在国有单位工作的城市居民更加积极地看待新移民，本书认为这正是地位不平等程度的影响，在私有制单位工作的城市居民的社会地位同新移民的社会地位的差距相对更小，而且私有制领域内本就吸纳了相对更多的新移民，这就促使他们之间有更多的交往，也就令在私有制单位工作的城市居民表现出对新移民更加积极的情感性态度。

另一方面，文化异质性也会影响城市居民对新移民的情感性和认知性态度，这主要体现在文化教育程度和城市地域文化两个方面。首先，城市居民的受教育程度相对新移民的更高，因而在学习和接受新事物的能力上存在差异，对城市文化及相关事物本就熟悉的城市居民，他们可能对新移民持有消极的态度。其次，城市地域文化不单单是城市文化，它还包含地方特色和风俗习惯，而这其中又蕴含了丰富的文化意义和理念，如果新移民不熟悉城市地域文化，便不能很好地理解其中的奥义，由此同城市居民形成文化上的隔阂。

态度也不仅仅反映了情感性和认知性的心理评价，它可能也是一种理性计算的结果。虽然城市居民拥有相对更高的社会地位，而且户籍制度还令城市居民享有了更高、更好的社会权益。但是越来越多的新移民进入城市以后，或多或少影响了原有城市的格局，如职业结构、社会结构、居住结构等，这些结构不仅是外在的人口分布的调整，其内在更是利益结构的调整，所以城市居民可能从利益结构的调整中受益，也可能在其中遭受损失。毫无疑问，利益受损会导致城市居民对新移民的“差评”，无论这种利益受损是不是确实由新移民造成。回顾已有的研究可以发现，新移民很难在利益调整中从城市居民那里获益，所以大部分时候，城市居民对新移民的负面态度是错误认

知的反映，新移民承受了来自城市居民错误的指责。

三、对新移民和城市居民的社会交往的反思

对于社会交往的研究要关注两个角度，即分别从不同的交往主体处入手分析。在考察分析完城市居民和新移民的社会交往之后，我们又从新移民的角度考察他们同城市居民社会交往的意愿和行为。数据分析发现，新移民同城市居民的社会交往意愿要强于城市居民同新移民的社会交往意愿。类似的情形在其他相关研究中也有发现，有学者指出农民工群体在主观上希望或者愿意与城市居民增加交往，但来自城市社会的排斥性因素使他们的愿望难以成为现实[①]。（雷开春，2012）而这种排斥性的因素主要来自制度性和结构性条件。以本书提出的地位不平等和文化异质性来看，新移民的受教育程度整体较低，与城市居民的受教育程度存在一定差距，这不仅造成两个群体间知识能力的疏离，还造成文化上的隔阂，从而限制着交往意愿的提升。对新移民而言，他们同城市居民的交往意愿是非常强烈的，这表现出他们极强的城市融入的意愿，但排斥性因素阻碍了他们的意愿向行为的转变。

另一方面，有一些因素也不全然是制度性和结构性的，如果文化因素可以不归为上述类别的话。文化的异质性不仅在于受教育程度所代表的知识学历的差异，还体现在特殊城市地域文化的差异。众多的对新移民的调查发现，他们的流动范围有一定的规律可循，对于经济发达的省份来说，其省内的移民大多选择到本省经济较发达的城市地区；而对于经济欠发达的省份来说，跨省流动才是他们不得已的选择，但整体上，都是省内跨市流动要多于跨省流动的情况。相对于跨省流动而言，省内跨市流动不仅地理距离短，交通成本少，而且心理和文化上的距离也相对比较短，这也会降低城市融入的心理成本。所以相对于跨省流动的新移民来说，本省跨市流动的新移民同城市居民的社会交往的意愿更强。

① 雷开春：《上海城市新移民与本地人群体关系的交往策略研究》，《社会》2012年第2期。

从地位不平等的角度来看，社会经济地位不同的新移民家庭对其家庭成员同城市居民的交往意愿有不同影响，一般而言，新移民的家庭社会经济地位同城市居民家庭的地位存在一定差距，而社会位置相近的人更有可能发生社会交往。因此，随着家庭总收入的提高，新移民同城市居民的社会交往意愿也在提高。居住的社区类型也可以看作是不错的家庭社会经济地位的指标，一般而言，新移民多居住于城中村或棚户区、城郊接合部和农村社区等社区类型中，而对于那些居住在一般商品房社区的新移民来说，他们的家庭社会经济地位同居住在同一社区的城市居民的家庭社会经济地位相对更加接近，这也会促进他们的交往。而且更加重要的是，居住在同一社区大大增加了新移民和城市居民社会交往的机会。

四、对新移民对城市居民的社会态度的反思

受到数据资料的限制，我们只考察了新移民眼中的城市居民对新移民的态度，我们在本书中称其为反身性态度，其实质就是新移民评价他人对自己的认知。对于有一定融入意愿的新移民而言，如何更快更好地融入城市环境是其要考虑的重要事项，首当其冲的是要突破地位不平等和文化异质性所带来的障碍，此外还要在突破这些排斥性障碍因素的基础上，继续深入融入。受教育程度上的差异相对来说可能是比较难缩小的，这需要从教育制度的层面加以解决。但是城市地域文化的了解和熟悉却可以在一定时间内实现，通过主动接近和模仿是有可能缩小文化异质性的。新移民在城市工作生活得越久，越有可能同城市居民进行各类社会交往，而且交往的时间也会越久，这就有可能促进他们对城市居民形成更加积极的社会态度。如果流动的地域跨度不大的话，新移民和城市居民的语言可能也是相通的，对当地的风俗习惯也比较熟悉，或者至少通过学习和模仿可以了解和掌握，这些都利于新移民了解并适应城市居民的文化特性。但是要注意结构性条件的负面影响可能对新移民对城市居民社会态度的干扰，其中社会交往机会结构值得关注，对居住于城中村或棚户区、城郊接合部和农村

社区的新移民来说，他们所在社区很可能以新移民为主体，这就有可能限制了他们和城市居民的交往机会。而且更加需要注意的是，居住于城中村或棚户区、城郊接合部和农村社区，这种居住模式本身就可能形成一种封闭和隔绝的社会交往模式，从而缺少与城市居民进行交往的机会。

我们在研究新移民的城市融入时，除了关注其各维度的融入状况，还要关注其主观层面即城市融入感，所有的客观状态最终都要以主观感受作为评价媒介。本书所考察的对现有融入状况的主观感受以及融入意愿也受到地位不平等和文化异质性等制度性和结构性因素的影响。但是这并不是说在城市融入时，新移民只有被动接受的选择，他们可以更加积极地选择，新移民的城市融入感不仅仅是主观上认为自己属于这个城市，或者认为自己是这个城市的成员，又或者把自己看作是这个城市的一部分，而更应该是对城市文化的认同和接纳，将这一套城市文化内化并作为自己在城市进行交往时所遵从的规则。而对于排斥性的制度因素，比如户籍制度在新型城镇化的背景下该如何减少乃至消除这种排斥性的效果，是需要我们认知考虑并重新加以改善设计的。

五、对策建议

按照人类社会的发展规律和步伐，城市化终将是社会发展的一种重要方式和结果，我们对于城市化的认识和尝试使我们在现实中得到了各种答案。作为一种社会组织和生活方式的城市，到底会如何影响城市中不同群体的交往？按照城市化的顺序来看，必然有先来者和后到者，对应本书中的城市居民和新移民，到底该如何促进他们之间的良性社会交往，并让他们形成对彼此更加积极的社会态度呢？从社会政策角度来看，可以有一些制度层面的政策设计来促进接近上述目标，但有些也不全然是政策所能做到的。因此，我们提出以下一些设想，但需要注意的是，这些设想不能被看作是具体的政策设计方案，而更应该被看作是一种政策改善的思路和努力的方向。

第一，让社会保持更大的活力和更高的自主性。改革开放距今已有40年时间，虽然大量的新移民已经进入城市开始工作和生活，但是城市居民同新移民之间的交往仍然存在这样那样的问题，一个重要的原因就是社会活力和自主性还有待提高。改革前的计划经济体制使得城市居民和农村居民的工作和生活都被安排得“井井有条”，因此也就除却了从其他途径获得资源的可能，城市居民和农村居民的交往自主性受到干扰。再加上户籍制度的差异化影响，城乡间的人员流动受到极大的限制，城市居民和农村居民在那时极少有交往的可能性，这就使他们不具备社会交往的经历和经验。因此，随着改革开放的深入，随着新型城镇化的推进，城市居民和新移民的社会交往是从无到有的发展状态，只要人员流动更加频繁，城市居民和新移民的社会交往规模也会不断扩大。

第二，善于倾听不同的声音。针对大规模的人口城市化，政府和学术界早已经做了大量的工作，提出了不少的措施建议，而且也实施了一些政策，这些努力取得了不小的成绩。但是如果从社会交往的角度来看，作为城市融入的一方，新移民被关注较多，而城市居民被关注得较少。虽然城市居民从很多角度来看都是占优势的一方，但是作为社会交往的重要一方，他们同新移民的社会交往的意愿和实际状况，他们对新移民的社会态度都应该被关注，而且需要仔细研究。我们现在提城市融入比较多，而从交往双方的深入互动来看，城市居民和新移民的社会融合也是未来一种可能的方向选择，对于这种可能，城市居民是什么样的态度，这在以往研究中被关注得较少。这其实同第一点的提议非常类似，在计划经济时期，城市居民的声音不被关注，而在新型城镇化时期，他们的声音也有可能被忽视。这里提出倾听不同的声音包括城市居民的声音，绝不是说要替城市居民维护早已不合时宜的利益格局，而是说要实事求是地了解和认识社会交往双方的意愿和态度，包括新移民一方，也必然包括城市居民一方。

第三，消除制度性障碍，政策有限地介入城市居民和新移民的社会交往。由于中国国情的特色，中国的城市融入虽不像外国移民进入一个新的国家地区，但是两者也有诸多相似之处。美国社会学家帕克非常推崇关于移民冲突与适应的“熔炉”论，但我国的城市居民和新移民的社会交往同帕克所说的情形还相去甚远，而他及其追随者提出的有关想法还是有一定程度的启发意义，持“熔炉”论的学者认为自由市场经济、公立学校以及民主政治制度是重要的力量，因为上述因素都涉及在公共生活中的积极参与[①]。本书认为，政策所能做的以及应该做的就是改善排斥性的制度，比如针对那些扩大城市居民和新移民之间地位不平等和文化异质性的现有制度进行调整和改革，从制度上消除阻碍城市居民和新移民良性社会交往的障碍。接下来的事情要交由城市居民和新移民两个群体自身，因为他们要学会如何跟对方打交道，并在现代社会理念下形成健康和积极的交往观念，这一点必须由他们亲自参与。

① ［美］爱德华·克鲁帕特:《城市人: 环境及其影响》，陆伟芳译，上海三联书店，2013 年，第 156 页。

参考文献

［1］［美］爱德华·克鲁帕特. 城市人：环境及其影响［M］. 陆伟芳，译. 上海：上海三联书店，2013.

［2］［美］彼特·布劳. 不平等和异质性［M］. 王春光，谢圣赞，译. 北京：中国社会科学出版社，1991.

［3］［美］查尔斯·霍顿·库利. 人类本性与社会秩序［M］. 包凡一，等译. 北京：华夏出版社，1999.

［4］成伯清. 格奥尔格·西美尔：现代性的诊断［M］. 杭州：杭州大学出版社，1999.

［5］［法］E. 迪尔凯姆. 社会学方法的准则［M］. 北京：商务印书馆，1999.

［6］费孝通. 乡土中国［M］. 北京：北京出版社，2005.

［7］郭星华，储卉娟. 从乡村到都市：融入与隔离——关于民工与城市居民社会距离的实证研究［J］. 江海学刊，2004（3）.

［8］郭秀云. 户籍制度分立式改革路径：利益剥离与利益扩展［J］. 改革，2016（9）.

［9］国家职业分类大典修订工作委员会. 中华人民共和国职业分类大典［S］. 北京：中国劳动社会保障出版社，2015.

［10］国务院人口普查办公室，国家统计局人口和就业统计司. 中国 2010 年人口普查资料［M］. 北京：中国统计出版社，2012.

［11］［美］郝令昕，丹尼尔.Q. 奈曼. 评估不平等［M］. 巫锡炜，译. 格致出版社，2012.

［12］胡联合，胡鞍钢. 效率与公平有机统一：我国社会制度的优越性及其改革完善［J］. 南昌江西社会科学，2008（6）.

［13］胡为雄. 马克思的社会交往理论［J］. 教学与研究，2004（8）.

［14］黄国英，谢宇. 中国家庭动态跟踪调查职业社会经济地位测量指标构建［R］// 中国家庭动态跟踪调查技术报告（CFPS-10）. 北京大学中国社会科学调查中心，2012.

［15］侯慧丽. 积分入户制度：现状，风险与政策改进［M］// 蔡昉，张车伟. 中国人口与劳动问题报告（No.17）. 北京：社会科学文献出版社，2016.

［16］黄家亮. 论社会歧视的社会心理根源及其消除方式：社会心理学视野下的社会歧视［J］. 思想战线，2005（5）.

［17］黄卫平，陈文. 中国政治体制改革现状及其成因浅析［J］. 社会科学研究，2008（2）.

［18］黄正元. 交往理论视域中公民文化对社会稳定的正负相关分析［J］. 山西师范大学学报（社会科学版），2010（4）.

［19］景志铮，郭虹. 城市新移民的社区融入与社会排斥：成都市社区个案研究［J］. 西北人口，2007（2）.

［20］雷开春. 上海城市新移民与本地人群体关系的交往策略研究［J］. 社会，2012（2）.

［21］雷开春，张文宏. 城市新移民的社会信任及其与社会交往的关系剖析［J］. 江苏行政学院学报，2012（6）.

［22］李春玲. 中国当代中产阶级的构成及比例［J］. 中国人口科学，2003（6）.

［23］李春玲. 中国中产阶级的增长及其现状［J］. 江苏社会科学，2008（5）.

［24］李春玲. 中国中产阶级的发展状况［J］. 黑龙江社会科学，2011（1）.

［25］李春玲. 寻求变革还是安于现状：中产阶级社会政治态度测量［J］. 社会，2011（2）.

[26]李路路，李升."殊途异类"：当代中国城镇中产阶级的类型化分析[J].社会学研究，2007（6）.

[27]李路路.中间阶层的社会功能：新的问题取向和多维分析框架[J].中国人民大学学报，2008（4）.

[28]李路路，王宇.当代中国中间阶层的社会存在：阶层认知与政治意识[J].社会科学战线，2008（10）.

[29]李路路，王宇.当代中国中间阶层的社会存在：社会生活状况[J].江苏社会科学，2009（1）.

[30]李明欢.20世纪西方国际移民理论[J].厦门大学学报（哲学社会科学版），2000（4）.

[31]李克强.关于深化经济体制改革的若干问题[J].求是，2014（9）.

[32]李培林，田丰.中国农民工社会融入的代际比较[J].社会，2012（5）.

[33]李培林，张翼.中国中产阶级的规模，认同和社会态度[J].社会，2008（2）.

[34]李倩，李小云."分类"观念下的内倾性社会交往：失地农民市民化的困境[J].思想战线，2012（5）.

[35]李强.农民工与社会分层[M].北京：社会科学文献出版社，2004.

[36]李若建."大跃进"与困难时期的流动人口[J].中国人口科学，2000（4）.

[37]李若建.困难时期的精简职工与下放城镇居民[J].社会学研究，2001（6）.

[38]李若建.地位获得的机遇与障碍：基于外来人口聚集区的职业结构分析[J].中国人口科学，2006（5）.

[39]李若建.广州市外来白领群体现状分析[J].中国人口科学，2009（2）.

[40]李松玉.制度权威与社会交往[J].理论学刊，2005（2）.

[41]李伟民.论人情：关于中国人社会交往的分析和探讨[J].中山大学学报（社会科学版），1996（2）.

[42]李煜.利益威胁，文化排斥与受挫怨恨：新"土客"关系下的移民排斥[J].学海，2017（2）.

[43] 梁波，王海英．国外移民社会融入研究综述［J］．甘肃行政学院学报，2010（2）．
[44] 刘长江．国家的现代化路径与中产阶级的类型［J］．江苏行政学院学报，2006（4）．
[45] 刘精明，李路路．阶层化：居住空间，生活方式，社会交往与阶层认同——我国城镇社会阶层化问题的实证研究［J］．社会学研究，2005（3）．
[46] 刘平．被遗忘的战争：咸丰同治年间广东土客大械斗研究［M］．北京：商务印书馆，2003.
[47] 卢春龙．中国新兴中产阶级的政治态度与行为倾向［M］．北京：知识产权出版社，2011.
[48] 卢国显．中西方社会距离的研究综述［J］．学海，2005（5）．
[49] 卢国显．差异性态度与交往期望：农民工与市民社会距离的变化趋势——以北京市为例［J］．浙江学刊，2007（6）．
[50] 罗伯特·F. 德维利斯．量表编制：理论与应用（第 2 版）［M］．魏勇刚，等译．重庆：重庆大学出版社，2010.
[51] 马福云.2015 年户籍制度改革的省际对比及展望［M］// 龚维斌．中国社会体制改革报告（2016）．北京：社会科学文献出版社，2016.
[52] 马广海．论社会心态：概念辨析及其操作化［J］．社会科学，2008（10）．
[53] C. 赖特·米尔斯．白领：美国的中产阶级［M］．杨小东，等译．杭州：浙江人民出版社，1987.
[54] 迈克尔·A. 豪格，多米尼克·阿布拉姆斯．社会认同过程［M］．高明华，译．北京：中国人民大学出版社，2011.
[55] 倪麟，范毓婷．新型城镇化理念下户籍制度与农民工市民化改革研究［J］．工业经济论坛，2016（5）．
[56] 沙莲香．社会心理学［M］．北京：中国人民大学出版社，2015.
[57] 石建国．改革开放后党对经济体制改革的理论探索与国企改革的路径选择［J］．党的文献，2013（4）．

［58］史斌．新生代农民工与城市居民的社会距离分析［J］．南方人口，2010（1）．
［59］汤水清．论新中国城乡二元社会制度的形成——从粮食计划供应制度的视角［J］．江西社会科学，2006（8）．
［60］唐有财，符平．转型期社会信任的影响机制——市场化、个人资本与社会交往因素探讨［J］．浙江社会科学，2008（11）．
［61］托克维尔．论美国的民主［M］．北京：商务印书馆，1988.
［62］王春超，张呈磊．子女随迁与农民工的城市融入感［J］．社会学研究，2017（2）．
［63］王桂新，武俊奎．城市农民工与本地居民社会距离影响因素分析——以上海为例［J］．社会学研究，2011（2）．
［64］王俊秀．社会心态：转型社会的社会心理研究［J］．社会学研究，2014（1）．
［65］王嘉顺．区域差异背景下的城市居民对外来人口迁入的态度研究：基于2005年全国综合社会调查数据［J］．社会，2010（6）．
［66］王沛．现代社会认知理论框架下的偏见研究及其走向［J］．心理科学，1998（5）．
［67］肖瑛．“反身性”研究的若干问题辨析［J］．国外社会科学，2005（2）．
［68］许传新，许若兰．新生代农民工与城市居民社会距离实证研究［J］．人口与经济，2007（5）．
［69］许琪，周翔，张晓波，等.CGSS，CHIP，CHFS和CFPS收入比较［R］// 中国家庭动态跟踪调查技术报告（CFPS-16）．北京大学中国社会科学调查中心，2012.
［70］许涛．我国公民与外来人口社会距离的实证研究［J］．人口学刊，2012（4）．
［71］薛婷，陈浩，乐国安，等．社会认同与内！外群体态度的关系：群际威胁和群体情绪的中介作用［J］．心理科学，2013（1）．
［72］严翅君，李小红．中国当代中产阶级社会态度的研究及其价值［J］．

唯实，2011（S）.

［73］杨菊华.从隔离，选择融入融合：流动人口社会融入问题的理论思考［J］.人口研究，2009（1）.

［74］杨宜音.个体与宏观社会的心理关系：社会心态概念的界定［J］.社会学研究，2006（4）.

［75］叶俊焘，蒋剑勇，钱文荣.城市居民对进城农民工态度的影响因素研究［J］.浙江社会科学，2011（10）.

［76］叶鹏飞.探索农民工城市社会融合之路：基于社会交往“内卷化”的分析［J］.城市发展研究，2012（1）.

［77］约翰·斯梅尔.中产阶级文化的起源［M］.陈勇，译.上海人民出版社，2006.

［78］查攀.积分管理制的户籍制度改革研讨：以上海市、青岛市为例［J］.四川警察学院学报，2016（5）.

［79］张国胜，陈明明.我国新一轮户籍制度改革的价值取向，政策评估与顶层设计［J］.经济学家，2016（7）.

［80］张海辉.不对称的社会距离：对苏州市本地人与外地人的关系网络和社会距离的初步研究［D］.北京：清华大学，2004.

［81］张林，张向葵.态度研究的新进展：双重态度模型［J］.心理科学进展，2003（2）.

［82］张婍，冯江平，王二平.群际威胁的分类及其对群体偏见的影响［J］.心理科学进展，2009（2）.

［83］赵延东，王奋宇.城乡流动人口的经济地位获得及决定因素［J］.中国人口科学，2002（4）.

［84］中共中央国务院.国家新型城镇化规划（2014—2020）［R］.2014.

［85］周晓虹.中产阶级：何以可能与何以可为？［J］.江苏社会科学，2002（6）.

［86］Wright E O.Varieties of Marxist Conceptions of Class Structure［J］.Politics and Society，1980（9）：328-333.

[87] Kingsley D, Moore W E.Some Principles of Stratification [J] .American Sociological Review, 1945 (10) : 242–249.

[88] Park R E.Race and Culture [J] .New York: The Free Press, 1950.

[89] Park R E.Human Migration and the Marginal Man [M] .The American Journal of Sociology, 1928 (6) : 881–893.

[90] Robert A B, Donn B.Social Psychology: Understanding Human Interaction [M] .Boston: Allyn & Bacon, 1974.

[91] Blau P M.Inequality and Heterogeneity: A Primitive Theory of Social Structure [M] .New York: The Free Press, 1977.

[92] Blau P M, Duncan O D.The American Occupational Structure [M] .New York: The Free Press, 1967.